高职高专旅游专业"互联网+"创新规划教材

康乐服务与管理（第2版）

主　编　杨　华
副主编　刘　迪　张　晶
参　编　张隽姝　韩　瑞

北京大学出版社
PEKING UNIVERSITY PRESS

内 容 简 介

康乐服务管理是酒店管理专业学生在学习前厅服务、客房服务和餐饮服务等课程基础上的一门后续课程。本书对康乐服务相关岗位的工作任务与职业能力进行了分析,从而做到以康乐服务管理必备的岗位职业能力为依据,以标准的接待程序和服务规范为主线,以具体任务引导学生认知与学习。本书采用"项目载体、任务驱动"的体例编写教学内容,通过"任务导入"使学生进入情境,通过"任务分析"帮助学生分析并掌握完成具体工作任务所需的知识与技能,以"任务实训"帮助学生实现由理论层面向操作层面的转型,通过"实训项目"帮助学生提高动手能力,最后以"任务评价"作为对学生进行考核的依据,以此达到培养学生的综合职业能力,满足学生职业生涯发展的需要。本书包括康乐服务与管理认知、娱乐类项目服务技能训练、运动类项目服务技能训练、保健类项目服务技能训练,以及康乐部安全与卫生管理策略、康乐部服务质量管理策略。

本书既可作为高等职业院校酒店管理专业师生的教材,也可作为供康乐行业相关机构的员工培训教材以及相关人士的自学参考用书。

图书在版编目(CIP)数据

康乐服务与管理/杨华主编. —2版. —北京:北京大学出版社,2018.7
(高职高专旅游专业"互联网+"创新规划教材)
ISBN 978-7-301-29679-0

Ⅰ.①康… Ⅱ.①杨… Ⅲ.①休闲娱乐—商业服务—高等职业教育—教材 ②休闲娱乐—商业管理—高等职业教育—教材 Ⅳ.①F719.5

中国版本图书馆CIP数据核字(2018)第148901号

书　　名	康乐服务与管理(第2版) KANGLE FUWU YU GUANLI
著作责任者	杨　华　主编
策划编辑	刘国明
责任编辑	李瑞芳
数字编辑	陈颖颖
标准书号	ISBN 978-7-301-29679-0
出版发行	北京大学出版社
地　　址	北京市海淀区成府路205号　100871
网　　址	http://www.pup.cn　新浪微博:@北京大学出版社
电子信箱	pup_6@163.com
电　　话	邮购部 62752015　发行部 62750672　编辑部 62750667
印　刷　者	河北滦县鑫华书刊印刷厂
经　销　者	新华书店
	787毫米×1092毫米　16开本　16印张　375千字 2015年7月第1版 2018年7月第2版　2023年1月第5次印刷
定　　价	38.00元

未经许可,不得以任何方式复制或抄袭本书之部分或全部内容。
版权所有,侵权必究
举报电话:010-62752024　电子信箱:fd@pup.pku.edu.cn
图书如有印装质量问题,请与出版部联系,电话:010-62756370

第 2 版 前 言

随着全球经济的不断发展，人们的消费理念也在悄然发生变化，以娱乐、康体、保健为主旨内容的康乐活动日益成为大众化的消费项目，促进了康乐行业的发展。康乐行业的迅猛发展，对高素质的康乐服务与管理人才的培养提出了要求。

本书第 1 版自 2015 年 7 月出版以来，受到了读者的一致好评。本次修订在原版的基础上增加了"互联网+"的内容，可以通过扫描二维码，实现情境的真实再现。酒店康乐服务与管理旨在指导学生在酒店康乐部门一线的实际工作。学生通过扫描二维码观看视频，对康乐场所进行实地观摩、学习、了解，更有利于服务与管理技能的学习与掌握，充分体现了"与时俱进"的特色。同时，本次修订对整体内容做了进一步的梳理和补充，使教材质量有了一个全面的提升。

全书仍然采用"项目载体、任务驱动"的编写体例，共设计了 6 个教学项目，分别是康乐服务与管理认知、娱乐类项目服务技能训练、运动类项目服务技能训练、保健类项目服务技能训练、康乐部安全与卫生管理策略、康乐部服务质量管理策略。每个项目均由项目概述、知识目标、能力目标作引导，以任务作驱动整合教学内容。每个任务由任务导入、任务分析、任务实训、任务评价四部分构成，中间穿插相关知识链接和案例分析，帮助学生更好地把握学习内容。

任务导入：精心选择了康乐服务与管理的典型案例，通过任务导入，使学生主动地、自然地进入情境之中，引导学生发现、研究和满足宾客的需求，从而提供满意、超值的服务。

任务分析：通过分析任务，学生认同并轻松学会完成任务的一般方法，使服务准确、高效，并产生做好服务的动机和兴趣。通过学习相关知识和技能，使学生了解必需的业务知识与技能，掌握相关礼仪规范，制定使服务做得更好的策略。

任务实训：进行技能分项实训，使学生迅速掌握"服务能力提升得更快、服务做得更好"的方法与技巧，使服务礼仪规范转化为日常服务习惯。

任务评价：通过系统评价检验学生的学习效果，促使学生职业能力的健康发展，提高其对岗位服务的适应能力。

本书由黑龙江生态工程职业学院杨华担任主编，负责撰写教材的大纲及统稿工作；由黑龙江生态工程职业学院刘迪、黑龙江东方学院张晶担任副主编；由黑龙江生物科技职业技术学院张隽姝、黑龙江工程大学昆仑旅游学院韩瑞参编。具体编写分工为：杨华编写第一章至第三章；刘迪编写第四章；张晶编写第五章和第六章；张隽姝、韩瑞提供了部分案例。

本书在编写的过程中，参考了诸多专家学者的研究成果，使本书既有所继承又有所创新，谨在此表示诚挚感谢！

由于编写经验有限，书中难免存在不妥和疏漏之处，恳请各位专家、学者和广大读者批评指正。

【资源索引】

杨华
2018 年 4 月

目 录

第1章 康乐服务与管理认知 —————————— 1

任务 1-1 了解康乐行业 /2
    1.1.1 康乐活动 /3
    1.1.2 康乐项目基本类型 /5
    1.1.3 我国康乐行业的发展现状 /9
    1.1.4 我国康乐行业的发展前景 /12

任务 1-2 认知酒店康乐部 /14
    1.2.1 酒店康乐部的组织结构 /15
    1.2.2 酒店康乐部的基本职能 /16
    1.2.3 酒店康乐部的主要作用 /18
    1.2.4 酒店康乐部的岗位职责 /19

任务 1-3 了解如何成为一名合格的康乐服务员 /26
    1.3.1 康乐服务人员的职业道德 /27
    1.3.2 康乐服务人员仪容仪表、行为举止、个人卫生要求 /29
    1.3.3 康乐服务的基本用语 /32

同步练习 /36

第2章 娱乐类项目服务技能训练 —————————— 37

任务 2-1 酒吧服务 /38
    2.1.1 酒吧的类型 /39
    2.1.2 酒水的推销技巧 /42
    2.1.3 酒水服务的步骤及规范 /42
    2.1.4 酒水服务的要点及注意事项 /42

任务 2-2 歌舞厅服务 /44
    2.2.1 歌舞厅简介 /45
    2.2.2 歌舞厅服务人员的岗位职责 /46
    2.2.3 歌舞厅服务的步骤及规范 /48

任务 2-3 卡拉 OK 服务 /51
    2.3.1 卡拉 OK 的形式 /52
    2.3.2 卡拉 OK 服务人员的岗位职责 /55
    2.3.3 卡拉 OK 服务的步骤及规范 /55

任务 2-4 棋牌室服务 /59
    2.4.1 常见的棋牌室项目 /60
    2.4.2 棋牌室服务人员岗位职责 /65
    2.4.3 棋牌室服务的步骤及规范 /65
    2.4.4 棋牌室服务的要点及注意事项 /66

任务 2-5 游戏机房服务 /68
    2.5.1 现代游戏机的主要类型 /69
    2.5.2 游戏机房服务人员的岗位职责 /72
    2.5.3 游戏机房服务的步骤及规范 /73

同步练习 /77

第3章 运动类项目服务技能训练

任务 3-1 健身服务技能 /80
- 3.1.1 健身房简介 /81
- 3.1.2 主要设施设备 /81
- 3.1.3 健身房服务岗位、职责及素质要求 /84
- 3.1.4 健身房服务单 /86
- 3.1.5 健身服务程序与标准 /86

任务 3-2 游泳服务技能 /89
- 3.2.1 游泳池简介 /90
- 3.2.2 主要设施设备 /91
- 3.2.3 游泳池服务岗位职责及素质要求 /92
- 3.2.4 游泳池服务单 /94
- 3.2.5 游泳服务程序与标准 /95

任务 3-3 台球服务技能 /98
- 3.3.1 台球运动简介 /99
- 3.3.2 主要设施设备 /100
- 3.3.3 运动规则 /103
- 3.3.4 台球服务岗位职责及素质要求 /105
- 3.3.5 台球服务单 /106
- 3.3.6 台球服务程序与标准 /107

任务 3-4 保龄球服务技能 /110
- 3.4.1 保龄球运动简介 /111
- 3.4.2 主要设施设备 /112
- 3.4.3 运动规则 /115
- 3.4.4 保龄球服务岗位、职责及素质要求 /119
- 3.4.5 保龄球服务单 /121
- 3.4.6 保龄球服务程序与标准 /122

任务 3-5 网球服务技能 /125
- 3.5.1 网球运动简介 /126
- 3.5.2 主要设施设备 /128
- 3.5.3 运动规则 /130
- 3.5.4 网球服务岗位职责及素质要求 /131
- 3.5.5 网球场服务单 /132
- 3.5.6 网球服务程序与标准 /133

任务 3-6 高尔夫球服务技能 /136
- 3.6.1 高尔夫球运动简介 /137
- 3.6.2 主要设施设备 /138
- 3.6.3 运动规则 /140
- 3.6.4 高尔夫球服务岗位职责及素质要求 /141
- 3.6.5 高尔夫球场服务单 /143
- 3.6.6 高尔夫球服务程序与标准 /143

同步练习 /147

第4章 保健类项目服务技能训练

任务 4-1 桑拿浴服务 /150
- 4.1.1 桑拿浴简介 /151
- 4.1.2 桑拿浴的注意事项 /155
- 4.1.3 桑拿浴的主要设备 /155
- 4.1.4 桑拿浴服务步骤 /156
- 4.1.5 桑拿浴室服务员的岗位职责 /158

任务 4-2　温泉浴服务 /159

　　4.2.1　温泉浴简介 /161
　　4.2.2　温泉浴的疗效 /162
　　4.2.3　泡温泉浴的方法 /163
　　4.2.4　泡温泉浴的禁忌 /164
　　4.2.5　温泉浴的服务步骤 /165

任务 4-3　足浴服务 /167

　　4.3.1　足浴简介 /169
　　4.3.2　足浴的起源 /169
　　4.3.3　足浴的疗效 /170
　　4.3.4　足浴的禁忌 /171
　　4.3.5　足浴的主要设备 /172
　　4.3.6　足浴的几种配方 /172
　　4.3.7　足浴的服务步骤 /173
　　4.3.8　足浴服务员的岗位职责 /174

任务 4-4　保健按摩服务 /176

　　4.4.1　保健按摩的定义及种类 /177
　　4.4.2　保健按摩的适应症 /178
　　4.4.3　保健按摩的禁忌 /179
　　4.4.4　保健按摩的注意事项 /179
　　4.4.5　保健按摩的服务步骤 /181
　　4.4.6　保健按摩服务人员的岗位职责 /183

任务 4-5　美容、美发服务 /184

　　4.5.1　美容、美发服务项目 /185
　　4.5.2　美容、美发中心服务区构成 /185
　　4.5.3　顾客管理方法 /186
　　4.5.4　稳定客源的技巧 /187
　　4.5.5　美容、美发服务要点和注意事项 /188
　　4.5.6　美容、美发的服务程序 /188
　　4.5.7　美容、美发服务员的岗位职责 /190

同步练习 /192

第5章　康乐部安全与卫生管理策略　193

任务 5-1　康乐部安全管理策略 /194

　　5.1.1　安全事故产生的原因 /195
　　5.1.2　安全事故的预防 /199
　　5.1.3　安全事故的应急处理 /201

任务 5-2　康乐部卫生管理策略 /208

　　5.2.1　康乐部服务人员的卫生管理 /209
　　5.2.2　健身房的卫生管理 /210
　　5.2.3　保龄球馆的卫生管理 /213
　　5.2.4　台球厅的卫生管理 /217
　　5.2.5　游泳池的卫生管理 /218

同步练习 /223

第6章 康乐部服务质量管理策略 — 225

任务 6-1 康乐服务质量管理策略 /226

6.1.1 康乐产品质量特性 /227

6.1.2 康乐服务质量控制的原则 /227

6.1.3 康乐产品质量控制与管理的具体内容 /228

6.1.4 康乐服务质量控制 /231

任务 6-2 康乐服务投诉处理技巧 /236

6.2.1 康乐部最容易被投诉的几个方面 /237

6.2.2 对宾客投诉的正确认识 /239

6.2.3 投诉的来源和方式 /240

6.2.4 宾客的投诉心理 /241

6.2.5 处理投诉的原则 /242

6.2.6 处理投诉的程序 /244

同步练习 /245

参考文献 — 247

第 1 章 康乐服务与管理认知

项目概述

本项目主要引导学生了解康乐行业，认知酒店康乐部，了解如何成为一名合格的康乐服务工作人员，使学生对康乐服务与管理有一个基本认知。该项目分为3个任务，每个任务均按照任务导入→任务分析→任务实训→任务评价来组织教学内容。

知识目标

（1）了解康乐活动，掌握康乐项目基本类型。
（2）了解我国康乐行业的发展现状、前景。
（3）了解酒店康乐部的组织结构、主要作用。
（4）熟知康乐部的基本职能，熟记康乐部服务人员的岗位职责。
（5）了解康乐服务人员的职业道德。
（6）熟知康乐服务人员的仪容仪表、行为举止、个人卫生要求。
（7）掌握康乐服务的基本用语。

能力目标

（1）能够通过对酒店康乐部的调研，分清各类康乐项目及其岗位分工，并依此绘制酒店康乐部组织结构图。
（2）能够通过对酒店康乐部的调研，分清各类康乐项目不同岗位服务人员的业务范围和工作职责。

任务 1-1　了解康乐行业

应届高中毕业生王丹如愿被一所高职院校的酒店管理专业录取，她现在是一名大一新生。入学后的一天，专业教师为他们这个专业的新生做专业教育，这是她第一次接触康乐行业，下面就让我们和王丹一起来了解康乐行业。

任务导入

【拓展视频】

情境介绍：2010年7月，继圣陶沙名胜世界之后，新加坡第二座大型综合度假胜地滨海湾金沙正式向游客开放。

据了解，暑期赴新加坡游客中一地游的比例高达八成，特别是4日到6日的纯玩半自助团队大受欢迎，宾客更愿意在新加坡停留。从今年暑期开始，预计新加坡市场会加速向一地深度游发展。

新加坡滨海湾金沙综合娱乐胜地日前正式开放，这项投资55亿元打造的娱乐胜地，成为新加坡中央商业区的新地标建筑。它拥有2560间客房和套房，是新加坡最大的酒店。这个高达55层的酒店顶楼还有号称全球最高的空中花园及户外游泳池，可供数千名游客在此一览壮观美景。早在2010年3月，环球影城主题公园在新加坡正式迎宾。据携程旅行网统计显示，以"名胜世界""环球影城""滨海湾金沙"命名的半自助和自由行产品，已经成为赴新加坡旅游的新选择。

思考题：
1. 是什么带热了新加坡的旅游业，促进了其经济的飞快发展？
2. 这对我国康乐行业的发展有哪些启示？

案例分析：
利用闲暇，通过趣味十足、轻松活泼的康乐形式，达到放松身心、减轻压力，使身体、心理更加健康，已成为人们的生活时尚。在很多国家，康乐产业已经成为本国国民经济的新增长点。新加坡正是在满足人们健康、娱乐需求上大做文章，才取得了如此骄人的成绩。

案例启示：
我国的康乐行业从20世纪80年代才出现，经过几十年的发展，虽然在投资规模、经营项目及种类上有了长足的进步，但是距离发达国家还有一定差距。发达国家康乐行业的发展模式、先进的服务与管理理念值得我们学习和借鉴。

任务分析

作为一名康乐行业的从业人员，需要对康乐活动及其起源与发展、康乐项目的基本类型、我国康乐行业的发展现状及趋势有一个基本的了解。

1.1.1 康乐活动

1. 康乐的定义

康乐的定义可以从字面得到直接的解答,即健康、娱乐的意思,也就是满足人们健康和娱乐的一系列活动。康乐的内容主要包括健身体育活动、休闲消遣活动、娱乐活动、文艺活动、声像活动、美容活动等。它涉及时装、健美、卫生、审美趣味、心理、体育等方面的知识,因而成为一个内容十分广泛的涉及社会科学、自然科学有关领域的"边缘科学"。

2. 康乐活动的起源与发展

康乐活动作为人类文化的重要组成部分,是随着人类社会的发展而逐渐形成和发展起来的。据史学家和考古学家的研究,人类早在原始社会就把走、跑、跳跃、投掷、攀登、爬越等作为最基本的生产劳动和日常生活的技能进行记录、总结,除了强身健体之外,还作为一项本领传授给下一代。这些人类早期的生存活动,也是康乐活动的萌芽。康乐活动的发展与教育、军事、科学技术的发展,以及人们的宗教活动、休闲娱乐活动有着密切的关系。

在原始社会,部落之间战争频繁,所以产生了有鼓动和操练性质的军事舞蹈。广西壮族自治区宁明县花山岩画中有远古骆越民族(壮族祖先)的乐舞场面,舞蹈动作多是双手上举、两腿叉开,舞姿粗犷有力。而流传于江西、广西、贵州、湖南等地的傩戏则是一种从原始傩祭活动中蜕变出来的戏剧形式,是宗教文化与戏剧文化相结合的产物,积淀了各个历史时期的宗教文化和民间艺术。

 知识链接

傩 戏

傩戏(nuó xì),中国傩戏有着悠久的历史,它源于原始社会图腾崇拜的傩祭。到商代形成了一种固定的用以驱鬼逐疫的祭祀仪式。先秦时期就有既娱神又娱人的巫歌傩舞。明末清初,各种地方戏曲蓬勃兴起,傩舞吸取戏曲形式,发展成为傩堂戏、端公戏。傩戏于康熙年间在湘西形成后,由沅水进入长江,向各地迅速发展,形成了不同的流派和艺术风格。傩戏流行于四川,贵州,安徽的贵池、青阳一带以及湖北西部山区。湖南、湖北的傩戏吸收了花鼓戏的表演艺术,四川、贵州的傩戏吸收了花灯的艺术成分,江西、安徽的傩戏则吸收了徽剧和目连戏的养料,如图1.1所示。

傩戏用反复的、大幅度的舞蹈动作表演,多在固定的节日演出,极具原始舞蹈风格。演唱用本地方言,唱腔除第一类剧目用端公调外,其他均唱本地群众熟悉的戏曲腔调。除湖南沅陵等少数地区用唢呐在句尾伴奏外,多数傩戏只使用锣、鼓、钹等打击乐器。傩戏的角色行当分生、旦、净、丑,多数戴面具表演。面具用樟木、丁香木、白杨木等不易开裂的木头雕刻、彩绘而成,按造型可分为整脸和半脸

【拓展视频】

两种。整脸刻绘出人物戴的帽子和整个脸部（图1.2），半脸则仅有鼻子以上部分，没有嘴和下巴。

图1.1　傩戏

图1.2　傩戏使用的面具

在汉代，除了"防身杀敌""以立攻守之胜"的实用之拳术外，还出现了观赏性和健身性的象形舞，如"沐猴舞""狗斗舞""醉舞"，还有"六禽戏""五禽戏"等。

同样，国外的康乐活动也出现得很早。古埃及人创造了古老而灿烂的文明，康乐活动是古埃及文明的重要组成部分，主要包括皇室成员进行的皇室活动和普通埃及人民进行的民众康乐运动。其中，皇室康乐活动往往笼罩着王权和宗教崇拜的气氛。为了表现自己的威力，皇室成员对一些能展示其力量的活动表现出巨大的热情，主要有跑、弓箭、射击、驯马和驾车，还有娱乐消遣的一些活动，如下棋。这些活动除了具有军事意义外，也为皇室带来了刺激与快乐；而普通埃及人的康乐活动则产生于生产实践中，比较简单，甚至还夹杂着些原始的味道，但具有很大的实用功能，主要内容为跑步、跳、摔跤、棒击、拳击、游泳等。

随着社会的进步和生产力的提高，康乐产业发展得也非常快，康乐场所已逐渐成为文化交流之地。随之也出现了"康乐文化"，而在很多国家，康乐产业已经成为本国国民经济新的增长点。康乐产业既包括与康乐相关的产品的生产与经营，也包括康乐服务的生产与经营。目前，我国的康乐行业已经从早期的在我国北京、上海、深圳等旅游业比较发达的城市，发展到一些中小城市，以满足人们日益增长的对精神享受的需求。当然，各国、各地区康乐产业的发展重点也有所侧重、有所区别。例如，江西南昌翠林高尔夫度假酒店和丹东五龙国际高尔夫俱乐部都是以高尔夫球场为主要经营内容的度假型或主题型酒店，江西的星子县（2016年已撤销，设立县级庐山市，编辑注）。就是充分利用当地的温泉优势，发展温泉洗浴中心及温泉酒店而使之成为该地区经济发展的重要支柱。

1.1.2 康乐项目基本类型

随着康乐活动的发展，与其有关的新产品、新设施、新设备都得到了充分的开发和推广，与之相随的活动项目越来越多。为了更好地加强康乐项目的服务与管理，需要全面掌握康乐项目的种类及其特点，现代康乐项目从功能特点上可以分为三大类：康体类项目、娱乐类项目、保健类项目。

1. 康体类项目

康体类项目是人们借助一定的康体设施设备和环境，为人们锻炼身体、增强体质而设的健身项目。康体类项目有别于专业体育项目，它不需要专业体育项目那么强的专业性、技巧性，人们参与康体项目，只为达到锻炼目的，并从中享受到一定的乐趣。

1）康体类项目的种类

（1）健身器械运动。

① 心肺功能训练项目，包括跑踏步类运动、划船运动、骑车运动等。

跑踏步类运动，是指通过以踏步机、登山机等运动机械作为载体达到增强心肺功能、锻炼身体目的的康体运动。这类运动通过为器械配置相关的热量消耗显示和心率检测装置，使训练者直接了解训练所消耗的热量，并且及时掌握训练时的脉搏次数，以便于随时控制训练的进度和程度。

划船运动，是使用类似于船舶功能的运动器械进行模拟划船竞赛的健身活动，对扩张心肺和手臂肌肉锻炼十分有利。

骑车运动，是操作类似于自行车的运动器械，达到模拟骑自行车运动的逼真感觉的运动项目。运动者还可以根据实际需要自动调节地势和骑车速度。

② 力量训练项目，包括举重运动、健美运动等。

举重运动，是通过推动可调节重量级的举重架训练臂力和扩胸的力量型运动，以达到举重效果的一种运动方式。

健美运动，是在多功能组合健身架上完成多种动作的锻炼项目。其所使用的器械既有单一功能训练身体某一部位的，也有综合训练身体各个部位的，可以达到健美、健身等目的。

（2）游泳运动。游泳运动是在不同设施、不同形式的游泳池内进行游泳和嬉戏等的运动形式。它可以增强内脏器官功能，还能增强肌体适应外界环境变化的能力，是一项使人身心舒畅的运动。

① 室内戏水。室内戏水是在设施齐全、水温适宜、水质优良、环境清洁的室内环境中进行戏水的运动。其方式多种多样，如滑冰、冲浪等，并且一年四季都可以进行，是一项适应范围较广的运动。

② 室外游泳。室外游泳是游泳爱好者在室外游泳池或天然游泳池等场所进行的运动，其缺点是会受到季节气温的影响。

③ 室内外综合型游泳池。室内外综合型游泳池的天棚是活动的，能够根据天气变化和宾客需求，通过控制系统开启和关闭，因此不受天气的影响。它的缺点是天棚的结构复杂，工程造价高，保养维修费用高。

【拓展视频】

知识链接

游泳运动的历史发展

远古时代，人类为适应生存环境，逐渐学会游泳。中国春秋时代就有泅水活动，利比亚史前岩画也有游泳姿势的描绘。现代游泳始于英国，17世纪60年代流行于约克郡地区。1828年在利物浦乔治码头修建了世界上第一个室内游泳池。

1837年在英国成立世界上第一个游泳协会。1908年国际游泳联合会（FINA）成立，规定游泳必须在水池内比赛。国际标准的游泳池长50 m，宽至少21 m，深1.8 m以上。设8条泳道，每条泳道宽2.5 m，分道线由直径5~10 cm的单个浮标连接而成。运动员比赛必须站在出发台上出发（仰泳除外），出发台高出水面50~75 cm，台面积为50×50 cm。

1896年第1届雅典奥运会上游泳被列为奥运会竞赛项目时，不分泳姿，是真正的"自由式"，只有100 m、500 m、1200 m这3个项目。1900年第2届巴黎奥运会时，分出仰泳项目；1904年圣路易斯奥运会时，又分出蛙泳项目。比赛项目包括男子50 m、100 m、200 m、400 m和1500 m自由泳以及100 m仰泳。1912年第5届奥运会时，女子游泳被列为比赛项目。1956年第16届奥运会，又增加了蝶泳项目，从此定型为4种泳姿。此后，奥运会游泳比赛发展到自由泳、蛙泳、蝶泳、仰泳、混合泳、接力（自由泳与混合泳）和马拉松赛（北京奥运新增项目）7大项34个小项。

(3) 球类运动。

① 台球。台球是一项具有绅士风度的高雅运动项目，也叫打落袋，是由2~4人参加的在一个水平方形台上击球的活动，以击球或击球进袋计分比输赢的球类运动。按台球结构和运动方法分为有袋式和无袋式两种。有袋式台球又分为英式斯诺克、比列、美式落袋三种。

② 保龄球。保龄球运动是在拥有符合规范要求的木质保龄球道、竖瓶机、计算机计分器等设施设备的场所，用球滚击木瓶数记分的康体运动。

保龄球赛场是用枫树或松树等硬质木料铺成的细长水平滑道，长18.6 m，宽1.05 m。球用硬质胶木制成。比赛时在滑道终端用10个木瓶柱，摆成三角形，参加比赛者在投掷线上轮流用球滚投撞击瓶柱，每人轮流投击两次为一轮，十轮为一赛，以用最少轮次击倒所有瓶柱者为优胜。

③ 网球。网球活动是运动者在网球场上，手执网球拍击球过网的一项运动。比赛时双方各占网球场一边，由一方发球开始，运动员手执网球球拍，运用发球、正反拍击球、截击球、变压球、挑高球、放短球、击反弹球等技术，以及发球、上网和底线抽击球等技术，努力将球击至对方场地。

④ 高尔夫球。高尔夫球运动是运动者在具有一定要求的高规格的高尔夫球场，使用不同球杆，按一定规范要求将球击入固定洞中，以球入洞时杆数多少定输赢的贵族运动。高尔夫球运动是一项有益于身心健康、陶冶情操的高雅运动。由于受到

客观条件的限制，高尔夫球运动较难推广。为了满足人们对这一运动的需求，在星级酒店内一般设室内模拟高尔夫球场、微型高尔夫球场。

⑤ 其他球类运动项目。有些酒店或度假村根据宾客的需求设置了很多球类休闲运动项目，如乒乓球、羽毛球、篮球等。

2) 康体类项目的特点

（1）需要借助一定的设施场所，如乒乓球室、游泳池等。

（2）不是以竞技为主，而是为了达到特定的目的，如健美、减肥等。

（3）运动中讲究科学方法，即运动有一定规律性，时间和运动量要适中等。

【拓展视频】

2. 娱乐类项目

娱乐类项目是人们以趣味、轻松愉快的方式，在一定的设施环境中进行各种类型的既有利于身体健康，又放松精神、陶冶情操的活动项目。这种项目往往既可以提高人的智力、锻炼毅力、培养兴趣，又可以达到放松身心、恢复体力、振作精神的目的。

1) 娱乐类项目的种类

娱乐项目包括的范围较广，日常生活中的休闲娱乐项目（酒吧、歌舞厅、卡拉OK/KTV/MTV 等），游戏娱乐项目（棋牌、电子游戏等），文化娱乐项目（闭路电视、书刊阅览等）都是娱乐项目类型。

2) 娱乐类项目的特点

（1）借助特定设施和服务，如酒吧、棋牌室等。

（2）运动不激烈，趣味性、技巧性强，如电子游戏厅等。

（3）环境氛围感较强，如卡拉 OK 厅、大型多功能厅等。

（4）寓享受于消闲娱乐之中，强调一种精神上的满足。

3. 保健类项目

保健类项目是利用一定的环境设施和服务，使人们能积极主动、全身心投入，使身心得到放松的活动项目。

1) 保健类项目的种类

保健休闲类项目按其功能形式一般分为桑拿浴、足浴、保健按摩和美容美发。

（1）桑拿浴。桑拿浴是一种蒸汽浴，是在气温高达 45～100℃的蒸汽房间内沐浴的活动。蒸汽浴室分为干、湿两种。干蒸汽浴又称芬兰浴，整个沐浴过程是坐着的，室内高温使人有一种身临炽热阳光之下被晒着、被吸收身体水分的感觉。温蒸汽浴又称土耳其浴，整个沐浴过程不断地往散热器上加水，使房间湿度浓厚。无论干、湿桑拿，都是通过高温，使浴者出汗，以改善人体血液循环，调节生理机能，达到促进新陈代谢的效果。

（2）足浴。足浴又称洗足浴法、洗脚疗法，是用热水或药液浸泡双脚，以达到防病治病、强身健体、延年益寿目的。足浴不但具有清洁卫生、消除疲劳等养生保健作用，还有解除机体某些疾患的功效。自古以来，人们就把"睡前一盆汤"看作养生保健的有效措施和习惯。

(3) 保健按摩。按摩是指在人体的一定部位上，通过运用各种手法和进行特定的肢体活动达到防治疾病的方法，具有疏通经络、促进血液循环、增进健康甚至一定程度上治病的功效。按摩一般分为人工按摩和设备按摩，其中设备按摩的种类比较多，主要有热能震荡按摩和水力按摩等。它们不仅起到人工按摩的作用，而且借助热能、水力等，达到人工按摩所不可代替的效果。

(4) 美容美发。美容美发是指拥有现代化设备、清洁的美容美发工具和技艺高超的美容美发师，为顾客进行美容美发等服务，以满足宾客不同要求的活动。现代美容美发师需要经过严格的培训，并且必须配备现代化的设施设备，如专用美容椅、离子喷雾机、真空吸面机等。一家酒店美容美发的声誉好坏会对酒店客源的回头率产生明显的影响。

2) 保健类项目的特点

(1) 特定设备和服务，有严格的操作程序，如桑拿室等。

(2) 服务技术含量要求高，如足疗、保健按摩等。

(3) 文化气息浓，时尚感强，如美容、美发等。

 知识链接

千奇百怪的洗浴文化

1. 芬兰蒸汽浴

芬兰浴英文名为 SAUNA，中文译成桑拿，是一种蒸汽浴。

2. 日本温泉澡

日本本土境内多火山，温泉也多，东京北部的仙台市近郊有一个著名的温泉，每逢假日，日本人就成群结队到此地洗温泉。

日本人洗温泉的方法有四种，各有特色。普通办法是将全身浸在 40℃的泉水中。还有是利用水管，将温泉从高处引下来，人站在水管底下淋浴，让热水拍打在身体上起到按摩的作用，消除酸痛。也有将温泉冒出的热气或蒸汽引导到房间里，人再进去蒸一蒸，或者用温泉水和些泥巴，把身子放进泥中进行"泥浴"。还有一些温泉地，沙子也是热的，人们就挖一个洞，把身子埋进去蒸上5分钟，等到冒汗再爬出来，这种叫沙浴。在日本海边也有些温泉，涨潮时淹没，退潮时就显现出来，日本人会在海边挖个池子储存温泉，年轻人特别喜欢这种海边温泉。

3. 罗马尼亚泥浆澡

今天，洗澡的方式千奇百怪。有人从河里挖出黑乎乎的烂泥巴，抹遍全身，只露出两只眼睛，然后跑到太阳下晒干，让皮肤有收缩的感觉，东欧的罗马尼亚人特别爱洗这种泥浆澡。美国得克萨斯州有一家澡堂的老板，用挖土机从池塘里挖出大堆烂泥巴，送到浴室的大浴桶里，然后在底部加热，沐浴者在里头躺上个把小时，据说能收缩皮肤、美容养颜。

4. 美国加利福尼亚州热桶浴

在美国加利福尼亚州一带有一阵子很流行热桶浴，用大木桶烧水，男女共浴，

【拓展视频】

一时蔚然成风。但是泡在木制的桶里，有的人脚底受不了高温以致被烫伤，浸太久还会头晕，甚至发生过人昏迷的意外事件。

1.1.3 我国康乐行业的发展现状

我国的康乐行业是随着20世纪80年代改革开放的脚步而出现的，尽管出现的时间较短，但发展相当快。尤其在最近几年，中国的康体业发展迅速，出现了许许多多规模不等、设施项目不完全相同的、有别于酒店康乐中心的企业，例如，北京康乐宫、北京蓝海洋娱乐有限公司、沈阳夏宫；还有许多室外游乐场，如北京石景山游乐园、香港海洋公园、香港迪士尼乐园；另外，遍布中国多个城镇的卡拉OK歌舞厅、桑拿浴室、健身房、游泳池、夜总会等，都是独立于酒店之外的康乐场所。

【拓展视频】

总体来看，现阶段我国康乐行业的发展呈现出如下几个特点。

1. 新颖的康乐项目层出不穷

随着社会的进步和经济的发展，人们对康乐活动的需求也在不断增加。同时，国内外的实践经验也表明，康乐行业经营的生命力在于不断地自我更新。这两方面的情况都促使康乐行业不断推出新项目，以促进康乐业的发展。例如，高尔夫球本是传统康体项目，但由于其自身、客观条件的限制而不易普遍推广。在这种情况下，西方发达国家先后开发出了城市高尔夫球（也称微型高尔夫球或迷你高尔夫球）和模拟高尔夫球。桑拿浴也是传统保健项目，近年来，一些经营者又陆续开发了光波浴、瀑布浴、泥浴、沙浴、药水浴、牛奶浴、米酒浴、茶水浴、花水浴、薄荷浴等，逐渐形成了洗浴文化。此外康乐业又推出了火箭蹦极、室内攀岩、滑草、沙狐球等新兴康乐项目。新项目的不断涌现，给康乐业带来了活力，从而促进了康乐业的发展。

【拓展视频】

2. 康乐活动的文化色彩日益浓厚

康乐消费也是一种高雅的精神消费，它为人们提供的主要是消除疲劳、缓解压力、舒畅心情、恢复精力、提高兴致、陶冶情操等精神享受。因此，康乐经营和消费不仅要以一定的经济条件为基础，而且需要一定的文化色彩。只有这样，人们才能从康乐活动中获得更多益处。例如，高尔夫球历来被认为是一种文明、高雅的康体项目，人们置身于由蓝天、绿草、树丛、水塘、沙地构成的球场中，呼吸着清新的空气，做出优美、潇洒的击球动作，在这种舒适、和谐的环境中，人们的情趣和言行会得到陶冶。与大多数事物的发展规律一样，康乐活动的发展也是由低层次向高层次发展的。其发展表现在越来越具有文化色彩，例如，风靡世界且经久不衰的迪士尼乐园就有非常浓厚的童话色彩；中国著名旅游城市西安的唐乐宫大酒店，那里的仿唐乐舞夜总会曾经让许多旅游者从中领略到中国唐代宫廷乐舞和饮食文化的魅力。这些都说明了康乐活动的文化色彩越来越浓厚。

3. 突出主题的经营理念受到重视

在康乐活动快速发展的今天，经营者更加注意研究如何拓展经营空间。他们在很大程度上已经达成共识，除了开发新颖设备、扩大经营规模外，在经营理念上更加注重突出主题。这种理念在美国尤为盛行，例如，在以电影为主题的游乐园中，"迪士尼"和"环球"是两个较大的乐园，他们拥有经验丰富的管理人员，把影片成功地转换成主题乐园的游乐设施。这种协同运作的市场模式，首先由"华纳"和"派拉蒙"公司提出，"六面旗"和"国王"也参与了合作。在"六面旗"乐园中，以电影为主题的游乐设施有"蝙蝠侠"和"超人"；"派拉蒙"中则有"神枪"和"星际畅游"等游乐设施。中国的主题乐园发展也很快，先后建设了无锡影视基地、深圳中华民族园、北京世界公园、山海关建在航空母舰上的海上乐园等，都是典型的主题乐园。我国的主题乐园也具有鲜明的特色。例如，1995年，以东方迪士尼为特色的苏州乐园开始接待游客，仅两年时间就接待了游客500万人次，其经营优势初露端倪。苏州乐园的市场定位很鲜明，就是以家庭游乐为主要客源市场。在这里，从小小世界到太空历险，从苏格兰庄园到欧洲城镇，从百狮园到时空飞船，各种年龄层次的游客都能找到适合自己的游乐天地。苏州乐园在经营中又把主题经营的理念向更深层次发掘，举办了一系列主题活动，包括俄罗斯水上芭蕾表演、露天广场音乐会、五月歌会、假日探宝大行动、夏威夷风情节、啤酒节、桂花节、圣诞狂欢节等。

【拓展视频】

> **知识链接**
>
> **环球嘉年华**
>
> 环球嘉年华是世界上最大的巡回式移动游乐场。
>
> 嘉年华即狂欢节，最早起源于古埃及，后来演化成古罗马农神节的庆祝活动，近代风靡欧美各国。传统的狂欢节虽源于一脉，但各个国家不同的风土人情，赋予其不同的特色，如德国慕尼黑狂欢节、英国诺丁山狂欢节、巴西狂欢节、威尼斯嘉年华等，均成为当地各具文化特色的传统活动。
>
> 环球嘉年华正是秉承这一狂欢的精神，给人们带来快乐。一百二十年前，威廉·史蒂芬用毛驴拉着小车在英国四处游走，在旅行中为人们送去欢乐。经过六代人的努力，史蒂芬家族的嘉年华已经发生了质的飞跃，将狂欢的精神与现代高科技的机械相结合，在世界众多经营游艺机器的公司中优中选优，组合成庞大的游艺团体，其惊险刺激的大型乘骑设备和挑战自我的竞技游戏，让人惊心动魄、乐此不疲。
>
> 环球嘉年华活动是经过专业化组织的大型民间嘉年华盛会，主要包含以下项目。
>
> （1）机动乘骑项目。这些项目从具有极限速度和运动以及身体挑战的乘骑项目，到由亲朋好友一起体验的较为适中的乘骑项目，到青少年乘骑项目（按儿童的能力和身高分类）不等，在一种十分安全的环境中提供同样刺激的体验。

（2）竞技项目。鼓励旅游者积极参与的竞技活动，用有吸引力和流行的奖品奖励熟练的玩家，这些奖品通常为柔软可爱的玩具。

（3）文化娱乐项目。种类繁多的国内外文化性民间娱乐表演。

（4）美食与购物。多种多样的国内外食品及商品，令人眼花缭乱。

（5）环球嘉年华体验。以上所有活动都是在一种刺激、活跃和欢乐的环境中进行的，此环境充满灯光、音乐、色彩、舞蹈、歌声和运动，使受感染的旅游者享受到独一无二的"环球嘉年华体验"，如图1.3所示。

图1.3 环球嘉年华

【拓展视频】

世界上最大的游乐场——奥兰多迪士尼乐园

奥兰多迪士尼乐园位于美国佛罗里达州，投资4亿美元，是全世界最大的主题乐园，也是迪士尼的总部，总面积达124平方公里，约等于1/5的新加坡面积，拥有4座超大型主题乐园、3座水上乐园、32家度假酒店（其中有22家由迪士尼世界经营）以及784个露营地。自1971年10月开放以来，每年接待旅游者约1200万人。这里设有5座18洞的国际标准高尔夫球场和综合运动园区，市中心还有迪士尼购物中心——结合购物、娱乐和餐饮设施，里面有夜间游乐区、各式商店和超过250家的餐厅，如图1.4所示。

图1.4 迪士尼乐园

4. 康乐设施和经营主体大幅度增加

随着世界经济的不断发展，康乐行业也在不断发展。我国近 30 年来一直处于经济发展的高速期，经济的高速发展带动了康乐行业的快速发展，康乐设施和经营主体大幅增加。随着人们对康乐活动需求的增加，经营康乐项目的主体已从星级酒店向度假村、康乐中心扩展，还出现了许多专营康乐项目的企业，如，哈尔滨的"梦幻乐园"、吉林的"格林乐园"、石家庄的"天天水上乐园"等，并且出现了一些大规模的综合康乐企业，使我国的康乐行业呈现百花齐放的局面。

【拓展视频】

另外，我国康乐设施的规模不断扩大。例如，2009 年以前经营多年的"沈阳夏宫"，其面积有 2.3 万平方米；北京有个 8 万平方米的室内水上乐园。不仅室内水上乐园是这样，其他项目也如此。

5. 参与康乐活动的人数越来越多

随着经济的发展和社会文化水平的提高，人们的康乐需求也不断提高，越来越多的人希望在闲暇时参与一些有益身心健康的康乐活动。在我国台湾地区，台大、交大等 20 多所高等院校都开设了高尔夫球选修课。如今选修高尔夫的学生越来越多，高尔夫球已成为体育教学中最受欢迎的科目。北京在前些年就已经开设了专业高尔夫学校和台球学校，一些高等旅游院校也开设了康乐服务与管理的专业课。这些学校源源不断地培养着康乐服务和管理人员，为康乐行业扩大经营输送了大量人才。

6. 康乐项目的收费水平趋于合理

过去，康乐项目的收费不太合理，有些项目的消费价格很高。但是，随着市场经济发展和人们消费观念的转变，康乐行业的收费水平越来越合理，大多数康乐企业都能从消费者的实际收入情况出发，制定出符合实际的收费标准，采取降低收费的经营策略，为广大中、低收入者提供了享受现代生活、感受现代康乐项目的机会和条件。一些原先属于"贵族消费"的康乐项目开始大规模地面向寻常百姓。

1.1.4 我国康乐行业的发展前景

1. 康乐经营在经济活动中所占的比重将会增加

尽管康乐行业进入经济活动始于西方经济发达国家，后来又逐渐发展并占据较重要的经济地位，我国的康乐行业虽然出现的时间较短，但发展相当快。据不完全统计，1987 年，我国游乐园的年营业收入大约为 6000 万元人民币，到 1996 年，年营业收入就上升到 3 亿元，10 年间就涨了 4 倍。这也正说明康乐行业在国民经济中所占的地位越来越重要。

2. 康乐消费在人们生活消费中所占的比例将会增大

近几年，随着我国物质生活水平的提高，广大群众越来越多地追求精神生活享受，人们的健康意识逐渐提高，消费观念和消费结构都在发生变化。据不完全统计，在酒店周围地区约 70%的青年人喜欢到酒店康乐场所去消费，这已成为一种时尚。

3. 康乐服务和管理水平将会明显提高

我国的康乐行业自 20 世纪 80 年代开始兴起，尽管出现的时间较短，但康乐企业在数量上不断增多，在经济规模上不断扩大，而康乐管理和康乐教育培训也由最初的"摸着石头过河"发展到由经验管理型向科学管理型方向进步，各院校开始设置康乐服务和康乐管理专业，相关的教材也在不断出版，使康乐管理趋于规范化和系统化。今后，我国的康乐服务和管理水平还将继续提高，可达到发达国家的水平。

4. 康乐设备的科技含量将会不断增加

生产力的提高、科学技术的进步和市场需求的增加，康乐设备的科技含量将会越来越高，其性能也越来越先进。设备的完善会使得原有的康乐项目日臻完善。例如，乒乓球拍从最早的一块木板到目前在底板上添加碳纤维，不仅更加轻巧，还增加了球拍的弹性，而这种纤维最早是航天飞机上用的高科技材料。

【拓展视频】

任务实训

实训 1-1 了解康乐行业

实训目的：通过此次实训，使学生对康乐行业有一个基本了解。

实训内容：选择学校所在城市的康乐企业及酒店康乐部进行调研，了解各类康乐项目以及康乐行业的发展现状与前景。

实训步骤：

第一步：教师下达实训任务书。

第二步：学生分组，每个小组负责一家或两家康乐企业或酒店康乐部的调研。重点调查康乐项目的设置情况，各类康乐项目的客源情况以及企业或部门的整体经营状况。

第三步：小组之间进行交流，共享调研成果。

第四步：教师归纳总结。

实训成果：上交××城市康乐行业调研报告。

任务评价

学习目标	内容	自我评价			小组评价			教师评价		
	评价项目	优	良	可	优	良	可	优	良	可
知识目标	了解康乐活动									
	熟知康乐项目的基本类型									
	了解我国康乐行业的发展现状									
	了解我国康乐行业的发展前景									

续表

学习目标	内容 评价项目	自我评价 优	良	可	小组评价 优	良	可	教师评价 优	良	可
专业能力目标	多渠道搜集相关资料									
	走访相关酒店									
	了解酒店康乐部的基本情况									
通用能力目标	沟通能力									
	项目任务管理能力									
	解决问题能力									
任务单	内容完整正确									
	书写清楚规范									
	思路清晰、层次分明									
小组合作	创造良好的工作氛围									
	成员互相倾听									
	尊重不同意见									
	全员参与									

整体评价：　　　　优秀□　　　　良好□　　　　基本掌握□

教师建议：

任务 1-2　认知酒店康乐部

【拓展视频】

　　王丹毕业后被分到了一家五星级酒店的康乐中心工作。工作刚刚开始，一切都是崭新的。在日常生活中，王丹接触的康乐项目有限，今天是岗位培训的第一天，培训教师让学员们先通过自己的方式了解这个部门，那么让我们一起和王丹走进酒店康乐部。

任务导入

　　情境介绍：哈尔滨天鹅饭店是黑龙江省首家四星级宾馆，建店已有近三十年历史。很多同时期的酒店都已纷纷退出市场竞争，天鹅饭店却至今保持着良好的运营状态，这跟饭店领导层十分重视康乐项目的开发与建设不无关系。酒店休闲广场完备的康乐项目、现代化的康乐设备以及较高的康乐服务与管理水平吸引了很多外地宾客入住该酒店。

1996年，投资2亿元兴建的天鹅饭店休闲广场正式投入运营。休闲广场是地下一层、地上三层的格局。地下目前有哈尔滨市最大的保龄球馆，还有台球厅、棋牌室。地上一层是餐饮包房和大宴会厅。二层设有健身房、壁球室、桑拿中心、美容美发。三层有斯卡拉演艺竞技场、KTV包房以及游泳馆。休闲广场的第一批服务人员90%来自哈尔滨市的大中专院校，如今人员虽几经流动，却依旧保持着较高的学历层次。

思考题：
1. 在激烈的市场竞争中，天鹅饭店建店近三十年依旧保有自己的市场份额，原因是什么？
2. 天鹅饭店的成功经验给了我们哪些启示？

案例分析：
随着国际知名酒店集团纷纷涉足中国市场，我国酒店行业的竞争越来越激烈。酒店除了在住宿、餐饮竞争外，必须开发新的收入来源。天鹅饭店避开由于开业时间过久导致的自身硬件方面竞争力不足的弱势，独辟蹊径打造自己的特色康乐产品，形成了强大的竞争优势。

案例启示：
在现代酒店服务体系中，前厅、客房和餐饮服务项目一直受到经营者的高度重视，因为它们确实满足了宾客的基本需求，即吃住需求。然而随着人们生活水平的提高、意识形态的改变，健康理念逐渐为人们所认可，追求身心健康不仅是一种时尚，更是人们实实在在的需求。酒店为迎合消费者的这一需求，将康乐设施、娱乐器材引入酒店，以一种全新的方式将酒店推向市场，打造自己的全新竞争力。

任务分析

作为酒店康乐部的一名员工，了解所在部门的组织结构、基本职能及所在岗位的基本职责，这是做好本职工作的前提。

1.2.1 酒店康乐部的组织结构

康乐部组织机构的作用是通过运用适当的管理方法和技术手段，发挥康乐部组织中各种人员的作用，把投入到酒店中的有限资金、物资以及信息资源转化为可供出售的康乐产品。

康乐部的组织机构是指按照一定的目的、任务和形式加以编制而形成的康乐部经营管理系统。

1. 康乐部的组织形式

康乐部的组织形式是要为康乐部的经营服务。其机构要适应经营业务，出于需要而设置机构。例如，有的酒店把康乐部设为餐饮部下属的一个分部，这可能是由于其康乐部规模较小，而卡拉OK餐厅又是与餐厅结合在一起的，因此归到餐饮部便于管理；有的酒店把康乐部划归客房部，而有的酒店则设置与其他部门平行的康乐部，这是各家酒店康乐部的主要形式。对于不同的设置形式，不能武断地说哪种合理、哪种不合理，因为这些形式都是根据酒店的实际情况而确定的，是按需要设置的。

我国的大型酒店一般都设有属中层机构的康乐部，而中小型酒店则将康乐设施项目归属于餐饮部或客房部等部门。

酒店康乐部根据其星级、档次的不同，分别设有健身房、游泳馆、台球厅、保龄球馆、网球场、桑拿按摩、美容美发、歌舞厅、棋牌室、游戏机室等多种服务项目，相对应的组织机构也就应运而生。

2. 康乐部的岗位设置

康乐部作为酒店的一个业务部门，其岗位的设置原则与其他业务部门大致相同。同时，还要依据它的组织机构设置的特点和经营管理上的特殊要求而设置职务岗位。

酒店康乐部的服务人员的设置，依照酒店康乐服务项目设施的不同和服务档次，分别设有健身房服务员、游泳馆服务员、台球厅服务员、保龄球馆服务员、桑拿服务员、KTV服务员、歌舞厅服务员、酒吧服务员等多个服务岗位。

酒店康乐部的组织结构如图1.5所示。

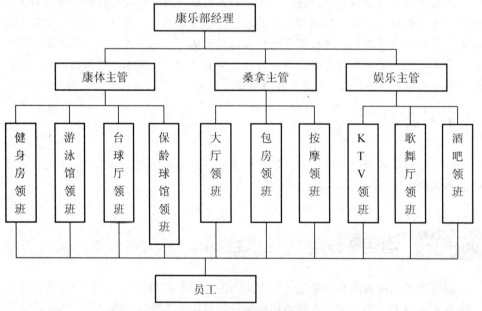

图1.5 酒店康乐部的组织结构图

1.2.2 酒店康乐部的基本职能

康乐部是酒店的对外经营部门之一，既是专业化的经营部门，又不能脱离酒店的整体管理、统一经营，并要配合酒店的整体营销。

康乐部是为宾客提供休闲、娱乐、康体健身等项目的舒适、洁净的场所，尽最大努力满足顾客的合理需求，为宾客提供细致、周到、体贴、入微的服务，为酒店创造经济效益和社会效益。康乐部的发展方向是：健康、文明、高雅、安全。

虽然康乐部自身是专业化的独立经营部门，但必须符合酒店的整体经营、管理、经济效益、社会形象等方面的要求，同时在酒店的统一安排下配合餐饮部、客房部、销售部做好酒店的整体经营和整体促销，与其他部门合作，以使酒店经济效益最大化。如果缺少其他部门的支持和帮助，酒店康乐部是无法独立生存的。

康乐部的基本职能概括如下。

1. 提供娱乐服务

人们对娱乐的需求历来就有。娱乐项目可分成三类：第一类是带有民族色彩的项目，如下围棋、打麻将等；第二类是从国外引进的项目，如玩扑克、玩电子游艺机等；第三类是引进西方的形式而赋予中国内容的项目，如唱卡拉OK等。这些活动之所以受到人们的喜爱，主要原因就是人们对这些娱乐活动有很强的需求。

2. 提供健身服务

宾客对体育锻炼的需求是多方面的，形式也是多种多样的，且有一般运动与重点运动之分：一般运动指散步、做操、跑步等；重点运动指各种专项运动，如举重、游泳、打网球等。

根据上述要求，康乐部开设了相应的康体项目，如健身、游泳、台球、保龄球、网球、高尔夫球等。

【拓展视频】

3. 提供健美服务

满足宾客对形体美的需求也是康乐部的职能之一。

4. 满足顾客的安全需求

做好设施设备的安全保养工作，为宾客提供一个既安全又舒适的康乐休闲环境，是康乐部的基本职能之一。

例如，打保龄球可能出现滑倒、摔伤或扭伤的危险；游泳时可能出现溺水的危险。这就需要康乐部服务员时刻注意宾客的活动情况，及时提示宾客注意按照安全规范参与康乐活动。

另外，随着设备使用次数的增加、使用时间的延长以及累计客流量的增加，设备的损耗和老化就会加快，不安全因素也会增加，如果不注意设备的检查和保养，就有可能给宾客带来某种伤害。例如，如不及时检修水滑梯的接口，就可能划伤使用者皮肤；游泳池附近的地面如果滋生青苔，就可能使宾客滑倒摔伤……

5. 满足顾客的卫生需求

康乐场所应是高雅、洁净的地方，但因客流量大，设备使用频繁，所以卫生清洁工作量很大。如设备的手柄部分每天被许多人触摸，清洁和消毒工作十分重要。又如，美容美发室是卫生要求极严格的部门，这里所用的设备、器具等直接与宾客皮肤接触，因此必须实施较严格的卫生标准，有些用具还需要用紫外线灯箱来消毒。

6. 提供咨询服务

参与康体活动一般都要求使用者具有一定的技能技巧。对于初次来康乐部消费的宾客，有些看似简单的项目，需要较全面的技能、技巧，为了避免发生事故，康乐部相关服务员应向宾客提供耐心、正确的指导性服务，还可以通过开办培训班的形式向宾客提供技术上的服务，以满足他们在运动技能技巧方面的需求，如图1.6所示。

图1.6 健身教练

1.2.3 酒店康乐部的主要作用

酒店康乐部只是社会康乐项目在酒店业务中的一种表现形式，它在酒店经营中已成为不可缺少的重要组成部分。在酒店的经营中起着相当重要的作用，具体表现在以下几方面。

1. 满足顾客的正当需求

随着社会的不断进步，人们对康乐的需要越来越多，特别是那些经常住酒店的顾客非常重视康乐活动，在很多旅游者的旅游日程中，不论寒冬还是酷暑，总是把在酒店进行康乐活动列入其日程；在现代商务活动越来越频繁的商务人士中，亚健康状态很普遍。因此，在商务活动之余，康体活动就成了这部分人的首选活动；甚至于一些商务人士是一边进行康体活动，一边约商务朋友在一起谈生意，这些情况都反映出顾客对康乐活动的需求强烈。

2. 稳定和增加酒店的客源

现在的酒店设置康乐部已不仅是为了评定星级，而是出于经营需要和增加营业收入的目的，不少旅游者在选择下榻的酒店时，往往很注意酒店是否具有较完善的康乐设施，酒店康乐设施的完善与否、康乐器材的现代化程度，能够在很大程度上影响酒店客房的出租率，有较完善的康乐设施则酒店客源比较稳定，否则客源往往不够稳定，特别是在营业淡季，出租率的下降非常明显。这种情况在一些度假型酒店和主题型酒店表现得尤为明显。

3. 扩大酒店的服务范围

现代消费观念认为，高档酒店应该是一个包罗万象、应有尽有的小社会，在那里可以享受到各方面的乐趣。顾客除了住宿和商务活动之外，还需要酒店的其他多种服务。所以满足顾客的这些需求，就会提高其满意度。在满足顾客一般消费需求的基础上还应满足他们在康体、娱乐和自我实现、提高生活质量等方面的精神需求。康乐项目就是为满足这些需求、扩大服务范围而设置的服务项目。

中国的酒店在以前服务项目也比较单一，主要是住宿和餐饮，改革开放以后，逐渐增加了康乐项目，现在三星级以上的酒店都设置了与客房部、餐饮部平行的康乐部。

可以说，康乐部已成为继客房部、餐饮部之后极为重要的酒店营业部门。

 知识链接

广州白天鹅宾馆康乐中心

1. 健康中心

健康中心位于主楼西侧花园内，环境优美，设备齐全，有游泳池、健身房、壁球场、桑拿浴、按摩等服务，还提供网球场服务。

网球场：本馆为阁下提供一流水平的网球场。

游泳池：本馆西侧花园内设有两个游泳池。为安全起见，1.4米以下儿童应由成人陪同进入泳池。

壁球场：两个设备优良的壁球场设于健康中心二楼。

健身房：室内设有各式运动器材，并由资深工作人员向阁下提供或编排适合您的运动程序。

2. 美容中心

本中心根据不同的皮肤类型，适应所需，提供一系列高水平的美容护理服务，改善皮肤状况，满足不同宾客的要求。

3. 美发中心

发廊格调高雅、设计独特、设施齐全，有全电动理发椅和各款美发、护发仪器等配备，并设有独立单间，每位宾客在这里都能得到一流的服务和享受。

1.2.4 酒店康乐部的岗位职责

1. 康乐部经理岗位职责

（1）接受总经理的督导，直接向总经理负责，贯彻酒店各项规章制度和总经理的工作指令，全面负责康乐部的经营和管理。

（2）根据酒店规章制度和各设施项目的具体情况，提出部门管理制度和主管、领班的具体工作任务、管理职责以及工作标准，并监督实施，保证部门各项娱乐设施和各项管理工作的协调发展及正常运转。

（3）分析各设施项目的宾客需求、营业结构、消费状况及发展趋势，研究并提出部门收入、成本与费用等预算指标，报总经理审批。纳入酒店预算后，分别落实到各设施项目，并组织各级主管和领班完成预算指标。

（4）研究审核各设施项目的服务程序、质量标准、操作规程，并检查各设施项目、各级人员的贯彻实施状况，随时分析存在的问题，及时提出改进措施，不断提高服务质量。

（5）根据市场和宾客需求的变化，研究并提出调整各设施项目的经营方式、营业时间、产品和收费标准等管理方案。配合酒店销售活动，配合有关部门组织泳池边的食品销售，以及网球、壁球、保龄球比赛等销售活动，适应宾客消费需求的变化，提高设施的利用率和销售水平。

（6）审核签发各设施项目主管的物品采购、领用、费用开支单据，按部门预算控制成本开支，提高经济效益。

（7）做好各设施项目主管、领班的工作考核，适时指导工作，调动各级人员的积极性。随时搞好巡视检查，保证康乐中心各设施项目管理和服务工作的协调发展。

（8）制定部门各设施项目人员编制，安排员工培训。根据业务需要，合理组织和调配人员，以提高工作效率。

（9）随时收集、征求宾客的意见，认真处理宾客投诉，并分析康乐中心服务与管理中的问题，适时提出改进措施。

（10）搞好康乐中心和酒店各部门的协调配合，完成总经理交办的其他工作任务。

（11）掌握员工的思想动态，积极开展多方面沟通，解决员工日常工作、生活中存在的问题，抓好员工队伍的思想工作。

（12）贯彻执行酒店行业饮食卫生制度，督导康乐部卫生工作的落实。

（13）抓好部门日常防火、防盗和防事故工作，发现问题必须及时解决，对部门的安全负责。

（14）制定并支持部门各级例会，跟进并监察部门日常营业的一切工作。

 知识链接

康乐部经理管理禁忌

1. 忌管理随意性

康乐部管理依赖于制度，康乐部的各项工作程序、标准、要求乃至各级人员的职责、任务、目标、言谈举止等都被严格地规范于制度之中。"做什么，怎么做，做到什么程度，做错了将受到何种处罚"，是康乐部所有员工都非常清楚的，管理者要按照制度去检查要求，不能随主观意志指手画脚，更不能置制度于不顾，凭主观情绪与想象任意要求下属"如何做"。否则，员工将无所适从，管理也会因为管理者自身的原因造成混乱。

2. 忌管理决策盲目性

决策前调查分析不够，信息不准或管理者主观、片面、缺乏经验及素质不到位，易造成决策失误。

3. 忌短期管理行为

康乐部管理讲究可持续性，一切工作的计划、方案、目标、决策必须着眼于康乐部的长远利益，维护康乐部永久的生命力和市场竞争力。

4. 忌越级管理

"一级对一级负责，每个人只有一个上司"，越级管理会造成下属无所适从，管理秩序混乱。

5. 忌"保姆式"管理

康乐部实行层次管理、分级负责，每个职位的人员都有自己明确的职责要求，所以，每一级管理人员应该鼓励下级管理人员忠于职守，尽职尽责。切记不能权责独揽，事必躬亲。

6. 忌经营管理墨守成规

康乐部运行程序有其自身的规律，但其经营、销售、推广必须灵活而富有新意。通过经常开展形式各异且富有吸引力的营销活动，给宾客创造一种新颖、温馨的消费环境，从而实现康乐部最佳的经济效益。

7. 忌管理不拘小节

康乐部的服务功能几乎涉及社会的各个方面，因此素有"小社会"之称，复杂的服务功能要求康乐部的管理工作应做到全面而细致入微。

8. 忌不当竞争

康乐部经营应严格执行国家政策、行业法规，遵守国际惯例和通行准则，既不能行业联合哄抬物价，形成垄断，侵占消费者利益，也不能视行业规定于不顾，削价竞争，扰乱市场。

9. 忌客源单一性

康乐部客源的构成份额是康乐部知名度高低和市场生命力强弱的主要标志之一。酒店康乐部必须在市场推广方面尽力扩大客源覆盖面，在服务项目设定和特色的策划方面考虑更多的针对性，从而以良好的服务、独到的特色、最好的信誉吸引全方位、多层次的消费者。只有这样，才能在千变万化的市场竞争中以不变应万变，始终保持旺盛的生命力和最佳的经济效益。

10. 忌轻信是非

康乐部是用工密集型行业，岗位复杂，员工密集，管理人员多。因此，必须树立良好的内部风气。各级管理人员要以身作则，为人表率，团结部属，公正待人。

11. 忌人情和私欲

人情、私欲是康乐部管理之大忌，康乐部严格管理的标志是融制度于康乐部运作的各个环节之中，制度面前人人平等，任何人都不能凌驾于制度之上。

12. 忌缺乏团队精神

康乐部是一个充满活力的有机体，年轻而朝气蓬勃的员工团队为企业的竞争提供了无与伦比的生存空间。因此，康乐部管理者应该充分发挥团队的年龄优势，因势利导，从而增强企业的凝聚力，树立良好的团队精神，激发全体员工的敬业、乐业精神，爱店如家，奋发向上，使全体员工围绕康乐部的经营决策与效益目标而共同努力。

2. 楼层主管岗位职责

（1）直接对经理负责，认真执行经理下达的各项工作指令任务，并负责协助落实工作计划。

（2）严格执行规章制度与岗位职责，当班时不断督促员工按工作程序执行，根据部门不同时期的工作任务完善部门工作程序及工作标准。

（3）监督领班布置员工日常工作，抓好班前班后的培训，在当班前检查部门人手的出勤情况，抽查员工仪容、仪表是否合格。

（4）加强本部门的设备、设施的保养制度，不定时地检查抽风、花洒、蒸汽等设备是否正常，不定时地检查房间及休息厅客用物品是否按规定标准进行摆放，跟进不足之处。

（5）不定期地抽查服务员是否做到45°鞠躬、热情地迎送和招呼宾客，并给予及时指正。对服务员的工作进行考核，对员工的工作表现进行评估并分别送人事部和经理审批，对试用期满、业务水平合格、工作表现好的员工推荐加薪或推荐评选最佳员工。

（6）负责加强员工的业务培训，在平时工作中要加强员工对酒水及各项消费推销培训，加强员工的推销意识。

（7）负责接待大堂宾客，直接与宾客沟通，虚心听取宾客的意见，每日多询问宾客的意见，协助经理及时解决宾客的各方面投诉。

（8）加强与工程部和采购部的沟通与联系，确保将各项设施进行及时维修和各项申购物品的及时到位。

（9）定期安排好部门的大清洁计划及定期烘干枕芯工作，落实部门各项卫生大清洁计划及其他各项工作。

（10）组织部门卫生检查小组每周定期对部门营业范围的卫生进行检查，对不足之处进行跟进，保证部门卫生的一尘不染。

（11）每月的月底与仓管部、财务部配合，做好部门物品的盘点工作，加强桑拿物品的节约控制，定期检查各楼层的消防设施，对不足的灭火器进行补充，预防火灾、盗窃等意外事故发生。

（12）关心员工，经常和员工进行交流及思想沟通，负责组织员工进行服务竞赛，增强员工集体荣誉感，提高员工的整体素质。

（13）积极协助经理召开部门每周的例会，定期对本部门工作进行总结与检讨，提出下周计划，在月底做出每个部门工作总结呈经理处。

（14）加强各楼层和各区域的工作，做好每班房态记录及备房表，及时处理存在问题。

（15）加强与收银、钟房、咨询等部门的沟通与协调，确保其正常运作。

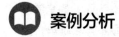 案例分析

洞察服务人员的心理

李娜已经在某酒店卡拉OK歌厅担任服务员5年了，一直表现不错，而且很多宾客都对她有着良好的评价，说她是一名负责任的服务人员。

但是最近,她频频被投诉——上班无精打采,脸色阴沉,仪容不整。按照规定,李娜会受到一定的经济处罚,严重时甚至会被开除。卡拉OK歌厅的主管是个细心认真的管理者,他派人与李娜谈话,了解了真实情况。原来她刚刚失恋,还未能从个人感情的阴影中走出来。为了缓解李娜的情绪,主管给了李娜一周的带薪休假,让她去散散心,并多次与她谈话沟通,帮助她消除不良情绪,将个人情绪与工作表现区别对待。很快,李娜又恢复了从前的乐观热情,又成为那个人见人夸的优秀服务员了。

思考题:
1. 如何在培训中加强服务人员的角色定位意识和服务意识?
2. 通过哪些途径可以调节服务人员的情绪,使服务人员愉快上岗?

3. 楼层领班岗位职责

(1) 直接对主管负责,保证本部门日常工作程序的正常运行。

(2) 合理安排员工的工作任务,对其工作进行督促和指导,负责督促服务员完成各项接待与备房工作。

(3) 跟进各设施的检查、保修和一般保养,在上班后半小时内做好房间各设施的检查,保证其正常运作。

(4) 在营业时间带领服务员做备房工作,力求按标准要求做到房间出售前备房达标,严禁未经领班检查的房间出售给宾客,对于员工工作中存在的问题,班前班后进行检讨。

(5) 各楼层领班要做好与钟房、收银等的协调工作,保证每走一位宾客便将房间备房工作及时跟到位,及时安排等房宾客,提高房间周转率,并做好房态记录工作。

(6) 留意宾客动态,特别注意陌生面孔,处理宾客的一般投诉,如不能解决要及时向上级报告。

(7) 不定期地抽查服务员是否做到45°鞠躬,热情地迎送和招呼宾客,并给予及时指正,负责对服务员的工作进行最初考核。

(8) 负责新入职员工的业务培训,在平时工作中不断加强员工对酒水及各项消费服务的培训。新入职员工经过主管以上人员考核合格后方可正式上班。

(9) 宾客走后,如果在房间卫生检查中发现有宾客遗留的物品,要做好登记,及时将遗留物品交还宾客或者上交经理处理。

(10) 定期安排好部门大清洁计划及定期烘干枕芯等工作,落实各项卫生大清洁计划及各项工作。

(11) 定期检查各楼层的消防设施设备,对灭火器不足的进行补充,预防火灾、盗窃等意外事故发生。

(12) 经常和员工进行交流与思想沟通,负责组织员工参加各种集体活动,增强员工的集体荣誉感。

(13) 积极参加部门例会,对本部门的工作进行总结并提出下周计划。

(14) 负责楼层宾客的接待工作,虚心听取宾客意见,并坚持每日询问3位以上宾客的意见,记录在记事本上。

（15）加强跟进宾客出入单工作，防止走单和错单现象。

4. 康乐部服务员岗位职责

（1）服务员要熟悉所在项目的历史背景、发展状况，以及该项目的活动规则、动作要领和设备使用方法。

（2）准备齐全营业所需的相关用品，并保证这些用品处于完好状态。

（3）主动了解顾客状况，对于初次来该项目消费的顾客，应主动介绍该项目的内容和特色，帮助其熟悉和掌握本项目的相关知识。

（4）当顾客在本项目进行康乐活动时，主动为其服务，例如，记分服务、排除设备故障、指导要领、提醒注意事项等。

（5）注意顾客在消费过程中的愿望和要求，引导消费，随时解答顾客提出的问题，解决他们遇到的困难。

（6）准确填写有关单据和表格，以及记账方式，付款项目一定请顾客签名确认。

（7）固定岗位的服务员（如服务台岗，水滑梯出发台岗等）在工作时必须坚守岗位，不得擅离职守。有特殊情况需要离开时，必须向领班请假，经同意后方可离开。

（8）流动服务岗的服务员必须不停地巡视检查，及时为顾客提供服务。

（9）观察顾客情况，根据有关规定谢绝不符合规定的顾客来本项目消费。例如，谢绝酗酒者和皮肤病患者进入游泳池与桑拿浴池。

（10）如果发生意外事故，应采取相应措施，然后及时向上一级领导汇报。如遇紧急情况可越级报告，以保证顾客安全。

（11）做好本项目营业场所和设备的卫生工作，为顾客提供良好的消费环境。

（12）按规定经常检查、保养和维修本项目的设备和器材，使之处于良好的运行状态。

（13）注意保管好服务所用器具，发现损坏或丢失应及时采取措施，并向领导报告。

（14）运动项目的顾客需要陪练时，经领班同意可以陪练，陪练时要态度认真、动作准确、掌握心理、控制分寸，尽量提高顾客的兴趣。

（15）维护公共场所的公共秩序，顾客增多时注意疏导，遇到不遵守公共秩序的顾客，应婉言劝阻，必要时及时报告。

（16）当顾客离去时，做好结账工作，并及时检查清理消费场所，检查是否有宾客遗失物品，如有及时上交并登记。同时及时检查设备，发现问题及时解决。

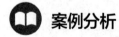 案例分析

输赢自有分寸

某天，服务员李明在酒店台球厅当班，一位初学的宾客要求他提供陪打和指导服务，李明很有礼貌地和这位先生打了招呼，就开始打球了。

李明在台球厅一向以技艺精湛著称。今天李明遇到的宾客不是很会打球，一会儿李明就稳操胜券了。

"左上角的那个黑 8 的位置不错。"李明善意地提醒宾客。

"我试试。"宾客带着满脸紧张的神色说。

"Yeah,进了!"宾客兴奋得像个小孩子。

一来一往间,李明和宾客的水平好像不分伯仲,两个人之间的谈话越来越多,仿佛是两个久未谋面的老朋友。

思考题:

1. 你从这个案例中得到什么启示?
2. 你认为怎样才能把握好输赢的尺度?具体应该怎么做?

任务实训

实训 1-2　认知酒店康乐部

实训目的:通过此次实训,使学生对酒店康乐部有一个基本的认知。

实训内容:走访学校所在城市的星级酒店康乐部,了解酒店康乐部的组织结构、主要作用、基本职能以及各岗各级服务人员的岗位职责。

实训步骤:

第一步:教师下达实训任务书。

第二步:教师带领学生参观一家或两家星级酒店的康乐部。重点了解该酒店康乐部的岗位设置情况,服务人员岗位职责及工作流程。

第三步:学生以小组为单位展开交流。

第四步:教师归纳总结。

实训成果:上交实训报告,并绘制××酒店组织结构图。

任务评价

学习目标	内容 评价项目	自我评价 优	良	可	小组评价 优	良	可	教师评价 优	良	可
知识目标	了解酒店康乐部的组织结构									
	了解酒店康乐部的主要作用									
	熟知酒店康乐部的基本职能									
	熟记康乐部服务人员的岗位职责									
专业能力目标	多渠道搜集相关资料									
	走访相关酒店									
	了解酒店康乐部的基本情况									
通用能力目标	沟通能力									
	项目管理能力									
	解决问题能力									

续表

内容		自我评价			小组评价			教师评价		
学习目标	评价项目	优	良	可	优	良	可	优	良	可
任务单	内容完整正确									
	书写清楚规范									
	思路清晰、层次分明									
小组合作	创造良好的工作氛围									
	成员互相倾听									
	尊重不同意见									
	全员参与									
整体评价： 优秀□ 良好□ 基本掌握□										
教师建议：										

任务1-3　了解如何成为一名合格的康乐服务员

经过了详细的岗前培训，王丹成为一名康乐服务员。面对自己的新工作，王丹给自己订立了第一个职业目标——成为一名合格的康乐服务员。在培训中老师提到过，一名合格的康乐服务员应有高尚的职业道德、良好的仪表、行为举止和个人卫生，能熟练运用基本的服务用语，为宾客提供周到、细致的服务。为了实现自己的职业目标，王丹会加倍努力的。

任务导入

情境介绍：某天晚上，某酒店的保龄球馆内灯火通明。一组来自国外的保龄球高手正在切磋技艺。突然，18号道的防护板降下来收不回去了，服务员小谭想了很多办法都没能把防护板升回去，最后不得已只好亲自走到球道的另一头手动排除障碍。

只见小谭冷静地拿出一双橡皮底鞋换上，用毛巾把鞋底擦干净，确保鞋底没有油后，慢慢地绕过助走道，来到球道的左侧靠近7号瓶的一边，顺着球沟，缓慢但稳健地走到球道的另一端，很快便手动排除了故障。然后又从球沟上慢慢走回来，绕过助走道回到服务区。

那群国外的高手看到了小谭的工作过程，来到服务区找到小谭，问他："为什么你要换鞋，还要绕过助走道呢？"

小谭笑着回答说："是这样，第一，穿着软底的橡皮底鞋不会损伤球道；第二，球道上是需要有油的,但助走道上的正常的油量应该为零,为了不在助走道上留下油渍,只能绕过助走道,然后再走到球道上。"

"那你为什么选择走在左边,而不是右边呢?"宾客紧接着又问了一句。

"那是因为在球道上行走时,鞋不可避免地会带走球道上的一部分下油。因为大部分保龄球员用右手投球,球总在球道右边通过。为了尽可能少地弄乱球道上的下油,所以选择走在左边、球很少到的地方。"小谭不假思索地回答道。

流利的英语,专业的知识,让这群国外的保龄球手对小谭竖起了大拇指。

思考题:
1. 保龄球馆服务员小谭受到宾客赞赏的原因是什么?
2. 在酒店康乐部工作,有哪些获取专业知识和技能的途径?

案例分析:

从顾客的消费心理来看,消费者在进行某项专业活动时,都喜欢和专业人士一起分享,一起探讨。因此,在康乐中心的工作中,了解并掌握专业知识和技能,会博得宾客的尊重和喜爱。

在本案例中,保龄球馆服务员小谭面对突然出现的情况,不慌不忙,沉稳、得体地解决了问题。在后来与外国宾客的交谈中,他流利的英语表达,较强的业务能力,赢得了宾客的一致赞扬。

案例启示:

从酒店服务方面来说,及时、快捷地解决工作中的突发事件需要扎实的专业功底。因此,酒店康体部在开展培训的过程中,一直都要把康体专业知识放在首位。专业知识是从事康乐服务的人员所需要掌握的基础知识,只有这样的专业服务人员才能真正了解顾客实际所需和心中所想。

任务分析

要想成为一名合格的康乐服务员,首先需要了解康乐服务人员的职业道德和应具备的服务态度,其次需要了解康乐服务人员仪容仪表、行为举止、个人卫生要求以及基本语言。

1.3.1 康乐服务人员的职业道德

1. 康乐服务人员应有的职业道德

1)敬业乐业,热爱本职工作

遵守各项规章制度,维护企业的对外形象和声誉,做到不说有损于企业利益的话,不做有损于企业利益的事。

2)树立"宾客至上"的服务理念

要有满腔热情的服务精神,让宾客在本企业的一切活动中都有宾至如归的感觉。

3)认真钻研业务

提高服务技巧和水平,树立强烈的学习愿望,不耻下问,虚心学习,干一行、爱一行，并把新学到的知识和技能运用到自己的工作实践中去，不断提高操作技能，改进服务态度。

4）自觉自律，廉洁奉公

不利用掌握的权力和工作之便谋取私利；不索要小费，不暗示、不接受宾客赠送的物品；自觉抵制各种精神污染；不议论宾客和同事的私事；不带个人情绪上岗。

5）树立主人翁的责任感

以主人翁的态度对待本职工作，关心本企业的前途和发展，并为本企业的兴旺发达出主意、做贡献。在工作中处理好个人与集体的关系，以及个人与上司、个人与同事之间的工作关系，互相尊重，互相协作，严于律己，宽以待人。

6）树立文明礼貌的职业风尚

有端庄、文雅的仪表；使用文明礼貌、准确生动、简练亲切的服务语言；尊老爱幼，关心照顾残疾宾客和年迈体弱的宾客；严格遵守服务纪律、服务操作程序和操作细则；在待人接物中讲究礼貌礼节。

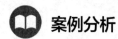

案例分析

正确的服务礼仪

国际酒店内，两位美国游客入住后看到酒店客房内有足疗中心赠送的现金消费券，于是便一起来到了位于二楼的足疗中心，准备体验一下。

前台接待员吴敏看到两位美国宾客走了进来，很想热情迎上，无奈紧张之下不知英文该如何表达，就张嘴结舌地愣在了那里。另一位服务人员王浩迎上前去，用英语和两位宾客打了招呼，因为看到其中一位女宾客穿着比较暴露的低胸衣服，王浩觉得直接这样盯着宾客看是很不礼貌的，所以便将视线转移开去，低着头询问宾客的需求，与宾客一问一答地交流起来。

看到宾客手中拿着酒店赠送的现金券，王浩就耐心地向宾客解释了该券的使用方法和范围，并给他们推荐了一些相关的消费项目。在等待宾客作决定之际，王浩抬起头看了一眼，发现两位宾客都在摇头，而且表情似乎有些错愕和迷惑。他不敢多看，赶紧又转向别处。最终，这两位宾客并未选择在此消费，而是回房间去了。

思考题：

1.在本案例中，前台接待吴敏和王浩在服务过程中都有哪些不妥之处？

2.在与宾客打交道的过程中，有哪些礼仪是需要服务人员格外注意的？

3.如果你是王浩，你会在服务现场如何表现和应对？

2. 康乐服务人员应具备的服务态度

（1）主动：全心全意为宾客服务，自觉地把服务做在宾客提出要求之前。

（2）耐心：热情解答宾客提出的问题，做到多问不烦。

（3）热情：对待宾客要像对自己的亲人一样，工作时面带笑容，态度和蔼，语言亲切，热心诚恳。

（4）周到：周到服务，处处关心，帮助宾客排忧解难，使宾客满意。

1.3.2 康乐服务人员仪容仪表、行为举止、个人卫生要求

要成为一名合格的康乐服务员，除了必备职业道德外，还要知晓康乐服务对从业人员的一些具体要求。

1. 康乐服务人员的仪容仪表要求

（1）按规定统一着装，左胸前佩戴服务标志。
（2）工作服整洁，领带、领结挺括干净，系带端正，纽扣扣齐，如图1.7所示。
（3）头发整洁，梳理整齐，不得有头皮屑。
（4）发型讲究：女员工，前不遮眼，后不过肩，不梳奇形怪状的发式；男员工，不过眉，不过鬓角，不过衣领，不留胡须。
（5）注意避免长筒袜抽丝和脱落。
（6）鞋子不得沾染灰尘和油渍。
（7）双手保持清洁，指甲不得留有污物，夏季手臂保持清洁。
（8）保持面部、颈部卫生，避免有耳垢。
（9）保持眼部卫生，避免有眼屎。
（10）膝盖干净，衬裙不外露。
（11）衣服拉链要拉到位。

图1.7 康乐部员工的工作服

（12）女服务员不浓妆艳抹，不使用香水，不戴耳环、戒指，不留长指甲和涂抹指甲油，不当众化妆。
（13）上班时间不穿短裤、背心，不打赤脚、穿拖鞋，不戴有色眼镜。

案例分析

一只漂亮的假指甲

某天，一家酒店卡拉OK包房里的服务员在为宾客端酒水上桌时，不慎把假指甲落在了盘子上。那是一只十分漂亮的假指甲，掉在盘子上显得十分醒目，等服务人员想去补救时已来不及，宾客十分不满，进行了投诉。酒店的经理对此也很生气，要求以后酒店卡拉OK厅的一线服务人员不许再戴假指甲、假睫毛、假发等，这种"一刀切"的做法又招致许多服务人员的不理解。

现在，假指甲、假睫毛、假发等饰物十分流行，许多酒店的服务人员也追赶时尚潮流，"武装"自己。但是，这些东西有时会带来令人意想不到的意外，令当事人十分难堪，并会给宾客带来不愉快。

思考题：
1. 酒店卡拉OK应如何要求服务人员的个人装扮？
2. 谈谈酒店康乐部门统一审美意识的重要性。

2. 康乐服务人员的行为举止要求

1）站立要求

（1）挺胸抬头，不弯腰驼背，肩膀不向一侧倾斜。

（2）姿态要端正，双手自然下垂，不叉腰抱胸，不将手放在兜内。

（3）女员工两脚脚跟并拢呈 V 字形；男员工双脚开立，与肩同宽。

（4）举止端庄有礼，落落大方。

（5）不背靠他物或趴在服务台上。

2）行走要求

（1）行走时一定要姿态端庄。身体的重心应稍向前倾，收腹、挺胸、抬头、眼睛平视前方，面带微笑，肩部放松，上体正直，两臂自然地前后摆动。

（2）走路时脚步要既轻且稳。切忌晃肩摇头、上体左右摇摆、腰和臀部后翘，应尽可能保持直线前进。遇有急事，可加快步伐，但不可慌张奔跑。

（3）多人一起行走时，不要横着一排，也不要有意无意地排成纵队形。

（4）服务人员在康乐场所行走，一般靠右侧；与宾客同行时，要让宾客走在前面；遇通道比较狭窄，有宾客从对面过来时，应主动停下来靠在边上，让宾客先通过，但切不可把背对着宾客。

（5）遇有急事或手提重物需超越行走在前面的宾客时，应彬彬有礼地征求宾客同意，并表示歉意。

（6）行走要轻而稳，姿态要端正，表情要自然大方。

（7）行走时不将手放进兜内，也不双手交叉胸前或背手。

（8）快速行走时不发出踏地的咚咚响声。

（9）多人同时行走时，不互相勾肩搭背，不边走边笑、边打闹。

3）目光要求

（1）注视对方的时间应适当。

（2）注视的位置要适当。一般社交场合应注视对方双眼与下颌之间的三角区，谈公事时注视对方双眼与前额顶点之间的三角区能保持主动。

（3）轻轻一瞥，可传达兴趣或敌意、疑惑或批评的信息，所以康乐工作人员要特别注意不要让这种目光流露出来。

（4）切忌闭眼。因为持续 1 秒钟或更长时间的闭眼，表示排斥、厌烦、不放在眼里的意思。

 知识链接

人际交往中的目光注视礼仪

1. 交谈时目光注视时间

目光注视的时间在交谈时，人们视线接触对方脸部的时间要适当，过长会被认为对对方本人比对其谈话的内容更感兴趣；过短则被认为对对方本人及其谈话内容都不感兴趣。

> 目光注视的位置应该自然、稳重、柔和，不能紧盯住对方的某一部位，或上下打量。注视对方的位置不同，所传达的信息也有所不同。
>
> 2．交谈时目光注视区间
>
> （1）公务注视区间一般是：以两眼为底线，以前额上端为顶点所形成三角区间。注视这一区间能够营造出严肃认真情境，多用于商务谈判，外事交往等比较正式的场合。
>
> （2）社交注视区间一般是：以两眼为上线，以下额为下点所形成的倒三角区间。注视这一区间能够营造出一种平等感觉的气氛，让对方感到轻松自然，多用于日常社交场合。
>
> （3）亲密注视区间一般是：对方的眼睛、双唇和胸部。注视这些部位能激发感情，表达爱意，是具有亲密关系的人在对话时采取的注视区间。

4）行为要求

（1）服务动作要轻。

（2）在宾客面前不吃东西、饮酒、吸烟、掏鼻孔、搔痒，不脱鞋、提裤脚、捋衣袖、伸懒腰、哼小调、打哈欠。

（3）路遇熟悉的宾客要主动打招呼，在走廊、过道、电梯或活动场所与宾客相遇时，应主动礼让。

（4）不随地吐痰，不乱扔果皮、纸屑。

5）手势要求

手势是最有表现力的一种肢体语言，是康乐服务人员向宾客作介绍、谈话、引路、指示方向等常用的一种形体语言。

（1）手势要正规、得体、适度，手心向上。

（2）在指引方向时，应将手臂伸直，手指自然并拢，手心向上，以肘关节为轴指向目标。同时眼睛也要转向目标，并注意对方是否看清目标，如图1.8所示。

（3）在介绍或指路时，不要用一个手指比画。

（4）谈话时，手势不宜过多，幅度不宜太大。

3．康乐服务人员的个人卫生要求

（1）经常刷牙，保持口腔清洁，上岗前3小时内不吃有异味的食物。

（2）发式符合规定要求，梳理整洁。

（3）做到勤洗手、勤洗澡、勤理发、勤剪指甲。

（4）工作服勤洗勤换，保持整洁。

（5）皮鞋勤擦油，保持光亮，布鞋和袜子应保持清洁。

图1.8　指引手势

1.3.3 康乐服务的基本用语

康乐服务员的基本服务用语有哪些,如何来表达自己的语言?

1. 康乐部服务员语言要求

(1)语调亲切,音量适度,讲普通话。

(2)适时运用"您好""请""谢谢""对不起""打扰了""别客气""请稍候"等礼貌用语。

(3)称呼要得当,不要用"哎""喂"等不礼貌用语。

(4)不准粗言粗语、高声喊叫。

(5)语速不要太快,要清脆简明,不要有含糊之音。

(6)同宾客讲话时,精神要集中,眼睛注视对方,要认真倾听,不能东张西望、左顾右盼,不要与宾客靠得太近,应保持1 m以上的距离。

(7)语言简洁、明确,充满热情。

(8)遇见宾客主动打招呼,向宾客问好。

 知识链接

文明经商"十要求"

(1)顾客到店,主动招呼,不冷落人;

(2)顾客询问,详细答复,不讨厌人;

(3)顾客挑选,诚实报价,不欺骗人;

(4)顾客少买,同样热情,不讽刺人;

(5)顾客退货,实事求是,不埋怨人;

(6)顾客不买,自找原因,不挖苦人;

(7)顾客意见,虚心接受,不报复人;

(8)顾客有错,说理解释,不指责人;

(9)顾客伤残,关心帮助,不取笑人;

(10)顾客离店,热情道别,不催促人。

2. 康乐部服务员的服务用语

(1)迎客时说"您好""欢迎""欢迎您的光临"等。

(2)对他人表示感谢时说"谢谢""谢谢您""非常感谢""谢谢您的帮助"等。

(3)接受顾客吩咐时说"明白了""清楚了,请您放心""马上给您安排""好的,没问题"等。

(4)不能立即接待顾客时说"请您稍等一下""麻烦您等一下""我马上就来"等。

(5)对在等候的顾客说"对不起,让您久等了""很抱歉,让您等候多时了"等。

（6）打扰或给顾客带来麻烦时说"对不起""实在对不起""打扰您了""给您添麻烦了"等。

（7）向顾客致歉时说"很抱歉""实在很抱歉，望能原谅"等。

（8）顾客致谢时回应"请别客气""不用客气""很高兴能为您服务""这是我们应该做的"等。

（9）顾客致歉时回应"没什么""没关系的""算不了什么"等。

（10）当我们听不清楚顾客问话时说"很对不起，我没有听清，再重复一遍好吗""不好意思，我没听清楚，能再说一次好吗"等。

（11）送客时说"再见，有空常来""欢迎下次再来"等。

（12）要打断顾客的谈话时说"对不起，我可以占用一下您的时间吗""对不起，耽搁一下您的时间"等。

3. 康乐部服务的八大用语

（1）欢迎光临。

（2）您需要什么？

（3）明白了。

（4）请稍等片刻。

（5）让您久等了。

（6）非常抱歉，真对不起。

（7）谢谢。

（8）欢迎再次光临。

4. 康乐部服务人员的忌语

一般来说，在服务过程中，比较常见的服务人员忌语主要有如下四类。

1）不尊敬之语

对老年服务对象讲话时，绝对不能用"老家伙""老东西""老废物"等词语，即使提的不一定是对方，对方也必定十分反感。另外，以"老头子""老婆子"等称呼老年人，也是不应该的。

跟有病的宾客交谈时，尽量不要提"病鬼""病号""病秧子"等一类的话。没有什么特殊的原因，也不要提身体好还是不好之类的话。应当懂得，绝大多数人都是忌讳别人提自己身体的疾病。

面对残疾人时，切忌使用"残废"一词。一些不尊重残疾人的语言，诸如"傻子""呆子""侏儒""瞎子"等切忌使用。

接触身材不很理想的人士时，例如体胖之人的"肥"、个矮之人的"矮"等词，都应当避讳。

2）不友好之语

在任何情况之下，都绝对不允许服务人员对宾客使用不友善，甚至满怀敌意的语言，哪怕他并非本店消费者。

服务人员为服务对象提供服务时，千万不能以蔑视的语气说出"你买得起吗""这是你能用的东西吗"等话语。

当服务对象表示不喜欢服务人员推荐的商品、服务项目，或者是在经过了一番挑选后感到不甚合意，准备转身离开时，切忌嘀咕"没钱还来干什么""装什么大款""一看就是穷光蛋"等。

甚至有个别的服务人员顶撞对方，发出诸如"谁怕谁呀，我还不想侍候你这号人呢""你算什么东西""瞧你那副德行""我就是这态度""愿意去哪儿告都行，本人坚决奉陪到底"等话，则更是要严加禁止。

3）不耐烦之语

服务人员在工作岗位上要做好本职工作，提高自己的服务质量，就要在接待宾客时表现出应有的热情与足够的耐心。不论自己的初衷如何，不允许不耐烦地回答宾客"我也不知道""从未听说过"等。

当宾客询问具体的服务价格时，禁止用"那上面不是写着吗""瞪大眼睛自己看去""没长眼睛吗"这类语言来训斥宾客。

当宾客要求为其提供服务或帮助时，不能够告诉宾客"着什么急""找别人去""凑什么热闹""那里不归我管""老实等着""吵什么吵"，或者自言自语"累死了""烦死人了"等。

4）不客气之语

服务人员在工作之中，多说客气话，而坚决不能说不客气的话。在劝阻宾客不要动手乱摸乱碰时，不能够说"老实点""瞎动什么""弄坏了你管不管赔"等。而应从引导的角度、为宾客着想的角度适当礼貌地劝说，以取得宾客的理解和支持。

 案例分析

服务人员的忌语

在酒店足疗中心内，两位结伴前来的宾客显然是第一次来这里消费，对有关的项目内容、价格信息都很不熟悉，询问了很多问题，甚至包括足疗的服务程序，每项程序所需的时间、服务内容等。

前台接待小曾热情礼貌地接待了他们，按照价格从高到低的顺序为他们介绍每个项目，并积极地向他们推荐一些价格较高的套餐项目，因为套餐报价性价比较优。两位宾客比来比去，最终还是只选择了该足疗中心内最大众化的中药沐足项目，每位 48 元。当他们办完开单手续向接待房走去时，小曾忍不住低声咕哝了一句，"没钱还来干什么，装什么大款。"其中一位迅速扭过头来，看了小曾一眼，虽然什么也没说，但显然很不满。

过了几天，酒店服务中心就收到了宾客对小曾的投诉。

思考题：

1. 在本案例中，前台接待小曾到底做错了什么？
2. 在服务过程中，有哪些服务忌语是需要服务人员格外注意的？
3. 当有服务人员不慎使用了服务忌语时，该如何补救和处理？

任务实训

实训1-3　了解如何成为一名合格的康乐服务员

实训目的：通过此次实训，让学生了解如何成为一名合格的康乐服务员。

实训内容：通过多种渠道广泛调研，了解康乐服务人员的职业道德要求、仪容仪表、行为举止、个人卫生要求，掌握康乐服务基本用语。

实训步骤：

第一步：教师下达实训任务书。

第二步：教师引导学生分组，通过网络搜集资料，走访酒店，与本专业实习生、毕业生座谈或网络交流等多种方式展开调研。重点了解康乐服务人员的基本素质要求、技能和能力要求。

第三步：小组之间进行交流，共享调研成果。

第四步：教师归纳总结。

实训成果：上交实训报告。

任务评价

学习目标	内容 评价项目	自我评价 优	自我评价 良	自我评价 可	小组评价 优	小组评价 良	小组评价 可	教师评价 优	教师评价 良	教师评价 可
知识目标	了解康乐服务人员的职业道德									
	熟知康乐服务人员的仪容仪表、行为举止、个人卫生要求									
	掌握康乐服务的基本用语									
专业能力目标	主动搜集相关资料									
	走访相关酒店									
	了解酒店的基本情况									
通用能力目标	沟通能力									
	项目管理能力									
	解决问题能力									
任务单	内容完整正确									
	书写清楚规范									
	思路清晰、层次分明									

续表

学习目标	内容	自我评价			小组评价			教师评价		
	评价项目	优	良	可	优	良	可	优	良	可
小组合作	创造良好的工作氛围									
	成员互相倾听									
	尊重不同意见									
	全员参与									
整体评价: 　　　　优秀□　　　　良好□　　　　基本掌握□										
教师建议:										

同步练习

一、填空

1. 康乐就是_____、_____的意思，就是满足人们健康和娱乐的一系列活动。
2. 康乐服务人员必须树立_____的服务理念。
3. 康乐服务人员应具备的服务态度：_____、_____、_____、_____。
4. 康乐服务人员必须按酒店要求统一着_____，并将工牌佩戴于_____。
5. 女员工头发必须达到前不_____、后不_____要求；男员工头发必须符合"三不过"要求，即不过_____、不过_____、不过_____。

二、辨析

1. 康乐活动是现代文明的产物。　　　　　　　　　　　　　　　　（　　）
2. 顾客是上帝，顾客的一切需要我们都应予以满足。　　　　　　　（　　）

三、问答

1. 在众多的康乐项目中，你最喜欢哪一项或哪几项？为什么？它给你带来了什么益处？
2. 你认为康乐部应该采取哪些行之有效的措施以满足宾客的安全、卫生需求？
3. 请举例说明康乐部服务人员在工作中保持良好的行为举止及个人卫生的重要性。
4. 谈谈你对"赢得了争吵，输掉了宾客"这句话的理解。
5. "这事儿不归我负责"，这样回答宾客是否妥当？面对宾客提出来的职责之外的需求，我们该如何应对？

第 2 章 娱乐类项目服务技能训练

项目概述

本项目主要引导学生了解娱乐休闲项目，熟悉娱乐类项目服务技能基本操作流程，掌握对应服务的相关知识与技能，并能够及时、准确地为宾客提供优质满意的服务。

知识目标

（1）掌握酒水的推销技巧。
（2）掌握酒水服务的步骤及规范，掌握酒水服务的要点及注意事项。
（3）了解歌舞厅服务人员岗位职责，掌握歌舞厅服务的步骤及规范。
（4）了解卡拉OK服务人员岗位职责，掌握卡拉OK服务的步骤及规范。
（5）了解棋牌室服务人员岗位职责。
（6）掌握棋牌室服务的步骤及规范，掌握棋牌室服务的要点及注意事项。
（7）了解游戏机房服务人员岗位职责，掌握游戏机房服务的步骤及规范。

能力目标

（1）能够了解各类娱乐类项目服务的基本流程及其岗位职责。
（2）能够熟练掌握娱乐类项目服务的基本步骤和规范。分清娱乐类项目不同岗位服务人员的业务范围和工作职责。

娱乐类项目是指通过提供一定的设施、设备和服务，使顾客在参与中得到精神满足的游戏活动。娱乐类项目的特点是其活动需要顾客的主动参与性较强，其主要功能是使参与者得到精神和情趣上的满足。

目前常见的娱乐休闲类项目有酒吧、卡拉OK、歌舞厅、棋牌室、游戏机房等。

任务2-1　酒吧服务

任务导入

情境介绍：某酒店的特色酒吧，其特色饮品的生意一直很火爆，但普通饮料的销售额却很不理想，销售状况波动很大。

该酒吧经理经过调查发现，这一销售额的变化与服务人员点单时的提问方式密切相关，因为服务人员的提问方式变动较大。很多服务员总是询问顾客："先生，您喝点什么？"结果在很多时候宾客就点最大众化的饮料——可乐或雪碧，有的宾客干脆说："不需要。"但如果一桌宾客中有一位宾客先点了某种饮料或果汁，就会带动全桌的饮料消费意愿。

于是，该酒吧经理要求服务员换一种问法："先生，我们酒吧有椰汁、杧果汁、胡萝卜汁等新鲜饮料，您需要哪一种饮料？"结果很少有宾客再点价格相对较低的雪碧，转而选择服务员问题中所提到的椰汁或者杧果汁中的一种，它的价格相对较高，但口感和营养度都更好一些。一段时间下来，饮料的销售额有了明显的增长。

思考题：
1. 开放式问句与选择性问句各有什么样的优势和劣势？如何在服务中选择使用？
2. 该酒吧经理的做法哪些是可以借鉴的？
3. 假如你是管理者，你有哪些好方法激发服务人员变被动服务为主动服务？

案例分析：

本案例中的酒吧经理非常细心，善于调查研究，发现问题并及时予以纠正，取得了理想的效果。所以，管理者在管理过程中必须能够深入基层，能够激发员工的积极性和工作热情，使他们自觉自愿地发现问题和解决问题。

服务员在为顾客点单时，最好以询问方式，给顾客以价格从高到低的顺序提出几个选择，并且对酒吧的特色鸡尾酒或者特色饮料进行着重介绍，对顾客脑中第一信息进行影响，从而间接影响其选择。尤其在宴请朋友时，顾客为表现出自己的大方与阔绰，往往更有可能点一些价格较为昂贵的酒水及饮料。

案例启示：

心理学上有个名词叫作"沉锚"效应；在人们做出决策时，思维往往会被得到的第一信息所左右，第一信息会像沉入海底的锚一样把你的思维固定在某处。

这个案例就给了我们这样两点启示：一是服务人员在推销饮料等产品时，注意不要以"是"与"否"的问句提问,这类问句得到的答复往往是要或不要。如果以选择性问句提问,宾客的反应通常是从中做出一个选择;二是酒店应设法提高服务人员工作的积极性和主动性,让他们养成良好的工作习惯,变被动服务为主动服务,开拓新的服务形式,积极向顾客推荐本店的新品种、好品种,使顾客得到物超所值的服务,酒吧的营业额当然也会随之增加。

宾客的娱乐是一种享乐活动,宾客要求在娱乐的全过程中既舒适又方便,因此还需要娱乐项目本身以外的其余配套服务,其中最常见的是在娱乐活动中对酒、饮料及小食品服务的需求。同时,宾客还有在娱乐之余与朋友聊天的需要。于是酒吧就成为各种娱乐场所不可缺少的附属设施,而且酒吧本身也具有娱乐,如图2.1所示。

图2.1 酒吧

任务分析

作为酒店康乐部工作人员,应当了解酒吧分类及酒水服务步骤和注意事项。

2.1.1 酒吧的类型

1. 主酒吧

主酒吧(Main Bar or Pub)大多装饰美观、典雅、别致,具有浓厚的欧洲或美洲风格。视听设备比较完善,并备有足够的靠柜吧凳、酒水,载杯及调酒器具等种类应齐备,摆放应得体,特点突出。许多主酒吧的另一特色是具有风格鲜明的乐队表演或飞镖游戏。

2. 酒廊

酒廊(Lounge)在酒店大堂和歌舞厅最为多见,装饰上一般没有什么突出的特点,以经营饮料为主,另外还提供一些特色小吃。

3. 服务酒吧

服务酒吧(Service Bar)是一种设置于餐厅中的酒吧,服务对象也以用餐宾客为主,

【拓展视频】

其中，中餐厅服务酒吧较为简单，酒水种类也以国产为多。西餐厅服务酒吧较为复杂，除要具备种类齐全的洋酒之外，调酒师还要具有全面的餐酒保管和服务知识。

4. 宴会酒吧

宴会酒吧（Banquet Bar）是根据宴会标准、形式、人数、厅堂布局及宾客要求而摆设的酒吧，临时性、机动性较强。外卖酒吧（Catering Bar）则是根据宾客要求在某一地点，例如大使馆、公寓、风景区等临时设置的酒吧，外卖酒吧隶属于宴会酒吧范畴。

5. 多功能酒吧

多功能酒吧（Grand Bar）大多设置于综合娱乐场所，它不仅能为午、晚餐的用餐宾客提供用餐酒水服务，还能为赏乐、蹦迪、练歌、健身等不同需求的宾客提供种类齐备、风格迥异的酒水及其他服务。这一类酒吧综合了主酒吧、酒廊、服务酒吧的基本特点和服务职能。

6. 主题酒吧

现时比较流行的乡村酒吧（Country Bar）、爵士酒吧（Jazz Bar）等均称为主题酒吧（Saloon）。这类酒吧的明显特点是主题突出，来此消费的宾客大部分是来享受酒吧提供的特色服务。

7. 新类型的酒吧

1）网吧

现在网络已经成为全世界最热门的话题，掌握网络知识已成为现代人必要的生活方式和必备素质，虚拟空间给人们创造了全新生活方式。网吧除了为宾客提供酒水饮料之外，还让宾客使用计算机上网，满足了人们网上聊天、网上购物、网上查阅等需求，如图 2.2 所示。

图 2.2　网吧

2）茶吧

与酒吧比较，茶吧更具有中国传统特色，它是一种以茶艺、茶道、传播中国茶文化特色的休闲场所。茶吧除了提供茶水服务外，还提供简单的茶点，以便宾客久坐，如图 2.3 所示。

3）竞技吧

电子竞技成为国家体育总局承认的第 99 个体育项目以后，很多商家对这方面都特别重视，由此就产生了电子竞技为主题的酒吧，即竞技吧，如图 2.4 所示。竞技吧主要以吸引电子竞技爱好者为主，这里浓郁的游戏氛围让不少游戏迷有了家的感觉，而酣畅淋漓的游戏和畅饮都是人生一大快事。

图 2.3　茶吧

图 2.4　竞技吧

 知识链接

酒吧的历史渊源

最初，在美国西部，牛仔很喜欢聚在小酒馆里喝酒。由于他们都是骑马而来，所以酒馆老板就在馆子门前设了一根横木，用来拴马。

后来，汽车取代了马车，骑马的人逐渐减少，这些横木也多被拆除。有一位酒馆老板不愿意扔掉这根已成为酒馆象征的横木，便把它拆下来放在柜台下面，没想到却成了顾客们垫脚的好地方，受到了顾客的喜爱。其他酒馆听说此事后，也纷纷效仿，柜台下放横木的做法便普及起来。由于横木在英语里念"Bar"，所以人们索性就把酒馆翻译成"酒吧"，就跟把糕饼"Pie"译成"派"一样。酒吧一词来自英文"Bar"的谐音，原意是指一种出售酒的长条柜台，是昔日水手、牛仔、商人及游子消磨时光或宣泄感情的地方，经过数百年的发展演变，各种崇尚现代文明，追求高品位生活，健康优雅的"吧"正悄然走进人们的休闲生活，同时也在现代城市中形成一道亮丽独特的文化景观。现在，酒吧通常被认为是各种酒类的供应与消费的主要场所，它是宾馆的餐饮部门之一，专为供宾客饮料服务及消闲而设置。酒吧常伴以轻松愉快的音乐调节气氛，通常供应含酒精的饮料，也备有汽水、果汁为不善饮酒的宾客服务。

酒吧最初源于欧洲大陆，但"Bar"一词也还是到 16 世纪才有"卖饮料的柜台"这个含义，后又经美洲进一步拓展，才于大约十年前进入我国，"泡吧"一词还是近几年的事。酒吧进入我国后，在北京、上海、广州等城市得到了迅猛的发展。

2.1.2 酒水的推销技巧

  酒水推销是一门艺术，要求服务人员具备相关的酒水知识，掌握酒水的特征，针对不同身份、习俗的宾客推销适合其口味的饮品。另外，服务人员还需要了解娱乐活动的特征，懂得哪些娱乐活动可以饮用酒精饮料，哪些娱乐活动只能饮用茶水，哪些娱乐活动可以边娱乐边饮用酒水，哪些酒水可以在娱乐前饮用，哪些酒水必须在娱乐活动结束饮用。要做好酒水推销，必须了解宾客的真实需求与感受，而不是把自己的产品强行推销给宾客。有针对性的推销会给宾客留下良好的印象，这样服务人员所推销的酒水才容易被宾客接受，从而增加酒水的销量。

2.1.3 酒水服务的步骤及规范

1. 营业前的准备工作

（1）做好吧台、设备、用具、可用桌椅、地面及卫生间的清洁工作。
（2）清点酒水饮料，并及时补充。

2. 营业中的接待工作

（1）宾客进入酒吧时，微笑并主动问候，礼貌接待。
（2）引领宾客入座，接受宾客点酒或饮料。
（3）调酒师应迅速、准确地准备酒水饮料。
（4）宾客要求免费提供饮料时，应当由领班和主管处理。
（5）按照宾客的喜好选择电视频道或音乐类型。
（6）宾客消费结束后，服务人员应准确开账单，账款当面点收。宾客离开时，要礼貌送别宾客，并欢迎再次光临。之后立即清理桌面和周围地面，准备迎接其他宾客。
（7）发现宾客有遗落的物品，及时归还失主，无法找到失主时，应及时向经理汇报并上交。

3. 营业结束后的整理工作

（1）清点存货，统计售出的饮料和酒水，扣除营业前领用的现金，把营业收入统计后交归财务部门。
（2）清理地面、桌椅、吧台、卫生间，清洗酒吧设备、用具和酒杯等。
（3）切断所有电器的电源，关闭门窗。

2.1.4 酒水服务的要点及注意事项

（1）及时清理场地及设备，始终保持其卫生与清洁。
（2）调酒师要控制酒精饮料的损耗，准确地计量饮料和酒。

（3）酒吧服务员应友好热情地接待宾客，但自己不能在工作中喝酒或饮料。

（4）在与宾客接触时，要保持冷静，当宾客点酒量超过其支付能力或酒精承受能力时，应当予以注意。对于喝醉酒的宾客要学会设法控制其行为，防止制造事端，干扰和妨碍其他宾客消费，破坏酒吧的气氛，避免造成对其他宾客的人身伤害及财产损坏行为的发生。

任务实训

实训 2-1　酒吧服务实训

实训目的：通过此次实训，使学生对酒吧服务有一定的了解，掌握酒吧服务程序，能够为宾客提供标准服务。

实训内容：选择学校所在城市的星级酒店中的酒吧进行调研，了解酒吧服务人员的岗位职责。观摩酒吧服务人员对客服务。

实训步骤：

第一步：教师下达实训任务书。

第二步：教师引导学生分组，通过走访酒店（辅以查阅资料、网络交流等多种方式），了解酒吧服务人员技能要求，掌握酒吧服务人员工作技能。

第三步：小组之间进行交流，共享调研成果。

第四步：教师归纳总结。

实训成果：上交实训报告。

任务评价

学习目标	内容 评价项目	自我评价 优	良	可	小组评价 优	良	可	教师评价 优	良	可
知识目标	酒吧的类型									
	酒水推销技巧									
	酒水服务的步骤及规范									
	酒水服务的要点及注意事项									
专业能力目标	营业前的准备工作									
	营业中的接待工作									
	营业结束后的整理工作									
态度目标	服务意识									
	热情主动									
	细致周到									
	全员推销									

续表

学习目标	内容 评价项目	自我评价 优	自我评价 良	自我评价 可	小组评价 优	小组评价 良	小组评价 可	教师评价 优	教师评价 良	教师评价 可
通用能力目标	沟通能力									
	创新能力									
	解决问题能力									
任务单	内容完整正确									
	书写清楚规范									
	思路清晰、层次分明									
小组合作	创造良好的工作氛围									
	成员互相倾听									
	尊重不同意见									
	全员参与									

整体评价：　　　优秀□　　　良好□　　　基本掌握□

教师建议：

任务 2-2　歌舞厅服务

任务导入

情境介绍：某天，黄先生和朋友又来到某酒店歌舞厅门前，迎宾员主动上前迎接，并致以问候："黄先生好！欢迎光临！"进入后，领位员根据黄先生的要求引导他们到适当座位入座。

当时夜总会正在上演拉丁风情舞蹈节目，在激情音乐的感染下，宾客们都显得十分投入和热情，环境也显得有些嘈杂。黄先生和朋友入座后，服务员马上面带微笑，上身微向前倾，双手递上酒水单和食品单请宾客选择。在等待的过程中，这名服务员的身体跟着音乐开始不自觉地摆动，并且与旁边另一位服务员开始说笑，忽略了宾客的眼神和要求。直到宾客大声询问服务员才注意到宾客的要求，黄先生感到极为不快，要求重新更换一个服务员前来服务。

思考题：

1. 在本案例中，宾客黄先生为什么会感到生气？
2. 这名服务员还能以什么方式化解宾客的不快？

3. 鉴于这类事件的发生，你认为该如何加强夜总会现场服务质量的控制？

案例分析： 人往往会在自己不注意的时候，显露出平时没有暴露的问题。在本案例中，该服务员可能尚未意识到自己的行为有何不妥，便已惹恼了宾客。作为服务行业的从业人员，首先要具备良好的基本素质，注重服务细节。越是一些日常细节，越能凸显个人服务水平和素质。因为服务人员的工作水平和效能都是由宾客来评价的，想拥有好的评价就要为宾客提供细致全面的服务，这样才能使顾客感受到你的服务是一种享受。

案例启示：

请宾客点酒时，应主动介绍酒水特点、口味、价格等，在点酒单上记录宾客的要求，并询问宾客是否选用其他饮料和小食品，统一记录后请宾客确认，待宾客确认后才能下单。服务人员在宾客消费过程中应随时观察宾客的反应和要求，以客为尊，根据宾客的意愿添加酒水，更换宾客用过的盘子、酒瓶和其他用品，这样才能赢得宾客的良好评价。

任务分析

作为酒店歌舞厅服务人员，应当能够细致地发现问题，并且及时化解可能产生的矛盾纠纷，照顾到宾客的心理，多方换位思考。

2.2.1 歌舞厅简介

歌舞厅是在有限的空间里，用灯光、音响营造一种热烈的氛围，宾客既可以作为观众欣赏他人表演，又可以亲自参与到歌舞活动中去，达到娱乐身心的目的。在酒店的娱乐项目中，歌舞类娱乐项目是娱乐性极强，深受宾客喜爱的一种娱乐休闲方式。

歌舞厅是指以专业人员进行歌舞表演为主的娱乐场所，舞台的灯光华丽、音响专业，与正规舞台表演相比，形式较为轻松，演出内容通俗易懂，娱乐性极强，主持人是整台演出的灵魂，需要有很强的语言表达能力和应变能力，能把毫无关系的节目有机地串接起来并营造热烈的娱乐气氛，还要能及时把握和调整场上气氛，不能出现冷场，并在宾客情绪高涨时，适时调整原有节目的安排，让宾客参与演出，使激昂的情绪得以宣泄，同时给其他宾客带来惊喜，使演出真正达到娱乐的目的。现代酒店通常都有一些歌舞场所，以供宾客休闲。

【拓展视频】

歌舞厅投资巨大，除了需要豪华的环境装饰外，还必须让宾客有舒适的座位，有可伸缩、移动，适合各种表演的舞台，还要有专业的灯光设计、音响设置和高科技的效果模拟设备。这些设备越先进，就越能吸引宾客，取得好的经济效益。歌舞厅的管理和节目组织工作非常复杂，歌舞厅的营业成绩甚至成败都依赖于节目的组织。一场节目除了较高的演员、乐手费用之外还有大量的用电费用。如果节目受宾客欢迎，一切费用都会得到补偿并获得丰富的利润。营业收入主要有三方面：一是门票收入；二是食品、饮料收入，这两部分收入用于支付各种经营费用；三是花束、花篮收入，作为宾客对出色表演的额外奖励。花束、花篮通常可以反复使用，这是宾客向表演者支付消费的一种形式，这项收入由歌舞厅与演员按事先约定好的比例分配，是歌舞厅在成本之外的纯收入。由于消费者口味不同，而且变化很快，因此经营歌舞厅一定要有灵活性。

 知识链接

歌舞厅的管理方式

1. 歌舞厅设置专门的演出部

演出部功能齐备、分工详细，全面负责每天的节目创作、组织和安排。这种方法适用于以歌舞表演为唯一或最主要娱乐项目的酒店，需要投入大量的资金和人力，专业性强、工作烦琐、风险很大。

2. 将演出承包给演出经纪人

一般有歌舞厅提供演出场所和主要灯光、音响设备，规定演出风格和内容范围。节目的组织及用具都由演出者自行解决。门票收入和花篮收入按事先商定的比例由演出经纪人与歌舞厅分成。这种管理方法使歌舞厅的经营风险降低了很多，省去了很多资金及精力的投入，并能根据观众需求灵活地调换演出节目甚至演出团体。酒店管理人员可以将精力集中在提高饮食质量和服务质量上。这对娱乐项目较多的酒店和经济实力不够雄厚的酒店来说是一种较好的方法。

3. 舞台演出方面与他人联合经营

酒店只提供演出场地，有演出经纪人和演出团体投资设备舞台灯光、音响设备、乐器及演出用具等，并组织安排演出，每年向企业上交一定的利润或承包金额。在保证承包者合法经营的情况下，这种方法将酒店的风险降到了最低限度。酒店经营者不想在这方面花太多财力和精力，只是将它作为主要业务，如餐饮、客房服务等的附加，或吸引客源的一种方法，可以采用这种经营方式。

2.2.2 歌舞厅服务人员的岗位职责

歌舞厅的基本岗位有歌舞厅领班、迎宾员、服务员，下面对基本岗位的职责分别进行介绍。

1. 歌舞厅领班

歌舞厅领班一般负责歌舞厅日常经营活动的运行与管理及服务工作。
（1）负责歌舞厅的日常业务及服务总管，制订工作计划及服务程序。
（2）提前上岗，检查员工仪表、仪容和营业前的准备工作。
（3）督导员工主动、认真地接待每一位宾客，为顾客提供优质服务。
（4）检查、督导员工维护和清洁走廊、营业厅、包房、卫生间的环境卫生。

（5）检查各项设备、设施的运行情况，发现损坏及时上报。

（6）接待和处理营业中顾客的投诉，尽量满足宾客的合理要求。

（7）协助保安维持歌舞厅秩序，确保娱乐服务工作的正常进行。

（8）负责所需用品数的核对和领用。

（9）进行工作总结，执行奖惩制度。

2. 歌舞厅迎宾员

迎宾员也称引座员，负责在歌舞厅入口处迎送宾客。

（1）按时上岗，着装整洁，在工作期间保持良好的工作状态。

（2）了解歌舞厅座位区及各KTV包房的特征和客情。

（3）热情主动地迎接宾客，并尽可能按宾客的意愿来安排宾客的座位或包房，尊重宾客对座位的类型或档次要求。

（4）主动介绍歌舞厅情况，以及节目安排的内容，推荐消费。

（5）解答宾客提出的问题。

（6）为留言宾客服务，引领迟到的宾客。

（7）与营业厅和KTV服务员配合，为宾客提供优质的服务。

（8）负责送客，主动为宾客开门或按电梯，面带微笑，表示"多谢光临，欢迎下次再来"。

3. 歌舞厅服务员

歌舞厅服务员直接服务于宾客，是歌舞厅的形象代表。同时肩负着向宾客推销的责任。

（1）熟悉歌曲、歌名，并熟悉影碟、唱片、录音带、录像带等音像的正确使用和保管要求。

（2）熟悉歌舞厅中音响设备的性能及话筒使用技巧，如出现故障，立即向音控室汇报并要求及时维修和处理。

（3）动作迅速、头脑敏捷、能迅速满足KTV包房内宾客点歌、酒水及其他服务要求。

（4）有促销意识，反应迅速，可根据不同的宾客针对服务内容，灵活应变。

（5）负责记录填写各人所点的酒水及菜品（在餐牌后摆着一张菜品单，即开房单）。

（6）如果宾客不想唱歌，有看电视或放录像等其他要求时，服务员应及时与DJ负责人联系，看是否能满足其要求。

（7）歌舞厅服务员应时刻注意宾客的要求。如生日宴会，需要重唱时，要注意音乐不中断，如果是熟客，则应注意通知值班经理或经理，前来祝贺，使经理有送贺礼（如送果盘、生日蛋糕、啤酒等）的机会或打折。

（8）宾客要结账时，服务员要热情迅速准备为宾客服务。

（9）一个合格的歌舞厅服务员要能迅速地为宾客点歌，并安排好顺序。熟悉菜牌、菜单、负责宾客的点菜（电脑点菜）、介绍菜式、推销饮品。同时，应做好桌面服务，如斟酒、递餐巾、收拾整理服务期间的桌面等。

2.2.3 歌舞厅服务的步骤及规范

1. 预订工作

（1）接到预订电话后主动向宾客介绍歌舞厅情况与价格。
（2）记录宾客的姓名、电话、到达时间、预订时间、来宾数量等。
（3）向宾客重复一遍确认，并向宾客说明保留预约时间，做好登记。
（4）预订确认后，应立即通知相关服务部门提前做好服务准备。

2. 准备工作

（1）穿好工服，佩戴胸卡，整理好仪容仪表，提前到岗，向领班报到，参加班前会，接受领班检查及分工。
（2）主动了解有关宾客的预订情况，做好相应准备工作。
（3）做好通风、歌舞厅内环境及设备等责任区域的清洁卫生工作。
（4）按酒店标准将台面上的服务用品摆放好或补齐。
（5）检查酒水、饮料的品种和数量是否齐全充足。
（6）测试音响、灯光效果，发现问题及时解决或报修，保证正常运行。
（7）检查节目编排情况，准备应急节目。
（8）营业前礼貌地站在指定工作位置，恭候宾客到来。

3. 迎宾接待

（1）面带微笑，主动迎接问候宾客。询问是否有预订，并向宾客介绍收费标准等。
（2）若有预订，在确认预订内容后，直接引领宾客至预订位置入座；若没有预订，应为宾客选择合适的位置，引领其入座。对于住店宾客，请出示房卡或房间钥匙，并准确记录宾客姓名和房号。
（3）在引领过程中，应注意主动提示宾客在拐角或台阶处注意小心。
（4）引领宾客到位时，应伸手示意宾客请坐，如需拉椅应主动及时；当宾客脱下外衣或摘掉帽子时，上前帮助宾客挂好。

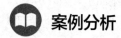
案例分析

一曲生日歌

"张先生，晚上好，欢迎光临歌舞厅！"迎宾服务员热情地走上前迎宾。张先生笑容满面地点了点头，招呼着跟他一同前来的几个朋友走进了歌舞厅。

迎宾服务员引领入座后，给张先生和他的朋友们端上了一杯杯热茶。此时突然响起了一曲《生日快乐》，原来今天是张先生42岁的生日。张先生顿时很惊讶，没有想到酒店竟然有如此细致周到的服务。在音乐的伴奏下，全场宾客及员工一齐为张先生唱响生日快乐歌，祝他生日快乐！而后，张先生为了表示谢意，现场点播了一首《朋友》，激动地走上了舞台。

思考题：
1. 为什么看似普通的服务能让张先生感到满意？
2. 你认为通过哪些工作可以让宾客感受到酒店细致入微的服务？

4. 歌舞厅服务

（1）宾客入座后，应迅速为宾客提供服务，点燃烛台，送上面巾、歌单和酒水单等，请宾客点用并主动介绍歌单内容及推荐酒水。

（2）宾客点单时，应准确记录酒水单和点歌单，待宾客点完后，应主动复述一遍，以确保准确无误。点单完成后，应收回酒水单。

（3）在宾客所点酒水单和点歌单上记下台号、时间和人数等信息，并迅速将单据分别送至吧台和音控室。

（4）根据宾客需求，用干净的托盘送上酒水、果盘等，并主动报出酒水、果品的名称。

（5）如果宾客要求优先点唱时，应告知宾客优先点唱的收费制度，经宾客同意后，为其办理歌曲的优先点唱。在宾客演唱时，应适时地给予掌声和赞美，以调动宾客情绪与兴致。

（6）注意观察自己服务区内宾客需求动向，留意宾客的手势，随时上前为宾客提供服务，如及时为宾客补充酒水，斟倒饮料；当宾客抽烟时，要迅速掏出打火机为宾客点燃香烟。

（7）勤清理台面，勤换烟灰缸（烟蒂不得超过三个），及时撤掉喝完的酒瓶、饮料杯等，并主动询问宾客是否再添加新的酒水饮料。

（8）协助保安一起维护好大厅内的秩序，在节目演出期间，保证厅内安静。

5. 结账服务

（1）宾客示意结账时，应认真核对宾客消费的账单是否准确，并将账单递送给宾客。接过宾客递来的现金，应仔细进行核对，使用服务用语向宾客道谢。若需要找回零钱，应及时找回，当面点清。

（2）如果宾客要求挂单，应请宾客出示房卡并与前台收银处联系，待确定后请宾客签字并认真核对宾客笔迹，如未获得前台收银处同意或认定笔迹不一致，则请宾客以现金结付。

6. 送别宾客

（1）宾客结账后，起身离座，服务员应主动上前拉开椅子，协助宾客穿戴好衣帽。

（2）提醒宾客携带好随身物品，送宾客至大厅门口。

（3）主动为宾客拉门，欢送宾客，礼貌地向宾客道别，并欢迎宾客下次再来。

（4）宾客走后，应迅速清理台面/整理桌椅，使卫生状况恢复至营业要求，并再次检查是否有宾客的遗留物品，如有，则立即交还给宾客或交领班处理。

（5）按要求重新摆好台面，准备迎接下一批宾客到来。

> 任务实训

实训 2-2　掌握歌舞厅服务技能

实训目的：通过此次实训，使学生掌握歌舞厅服务基本流程。

实训内容：走访学校所在城市酒店中的歌舞厅，了解歌舞厅内各岗位服务人员的岗位职责，观摩服务人员对客服务。

实训步骤：

第一步：教师下达实训任务书。

第二步：教师引导学生分组，通过走访酒店（辅以查阅资料、网络交流等多种方式），了解歌舞厅服务人员技能要求，掌握歌舞厅服务人员工作技能。

第三步：小组之间交流，共享调研成果。

第四步：教师归纳总结。

实训成果：上交实训报告。

> 任务评价

学习目标	内容 评价项目	自我评价 优	良	可	小组评价 优	良	可	教师评价 优	良	可
知识目标	歌舞厅管理方式与收入来源									
	歌舞厅服务人员岗位职责									
	歌舞厅服务步骤及规范									
专业能力目标	预订工作									
	准备工作									
	迎宾接待									
	歌舞厅服务									
	结账服务									
	送别宾客									
通用能力目标	沟通能力									
	创新能力									
	团队协作能力									
	解决问题能力									
任务单	内容完整正确									
	书写清楚规范									
	思路清晰、层次分明									

续表

学习目标	内容	自我评价			小组评价			教师评价		
	评价项目	优	良	可	优	良	可	优	良	可
小组合作	创造良好的工作氛围									
	成员互相倾听									
	尊重不同意见									
	全员参与									

整体评价：
　　　　　　优秀□　　　　良好□　　　　　　基本掌握□

教师建议：

任务 2-3　卡拉 OK 服务

任务导入

情境介绍： 来自上海的邱先生随旅游团住进了某酒店，晚上他兴致勃勃地带几个游伴到卡拉 OK 娱乐厅观看歌舞表演。热烈的气氛中，邱先生也点了一首歌，唱完之后他拿着麦克风说："今天我很开心，认识了这么多朋友，但很遗憾，不能把这精彩的时刻带回家。大家喜欢听我唱歌，我就再为朋友们唱一首《朋友》。"又是一阵雷鸣般的掌声……

临近散场，意犹未尽的邱先生正待起身，身边一位笑容可掬的服务员十分礼貌地走了过来，递上一张 CD 并对他说："先生，十分感激您为大家带来如此动听的歌声，我们的音响师已经将您刚才演唱的《朋友》录了下来，让您可以把欢乐带回家去。"拿过这张 CD，邱先生的惊喜之情难以言表，十分感动，直说这是一份最珍贵的礼物。

思考题：
1. 本案例中的酒店为宾客提供了怎样的超值服务，你如何看待这种服务？
2. 在卡拉 OK 厅内还有哪些超值服务可以提供给宾客？
3. 超值服务对卡拉 OK 厅的经营有何意义？

案例分析： 本案例可谓是提供超值服务的典型。服务水平的高低往往体现在"用心"二字上，要想宾客所想，甚至超越宾客预期，才能给宾客意外的惊喜。满足宾客提出的要求这不足为奇，能捕捉到连宾客自己都没有想到而又确实需要的需求，那才是高水平的酒店管理和服务。

案例启示：
　　超值服务不仅仅是指酒店提供的服务产品价值和提供的服务本身的附加值，更重要的是指酒店要创造符合顾客价值评判、超出顾客期望值的服务，要主动以爱心、诚心、耐心给予宾客更多的人性化关怀，与宾客建立起良好的感情关系，增强宾客对企业的信赖感，给宾客留下深刻印象。

任务分析

　　身为酒店卡拉 OK 服务的员工，在掌握基础卡拉 OK 服务的同时，更要懂得进行差别化、人性化、超值的服务理念。

2.3.1 卡拉 OK 的形式

1. 大厅卡拉 OK

　　大厅卡拉 OK 是指众多互不相识的宾客共同演唱的场地，共用一套卡拉 OK 音响设备。设备包括大功率的立体环绕音响、盘片机、功率放大器、灯光及灯光控制器、专业调音台、投影机和投影银幕、多个悬挂式或立式彩色监视机、盘片柜及盘片等。大厅由舞池、座位区、音控室、吧台等构成。舞池不仅可用于演唱者在演唱时表演，还可为其他宾客提供随音乐起舞的空间。舞池一般占卡拉 OK 大厅总面积的 1/6～1/5。座位区的座位有火车座式、圆桌式、U 形沙发式。座位应围绕并面向舞池来布置，而且应能观看到大屏幕。座位区以台号来确定座席，便于服务和管理。吧台是整个大厅服务活动的中心，包括提供酒水、小食品、果盘、送点歌单、结账等。在大厅唱歌，通常是宾客在歌曲编号目录上寻找自己想唱的歌曲，填好点歌单，请服务人员将歌单交给音控室，由碟片员按点歌的先后顺序为每一桌宾客播放。在播放每一首曲目时，碟片员会通报歌名、桌号和点歌人，请他们上台唱歌。大厅卡拉 OK 通常有舞台，并配合舞台灯光和专业背景音响设备，演唱时除了可在监视机上看到碟片上的内容外，还能像演员一样面对素不相识的观众进行演唱，满足宾客的表演欲望，因而受到许多宾客尤其是演唱基础较好的宾客的喜爱，如图 2.5 所示。

图 2.5　大厅卡拉 OK

2. KTV 卡拉 OK

KTV 是卡拉 OK 和 MTV 的结合。"K"为卡拉 OK 的第一个字,"TV"为"MTV 音乐电视"的后两个字,组合而成"KTV"。台湾 KTV 的创始人刘英先生对 KTV 的定义是:KTV 是提供器材、设备、房间等供人们练歌的场所。从视听娱乐发展史来看,KTV 是卡拉 OK 的延续。为了满足人们对娱乐需求的不断变化,康乐经营者在 KTV 的基础上,通过更换、包装、创新,衍生出许多同系列却有不同内涵的视听娱乐项目,像 DTV、家庭式 KTV、贵族式 KTV 等。

KTV 内设沙发、茶几、卡拉 OK 设备,包间的大小从可容纳两人的情侣包厢到可容纳二三十人的包厢不等。包厢环境优雅,装修讲究,富有各种风格和情调。从娱乐方式看 KTV 既满足了消费者自我展现的愿望,又避免了在大庭广众之下演唱可能带来的窘态。综上所述,KTV 将 MTV 的隐秘性、观赏性和卡拉 OK 的临场性、趣味性融合在一起,使消费者在观赏 MTV 的同时又可以一展歌喉,还兼有满足洽谈生意、办理事务、联络感情的作用。人们在喝酒跳舞的同时也能有一种自我表现的机会。从宾客感觉而言,它不仅具有餐厅中雅间包房的优点,使宾客受到尊重,感觉安全、舒适而且可以免去宾客娱乐时互相之间的干扰,并能随时点唱而不必等候太长时间。KTV 因其舒适、独立的特点而受到广泛欢迎,如图 2.6 所示。

【拓展视频】

图 2.6 KTV 卡拉 OK

3. MTV 卡拉 OK

MTV 是一种电视音乐形式,是 Music Television 的缩写,以播放电视节目录影带或影碟为营业项目。MTV 卡拉 OK 是大厅卡拉 OK 的一种进步,它在演唱舞台配置专业演出灯光和音响的基础上,面对舞台安装一个或多个摄影镜头,增添了高保真的录音设备,由控制室的专业人员控制。当宾客演唱时,专业人员对演唱者进行灯光和音响的最佳配置,通过不同的摄像镜头拍下演唱者的各个侧面,结合卡拉 OK 盘片中的画面,用各种不同的电视制作手法,把各种画面编辑、串联起来,随着歌曲的旋律播放到投影银幕上。人们看到的是演唱者的形象和盘片中的背景画面或舞台背景融洽起来的画面,还可以是演唱者与盘片中原唱歌星同台演唱的情景,这样给宾客带来很大的情趣。宾客有兴趣,也可以把演唱录制成音像,既留声又留影,得到自娱自乐的享受。

随着 MTV 的发展，播放内容从音乐节目转向电影电视片，播放地点由大厅转向包厢。音响设备由普通单一转向高档多元，具有投资大、画面质量高等特点，因而有较强的观赏性和吸引力，如图 2.7 所示。

图 2.7　MTV 卡拉 OK

知识链接

卡拉 OK

其中"卡拉"是"空"（空无，日语为から）之意，"OK"的オーケ则是オーケストラ【orchestra】"管弦乐团"的简写开头二字母，合起来意指唱歌时没有真正的乐队伴奏，只有影音伴奏。

卡拉 OK 是一种伴奏系统，演唱者可以在预先录制的音乐伴奏下参与歌唱。"卡拉 OK"能通过声音处理使演唱者的声音得到美化与润饰，当再与音乐伴奏有机结合时，就变成了浑然一体的立体声歌曲。这种伴奏方式，给歌唱爱好者带来了极大的方便和愉悦。

卡拉 OK 最早起源于日本，是日本对世界的三大发明（方便面烘干法、动漫、空オーケストラ，即卡拉 OK）之一。由于日本的风俗，男人如果回家过早，会让邻居看不起，认为天天工作连个应酬都没有，每天回家太早成了旁人的笑柄，所以许多日本男人下班后就聚集在酒吧或茶馆，聊天到很晚才回家，后来他们觉得应该找点什么新的消磨时间的项目，就在酒吧里面边喝酒边用电视机话筒来唱歌，后来随着科技的发展，演变成如今的卡拉 OK。

早在 20 世纪 60 年代，舞会上就有传统乐队为演唱者伴奏的情况。在这一时期，也出现了歌手用歌声伴奏的形式。这使伴奏音乐与歌声第一次分离成两个独立的部分。20 世纪 60 年代，盒式录音机问世后，左右立体声磁带可录制两个音源，一个是伴奏音乐，另一个是人声歌唱，人们可以用这种磁带学习流行歌曲。当人们学会一首歌后，就会关掉人声这路通道，而通过话筒亲自演唱这首歌曲。卡拉 OK 最先使用录音带，之后被录像带代替，不久又被图像清晰的激光影碟取代。激光影碟让人不仅可以看到与歌曲意境相匹配的画面和原唱明星的表演，还可以看到随音乐节奏提示的歌词，使演唱者可以轻松演唱，并能达到专业效果。20世纪90年代，这种娱乐活动首先在日本流行起来，日本人将此称为KARAOKE娱乐游戏。由于卡拉OK设备简单，容易操作，能自娱自乐，一经问世就受到大众喜爱，继而传入欧洲，风靡全球。在中国，卡拉OK的内容非常丰富，不仅有流行歌曲，还有特色的传统民歌、地方戏曲等，吸引了不同年龄、不同层次的人群。卡拉OK已经成为表现自我、抒发情感、宾朋聚会的一种重要的娱乐方式。

2.3.2 卡拉OK服务人员的岗位职责

（1）负责卡拉OK、歌舞厅营业前各项物品的准备工作，对设施设备进行营业前的安全检查，调试好设备。

（2）负责卡拉OK、歌舞厅场地和设施设备的清洁卫生，保持环境整洁，空气清新，符合质量标准。

（3）熟悉娱乐设备设施、娱乐项目特点和节目安排情况等。

（4）负责卡拉OK、歌舞厅设施设备的日常保养以及简单的故障排除。

（5）提供酒水、饮料、小吃、点歌、送花等服务，积极有效地推销各种酒水。

（6）维护娱乐场所秩序，协助领班排解宾客之间的纠纷，保证娱乐活动正常开展。

（7）认真做好营业期间的消防、安全防范工作，注意观察，发现问题及时汇报。

（8）及时处理卡拉OK、歌舞厅发生的各种突发事件。

（9）认真贯彻交接班制度，详细做好交接班工作记录。

2.3.3 卡拉OK服务的步骤及规范

1. 预订工作

（1）接到预订电话后要主动向宾客介绍KTV包房的情况与价格。

（2）记录宾客的姓名、电话、到达时间、预订要求、来宾客数等信息。

（3）向宾客重复一遍以确认，并向宾客说明保留预约时间，做好登记。

（4）向宾客致谢。

（5）预订确认后，要立即通知有关服务部门提前做好服务准备。

2. 准备工作

（1）穿好工作服，佩戴胸卡，整理好仪容仪表。提前到岗，向领班报到，参加班前会，接受领班检查及分工。

（2）了解当日宾客预订情况。

（3）完成责任区域的清洁卫生工作。

（4）准备好已消毒过的所需客用物品和服务工具，并归类摆放整齐。

（5）检查包房包内电视、点歌系统和音控设备是否运转正常，如果发现问题应及时采取措施，尽快解决。

（6）要求在包房内的茶几上摆放花瓶，烟灰缸等物品。

（7）保持房内空气清新，无异味，点燃香薰灯在房内熏香 10～20 分钟。

（8）灯光调到最佳亮度，空调温度调到适宜，一般在 18～22℃。

3. 迎宾接待

（1）面带微笑，主动问候宾客，引领宾客到服务台办理登记手续。

（2）询问宾客是否预订，并向宾客介绍收费标准。

（3）对有预订的宾客，在确定预订内容后，将宾客引到其预订的包房；对无预订的宾客，应根据宾客数、喜好和特殊要求等向宾客推荐合适的包房；对于住店宾客，请其出示房卡或房间钥匙，并准确记录宾客姓名和房号。

（4）引领宾客到所开的包房。

4. 卡拉OK 服务

（1）安排宾客就座，将宾客安排在面向 KTV 屏幕的位置。

（2）当宾客脱下外衣或摘掉帽子时，及时帮助宾客挂好。

（3）帮助宾客打开电视、计算机等，灯光调节到柔和状态，音乐调到最佳状态。

（4）向宾客介绍歌单内容，推荐最新流行歌曲。

（5）向宾客介绍点歌器、遥控器的使用方法和注意事项。

（6）将免费提供的小吃、水果放到茶几上，并礼貌服务。

（7）迅速向宾客递送酒水牌，根据人数多少，可递送多份，以方便宾客点单。

（8）向宾客递送酒水牌后，应先在点菜单上准确填写包房名称，以及宾客进入包房的时间、人数和服务员姓名等。

（9）主动向宾客介绍酒水、饮料及小吃的特点、调制的方法、配料饮用方法的制作等，并能根据宾客的喜好提供建议，做好推荐。

（10）准确填写服务单，填写完毕后，应向宾客复述一遍，保证准确无误，见表2-1。

表2-1　卡拉OK 包房服务单

NO：

房号	订房人：	日期
宾客姓名：		
开房时间：		
跟房经理：		
值房服务员：		
看房DJ 员：		

续表

买单时间：
买单人员：
结账方式：
宾客离开时间：
客房服务员：

（11）确认无误后，应收回酒水牌，并向宾客表示感谢。

（12）及时将宾客所点酒水及食品上桌。

（13）巡视房间，为宾客斟酒水，并及时添加。

（14）为宾客提供点烟服务，及时更换烟灰缸。

（15）勤整理台面，撤掉用完的盘、碟，以及喝完的酒瓶、饮料杯，并主动询问宾客是否再点酒水或饮料。

5. 结账服务

（1）当宾客示意结账时，应及时到收银台进行核账，并将账单递送给宾客，礼貌地告知宾客消费金额，请宾客过目。

（2）如果宾客要求挂单，要请宾客出示房卡并与前台收银处联系，待确认后请宾客签字并认真核对宾客笔迹，如果未获前台收银处同意或认定笔迹不一致，则请宾客以现金结付。

6. 送别宾客

（1）宾客结账后，起身离座，应主动协助宾客穿好外套。

（2）提醒宾客携带好随身物品，向宾客礼貌道别，站在包房门口欢送宾客离开。

（3）宾客走后，应迅速清理台面，整理包房，关闭电视机、音响等设施设备。

（4）再次检查是否有宾客的遗留物品，如有，立即交还给宾客或交领班处理。

（5）更换和补充包房所需营业用品，准备迎接下一批宾客的到来。

任务实训

实训 2-3　掌握卡拉 OK 服务技能

实训目的： 通过此次实训，使学生掌握卡拉 OK 服务基本流程。

实训内容： 走访学校所在城市的酒店中卡拉 OK，了解卡拉 OK 房内各岗位服务人员的岗位职责，观摩服务人员对客服务。

实训步骤：

第一步：教师下达实训任务书。

第二步：教师引导学生分组，通过走访酒店（辅以查阅资料、网络交流等多种方式），了解卡拉 OK 房服务人员技能要求，掌握卡拉 OK 房服务人员工作技能。

第三步：小组之间进行交流，共享调研成果。

第四步：教师归纳总结。

实训成果：上交实训报告。

任务评价

学习目标	内容		自我评价			小组评价			教师评价		
	评价项目		优	良	可	优	良	可	优	良	可
知识目标	卡拉 OK 的几种形式										
	卡拉 OK 服务人员的岗位职责										
	卡拉 OK 服务的步骤及规范										
专业能力目标	预订工作										
	准备工作										
	迎宾接待										
	卡拉 OK 服务										
	结账服务										
	送别宾客										
态度目标	服务意识										
	热情主动										
	细致周到										
	全员推销										
通用能力目标	沟通能力										
	创新能力										
	解决问题能力										
	团队协作能力										
小组合作	创造良好的工作氛围										
	成员互相倾听										
	尊重不同意见										
	全员参与										
整体评价：　　　　优秀□　　　　良好□　　　　基本掌握□											
教师建议：											

任务2-4　棋牌室服务

任务导入

情境介绍：7月的一天，骄阳似火，酷热难耐。在这么热的天气，大多数宾客都没有出去游玩，选择了留在酒店里面。一组宾客想到酒店的棋牌室去玩几圈麻将，进棋牌室后觉得棋牌室的室温偏高。宾客张先生就打开空调，想降温，可是怎么拨弄，空调都不管用。于是同行的王先生就找到了棋牌室的服务员报修。不一会儿，服务员小林就带着维修工来到棋牌室。维修工来回拨动了几下空调开关，空调通风口上便吹出冷气。

小林想，可能是由于宾客操作上的失误导致了空调暂时的失灵，可是照顾到宾客的面子又不能直接告诉宾客这空调没有坏。于是小林笑着对宾客说："空调刚刚只是有点小毛病，现在已经完全修好了。谢谢您给我们及时提出来。"王先生和张先生也笑着说："没事没事，下次注意一下就行了。"高兴地把小林送出了房间。

思考题：
1. 如何看待对客服务中的"善意的谎言"？
2. 服务员小林的方法可取吗？你觉得哪些做法值得借鉴？
3. 还可以采取哪些措施尽量避免冲突事件的发生？

案例分析：
酒店部门的设备可能会由于某些不明原因出现短暂性失灵，或者由于宾客操作失误而造成设备坏了的假象。对于已经出现的这种情况，如何在不伤害宾客面子的前提下圆满处理，就成了一个棘手的问题。在本案例中，小林的处理方法比较妥当。面对着有点紧张的空气，是对宾客说实话"空调没有坏"，还是说一个善意的谎言，留住宾客，小林选择了后者。"空调刚刚只是有点小毛病，现在已经完全修好了"，这既不会伤到宾客的自尊心，又给宾客留下了酒店服务速度快、重视宾客要求的好印象。

案例启示：
酒店的服务质量体现在酒店服务的各个部门和各个方面，康乐中心作为酒店一个重要的组成部分，其服务人员对待宾客的言谈举止从一个侧面反映了酒店的水平。所以，康乐中心服务员作为服务岗位的一线人员，他们的言行是否妥当就显得尤为重要。小林读懂了宾客的心理，善于察言观色，使前来康乐中心娱乐的宾客保持了愉快的心情，对树立酒店形象起了一定的作用。

任务分析

在康乐部门服务过程中，比起单一优质的服务，服务人员更要学会读懂宾客心理，善于察言观色，言行要保持恰当，才会更好地为宾客进行服务。

棋牌是中国人很喜爱的娱乐项目，多数酒店康乐部都设有棋牌娱乐项目。它是宾客借助一定的场地设施和设备条件，在一定规则的约束下运用智力和技巧进行比赛或游戏，获得精神享受的娱乐项目。游戏不一定付出很大的体力，但需要一定的智力和技巧。多数酒店康乐部都设有这个项目，棋牌室（图2.8）的设备简单，投资不大，主要是为宾客提供专用的桌椅和质地优良的棋牌用具。近年来，还出现了一些电子棋牌设备，如自动麻将机、计算机国际象棋等。

图 2.8 棋牌室

2.4.1 常见的棋牌室项目

1. 麻将

麻将是中国传统的游戏项目，在中国、日本等国家非常流行。在游戏中洗牌、码牌需占一定的游戏时间，自动麻将机的出现解决了这一问题。在精致的四方形麻将机下面，装有电动洗牌机，内有两副麻将牌。按电钮后，机器把牌洗匀，自动摆好牌，然后从四边抬上桌面，就像人工摆放的一样。当宾客打第一副麻将牌时，机器已经将第二副麻将摆好待用。宾客第一次游戏结束后，按动按钮，将第一副牌推入机器中，第二副牌就会自动抬上桌面。在桌子上还有色子机，内装两枚色子。游戏时只需拨动开关，色子就会自动翻滚，然后自然停止。宾客使用自动麻将机游戏，自然而然地加快了游戏速度，如图2.9所示。

图 2.9 自动麻将机

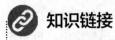 **知识链接**

麻 将

麻将起源于中国，原属皇家和王公贵族的游戏，其历史可追溯到三四千年以前。在长期的历史演变过程中，麻将逐步从宫廷流传到民间，到清朝中叶基本定型。

相传明朝名为万饼条（或"万秉章"）的人在"叶子格戏"的基础上创造麻将，以自己名字"万、饼、条"作为三种基础花色。另外，有人说麻将本是江苏太仓"护粮牌"。例如，"筒"图案就是火药枪。

有关资料记载，在江苏太仓县曾有皇家的大粮仓，常年囤积稻谷，以供"南粮北调"。粮食多自然雀患频生，每年因雀患而损失了不少粮食。管理粮仓的官吏为了奖励捕雀护粮者，便以竹制的筹牌记捕雀数目，凭此发放酬金，这就是太仓的"护粮牌"。这种筹牌上刻着各种符号和数字，既可观赏，又可游戏，也可作兑取奖金的凭证。这种"护粮牌"，其玩法、符号和称谓术语无不与捕雀有关。

例如，"筒"的图案就是火药枪的横截面，"筒"即是枪筒，几筒则表示几支火药枪。"索"即"束"，是用细束绳串起来的雀鸟，所以"一索"的图案以鸟代表，几索就是几束鸟，奖金则是按鸟的多少计算的。"万"即是赏钱的单位，几万就是赏钱的数目。

此外"东南西北"为风向，故称"风"，火药枪射鸟应考虑风向。"中、白、发"："中"即射中之意，故为红色；"白"即白板，放空炮；"发"即发放赏金，领赏发财。

麻将玩法的术语也与捕雀护粮有关。如"碰"即"砰"的枪声。又如成牌叫"和"（音胡），"和""鹘"谐音，"鹘"是一种捕雀的鹰。除此还有"吃""杠"等术语也与捕鸟有关。那么为何又叫"麻将"呢？在太仓地方方言叫"麻雀"为"麻将"，打麻雀自然也就叫成打麻将了。

麻将牌（又称麻雀牌）是由明末盛行的马吊牌、纸牌发展演变而来的。而马吊牌、纸牌等娱乐游戏，又都与我国历史上最古老的娱乐游戏——博戏有着千丝万缕的联系，甚至是"血缘"关系。现在流行的棋、牌等博弈戏娱，无不是在博戏的基础上发展、派生、演变而来的。

古博戏始于何时，准确年代很难说清。据《史记》和其他有关文字的记载，博戏的产生至少在殷纣王之前。我国最早的博戏叫"六博"，有六支箸和12颗棋子，箸是一种长形的竹制品，相当于今天打麻将牌时所用的骰子。

2. 国际象棋

国际象棋历史悠久，是国际通行的棋种，是集科学、文化、艺术、竞技为一体的智力体育项目。它有助于开发智力，培养逻辑思维能力和想象力，加强分析和记忆能力，提高思维的敏捷性和严密性。

在所有棋盘游戏中，国际象棋（Chess）是一种把战略战术和纯技术融为一体的理想游戏。和西洋双陆棋相比，胜负决定于骰子一掷，诚然是不由自己做主；和国际跳棋相比，棋子的规模化控制了技术上的胜负。和国际象棋在思想性上、科学性上和深度上可以相比的只有日本将棋、中国围棋、中国象棋。国际象棋几乎就是融艺术、科学、知识和灵感为一炉的一种游戏。分析对局时是一种逻辑的实验使用，而在攻王的战斗中和战略问题的运筹时，就需要有一种创造性的灵感。不过，国际象棋不是像纵横字谜那样单纯是一种文字智力的测试。国际象棋的竞争使双方投入一场不流血的战斗，是双方思想和意志的一场激烈尖锐的战斗以及体力上的坚韧不拔的较量。

国际象棋棋盘呈正方，纵横各 8 格，颜色分黑白交错地排列在 64 个小方格中，棋子就在这些格子里移动。棋子共 32 个，分为黑白两组，各 16 个，由两方对弈，双方各有一王、一后、两车、两马、八兵，白方先走，然后双方轮流走子，以把对方"将死"为胜，如不能"将死"，或长将，一方无子可动，局面重复出现 3 次等情况，均可根据规则判为和局，如图 2.10 所示。

【拓展视频】

图 2.10　国际象棋

3. 象棋

象棋，亦作"象碁"、中国象棋。在中国有着悠久的历史，属于二人对抗性游戏的一种，由于用具简单，趣味性强，成为流行极为广泛的棋艺活动。象棋主要流行于华人圈及越南人社区，是中国正式开展的 78 个体育运动项目之一，是首届世界智力运动会的正式比赛项目之一。

象棋是中国传统棋种之一，起源于中国，现已传遍世界。它是在正方形的棋盘上以红黑两种棋子代表两军对垒的智力游戏，双方各有 16 个棋子。对局时，由执红棋的一方先走，双方轮流走，以将对方将死或对方认输为止。如不能将死或使对方认输，经一方提议作和，另一方表示同意，或双方走棋出现循环反复 3 次以上（属于允许走法），又均不愿再走时，可根据规则判为和局。下象棋能锻炼人的思维能力，培养人的顽强斗志，有益于身心健康，如图 2.11 所示。

【拓展视频】

图 2.11　象棋

4. 围棋

围棋是一种策略性两人棋类游戏，使用格状棋盘及黑白两色棋子进行对弈，属琴、棋、书、画四艺之一，约公元前 6 世纪起源于中国。中国古时有"弈""碁""手谈"等多种称谓，西方称为"Go"。

围棋流行于亚太，覆盖世界范围，它在很大程度上反映了中国传统思想文化的精髓，是中国的国粹，也被认为是世界上最复杂的游戏之一。对弈双方在棋盘网格的交叉点上交替放置黑色和白色的棋子。落子完毕，棋子不能被移动。对弈过程中围"地"吃子，以所围"地"的大小决定胜负。与此同时，围棋被认为是目前世界上最复杂的棋盘游戏之一。

围棋也是中国传统棋种之一，为两人对局，用棋盘和黑白两种棋子进行。有对子局和让子局之分，前者执黑棋先行，后者上手执白子者先行。开局后，双方在棋盘的交叉点轮流下棋子，一步棋只准下一棋子，下定后不再移动位置。围棋运用做眼、点眼、劫、围、断等多种战术吃子和占有空位来战胜对方。通常分布局、中盘、收官 3 个阶段，每一个阶段各有重点走法。终局时将实有空位和子数相加计算，多者为胜，也有单计实有空位分胜负的。

围棋千变万化，紧张激烈，既能锻炼人的思维能力，又能陶冶性情，培养人顽强、坚毅、冷静、沉着的性格，如图 2.12 所示。

【拓展视频】

图 2.12　围棋

5. 桥牌

桥牌（Bridge）是两个人对两个人的四人牌戏，种类繁多，是从旧时一种叫惠斯特的牌戏逐渐发展形成的，第一本关于桥牌的书是《*Edmond Hoyle*》在 1742 年出版的。共同点是庄家的同伴亮牌，庄家可以定将牌或无将牌，对方可以加倍，本方可以再加倍。简单地说，桥牌是扑克的一种打法。桥牌作为一种高雅、文明、竞技性很强的智力性游戏，以它特有的魅力而称雄于各类牌戏，风靡全球。桥牌已经成为 2012 年夏季奥运会表演项目和 2007 年全国大学生运动会正式比赛项目。

桥牌所使用普通扑克牌去掉大、小王后的 52 张扑克牌。法国、比利时、意大利还有埃及、印度、朝鲜等国的部分学者认为发明地应归属己国，但终因无确凿的史料可究，至今尚无定论。扑克牌的前身为 52 张卡牌的法国塔罗牌，因此花色、人头牌也相同，美国商人再加入德国的尤克牌的 2 张鬼牌。传入中国时，因为最常来玩扑克，所以称为扑克牌。

四种花色分别为黑桃♠（Spade，又名葵扇）、红心♥（Heart，又名红桃）、梅花♣（Club，又名草花）、方块♦（Diamond，又名阶砖或方片，川渝地区称为"巴片"），黑桃和梅花为黑色，另两种是红心和方块为红色。每花色十三张，为数字一到十三，一到十的牌以花色图案数代表，而十一、十二、十三用人头牌代表。扣掉鬼牌，52 张象征全年 52 个星期。黑桃♠、红心♥、梅花♣、方块♦分别代表春、夏、秋、冬四季。每季 13 张，代表一季 13 星期。每种图案 13 张之点（1～13）加起来是 91 点，而每季也是 91 天。此外，全牌只两色，红表白天，黑表夜晚，如图 2.13 所示。

桥牌四人分两组对抗，同伴相对而坐。打桥牌分"叫牌"和"打牌"两个阶段。叫牌有"单位制"和"计点制"等方法，用规定术语进行，可用任何一种花色作"王牌"，也可不指定将牌而无将，并确定完成定约所需牌数墩数（四人各出一张为一墩）。打牌时轮流出牌，同组花色中以大胜小；指定将牌时，将牌有特殊威力，可用来将吃；打无将时，只能在同一花色内比大小，若跟不出同样花色时，只能垫牌。完成定约所需的牌墩数者得分，否则罚分，得分多者为胜，如图 2.14 所示。

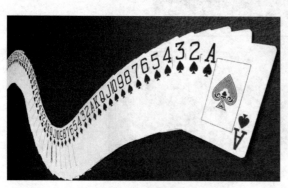

图 2.13　桥牌

图 2.14　桥牌比赛

2.4.2 棋牌室服务人员岗位职责

（1）负责棋牌室营业前各种物品准备工作，对设施设备进行营业前检查。
（2）负责棋牌室接待服务工作，包括预订、领位、介绍项目及收费标准、结账等服务。
（3）根据宾客需要，为宾客示范，讲解各种棋牌游戏活动规则及使用方法。
（4）随时巡视现场情况，注意宾客活动，避免意外事故的发生。
（5）主动做好巡查工作，发现设备故障，立即维修或报修。
（6）负责棋牌室场地和设施设备清洁卫生工作，保持良好环境。
（7）对棋牌室的各种器具、用品进行保养。
（8）负责烟、酒水、饮料的推销服务。
（9）上、下班前需认真清理棋局、牌具。
（10）认真做好营业期间的消防、安全防范工作，注意观察，发现问题及时汇报。
（11）及时处理棋牌室发生的各种突发事件。

案例分析

宾客遗失物品

9月23日，一姓周的先生电话投诉，他几日前在10楼棋牌室打牌时将一个电话本遗留在房间，事后，他打电话到大厦10楼询问服务员是否有拾到，当时服务员称电话本在服务台，待其前来领取时却说没有，后宾客再次打电话来问，此时服务台说有。周先生于是派司机来取，却发现不是他那本。周先生觉得非常气愤，提出投诉（据了解，当初服务员说有电话本，宾客来取时又说没有是因为电话本在交接班时弄丢了）。

思考题：
1. 如果你是一名酒店棋牌室服务人员，你该如何解决此类问题？
2. 在进行电话沟通时，如何避免此类事情的发生？

2.4.3 棋牌室服务的步骤及规范

1. 预订工作

（1）接到预订电话后，服务员要主动介绍棋牌室的情况和价格。
（2）记录预订人的姓名、电话、使用时间和房号（住店宾客）。
（3）向宾客重复一遍以确认，说明保留预约的时间，并作登记。
（4）向宾客致谢。
（5）预订确认后，要立即通知有关服务部门提前做好服务准备。

2. 准备工作

（1）穿好工服，佩戴胸卡，整理好仪容仪表，提前到岗，向领班报到。参加班前会，接受领班检查及分工。
（2）做好棋牌室的清洁工作，包括器械、地面、家具、休息区、服务台等。
（3）认真、细致地检查棋牌室设备、用品，保证能正常使用。
（4）将供宾客使用的棋牌用具、记分的纸、笔准备好。
（5）将钟表时间核对准确，将跳表复位。
（6）检查交接班本，了解宾客预订情况。

3. 迎宾接待

（1）面带微笑，主动问候宾客。
（2）询问宾客是否预订，并向宾客介绍收费标准等。

4. 棋牌室服务

（1）主动向宾客问好，如有预订，则按预订内容安排；如未预订，询问宾客的需求，进行安排。收取押金，及时开单。
（2）为宾客打开房间，迅速准备好游戏用具。
（3）为宾客提供酒水饮料，并定时清理房间、倒烟灰缸。
（4）定时巡查房间，询问宾客是否需要服务。发现设备故障，立即维修或报修。

5. 结账服务

（1）宾客娱乐结束后，立即请点棋牌，将棋牌放入盒内。
（2）准确开具账单，钱款当面点清，并致谢。

6. 送别宾客

（1）礼貌地向宾客道别，欢迎宾客再次光临。
（2）整理好所有棋牌娱乐用具，放入吧台。认真填写交接班记录，做好棋牌室的卫生清理工作。
（3）核对当日营业单据，填写报表。
（4）切断所有电器的电源，关好门窗。

2.4.4 棋牌室服务的要点及注意事项

（1）棋牌室要求相对安静，进入房间服务时应先敲门，服务完后立刻离开，不宜参与宾客讨论牌局，更不能参与游戏。
（2）及时更换烟灰缸、垃圾桶，以免烟头、垃圾等物烫坏、损坏地毯。

> 任务实训

实训 2-4　掌握棋牌室服务技能

实训目的： 通过此次实训，使学生掌握棋牌室服务基本流程。

实训内容： 走访学校所在城市的星级酒店棋牌室，了解棋牌室内各岗位服务人员的岗位职责，观摩服务人员对客服务。

实训步骤：

第一步：教师下达实训任务书。

第二步：教师引导学生分组，通过走访酒店（辅以查阅资料、网络交流等多种方式），了解棋牌室服务人员技能要求，掌握棋牌室服务人员工作技能。

第三步：小组之间进行交流，共享调研成果。

第四步：教师归纳总结。

实训成果： 上交实训报告。

> 任务评价

学习目标	内容 评价项目	自我评价 优	自我评价 良	自我评价 可	小组评价 优	小组评价 良	小组评价 可	教师评价 优	教师评价 良	教师评价 可
知识目标	常见的棋牌室项目									
	棋牌室服务人员的岗位职责									
	棋牌室服务的步骤及规范									
	棋牌室服务的要点及注意事项									
专业能力目标	预订工作									
	准备工作									
	迎宾接待									
	棋牌室服务									
	结账服务									
	送别宾客									
态度目标	服务意识									
	热情主动									
	细致周到									
	全员推销									

续表

学习目标	内容	自我评价			小组评价			教师评价		
	评价项目	优	良	可	优	良	可	优	良	可
通用能力目标	沟通能力									
	创新能力									
	解决问题能力									
	团队协作能力									
小组合作	创造良好的工作氛围									
	成员互相倾听									
	尊重不同意见									
	全员参与									

整体评价：
　　　　优秀□　　　　良好□　　　　基本掌握□

教师建议：

任务 2-5　游戏机房服务

游戏机房是为宾客提供自娱自乐服务的重要活动场所，其主要设备是电子游戏机。它的趣味性、娱乐性极强，节目类型很广，内容量很大，几乎对所有年龄段的宾客都具有很大的吸引力。电子游戏机体积较小、占用的空间不大，不受气候、季节限制，并且单台机器的价格成本很低，经济效益较高，因此在星级酒店中十分普及。

任务导入

情境介绍：2008年10月21日，北京某外资企业销售部经理王先生到广州开会，入住在某五星级国际大酒店。晚饭后，王先生来到了康乐中心的电子游戏厅，在模拟电子游戏机房里玩了两个小时的游戏后，口干舌燥，想买一瓶饮料喝，就问管理员小张："哥们儿，我想买瓶饮料，到哪里去买？""先生，请到二楼咖啡角。"管理员小张礼貌地告诉他。王先生听后，就起身来到二楼的咖啡角，买了一瓶饮料后，回到座位上，准备继续玩游戏，但由于中断了5分钟，激情与兴致大减，就怏怏地回到了房间用电话向大堂经理马小姐进行了投诉。

第二天中午，大堂经理马小姐来到王先生的房间，微笑着告诉他："先生，昨天的事我向您道歉。今天晚上您到游戏机房玩，如果口渴了，就不用到二楼的咖啡角买饮料了，有服务员推着流动服务车，专门为您和其他宾客提供饮料与点心。"真的？我今晚一定去，谢谢！"王先生虽然半信半疑，但还是礼貌地表示感谢。晚上8点，王先生来到了游戏机房，的确看到一位仪态大方的女服务员推着一辆流动服务车，上面放有二十多种饮料和十几种点心，小心翼翼地穿行在一楼的游戏机室。王先生看到这些就放心地玩起了游戏。

夜里10点，王先生玩游戏的兴致达到了高潮，但觉得有些口渴，就从口袋里摸出10元钱，招呼那位推着流动车的女服务员："小姐，我要一瓶饮料。""先生，请稍等。"服务员的话音刚落，王先生就接到了服务员递来的一瓶饮料，他很高兴，立刻把10元钱递给了服务员小姐，这一系列动作，只用了30秒，丝毫没有影响他玩游戏，因此他很满意。夜里11点时，王先生过足了游戏瘾，回到了房间，在宾客意见簿上，留下了这样一行字："谢谢大堂经理，谢谢游戏厅的服务员，你们改进工作的效率很高，你们的服务很用心，值得我学习。"

思考题：

游戏机房的服务程序和服务标准分别是什么？

案例分析：

这个案例是康乐服务人员人性化超值服务的一种体现，在这个案例中，当大堂经理了解到了王先生的需求之后，站在宾客的角度思考问题，尽快地帮助顾客解决问题，给宾客带来了惊喜，也在宾客心目中为酒店树立了良好的形象。

案例启示：

面对激烈的市场竞争，酒店想要培养宾客的忠诚度，就要尽可能地站在宾客角度思考问题，同时提供更多的人性化的超值服务，敏锐地觉察到宾客的潜在需求，在能力范围内尽力帮宾客解决问题。

任务分析

作为酒店康乐服务人员，应当能够细致地发现问题，并且及时化解可能产生的矛盾纠纷，照顾到宾客的心理，多进行换位思考。

2.5.1 现代游戏机的主要类型

游戏机利用电子芯片和计算机程序所载的各种对抗性游戏，以其挑战性、竞争性、逼真的声音、图像效果吸引着人们。电子游戏由宾客控制，运用人的智力与反应能力完成游戏任务。现代游戏机主要有以下几类。

1. 普通电子游戏机

普通电子游戏机是目前市场上最常见且数量最多的机器，这类机器的外观和结构基本一样，其主体是屏幕显示器，控制部分是两个摇把和两组按钮。摇把能够做前、后、左、右等 8 个方向的水平摇动，按钮每组 2～6 个不等（图 2.15）。这类机器更换游戏卡比较容易，游戏的内容也非常多，有格斗系列、空战系列、运动系列、神话系列等。玩这类游戏时，使用者用一只手操作摇把以控制屏幕中出现的人物运动方向，另一只手操纵按钮以控制人物的动作，通过运动智力和左右手的配合达到阶段目标。每个阶段目标即是一关，每种游戏都由易到难设置很多关，游戏者每通过一关都能感受到一次喜悦，可激发人们继续玩游戏的兴趣。

图 2.15　普通游戏机

2. 电子模拟游戏机

一般情况下，电子模拟游戏机无法更换其他游戏卡，每种机器玩法各不相同，操作起来也比较复杂。它的特点是能给人以视觉、听觉、触觉的综合刺激作用，这类游戏机的操纵部分各不相同，都是模拟实物而制造的，如图 2.16 所示。它逼真地模仿各种游戏过程，在虚拟现实情况下给赛车手带来真实的感觉。比如乐器模拟、驾驶汽车、摩托车、飞机和宇宙飞船或自行车所进行的比赛和各种战斗，游戏者不仅可从屏幕上看到道路情况、对手情况、座位中与人接触的部分也会随之震动、颠簸，使人产生身临其境的刺激感。汽车驾驶模拟机的模型和真实汽车相仿，车上很多机构、按钮都一样可以移动。"汽车"的前方和四周放映着全景模拟视频，宾客坐在驾驶座上做着各种动作，屏幕上出现上下坡、坑洼、下雨、黑夜、与其他汽车相撞、转弯等画面，这一切都与真实情况一样，只是汽车模型并没有移动。计算机会计算记录并做出评判，显示分数成绩。

图 2.16　模拟游戏机

3. 计算机游戏机

一般的电子游戏都是宾客购买游戏币，按规定数量投入机器，游戏就开始了。当游戏规定的时间或分数到了，游戏活动也就结束了，如需继续游戏，必须重新投币，而计算机游戏则可以储存游戏者姓名和游戏成绩，还可以与其他游戏者联网作战，进行竞技，只要不是彻底失败，游戏者就可以保留游戏，下次继续，这就在一定程度上提高了游戏的趣味性和刺激性。

 知识链接

游戏机的起源

1888 年，德国人斯托威克根据自动售货机的投币机构原理，设计了一种叫作"自动产蛋机"的机器，只要往机器里投入一枚硬币，"自动产蛋鸡"便"产"下一只鸡蛋，并伴有叫声。人们把斯托威克发明的这台机器，看作是投币游戏机的雏形。

但是真正用于娱乐业的游戏机，当属 20 世纪初德国出现的"八音盒"游戏机。游戏者只要一投币，音盒内的转轮便自动旋转，带动一系列分布不均的孔齿敲击不同长度的钢片奏出音乐。后来，著名的魔术师伯莱姆设计了投币影像游戏机。虽说是影像，却仍旧是机械式的，操作者投币后可以从观测孔看到里面的木偶和背景移动表演。

在经济萧条的年代，世界各地博彩业却异常兴旺，因而许多投币如扑克牌机（俗称耗子机）、跑马机、高尔夫弹珠机等比比皆是，一度取代了健康的娱乐业。直到 20 世纪 30 年代，美国兴起了对抗竞技的模拟游戏，其中模拟枪战的"独臂强盗"游戏机大受欢迎。此后，模拟各种体育运动（比如打靶、篮球、捕鱼达人）的游戏机也相继出现在娱乐场。

从 19 世纪末到 20 世纪五六十年代，投币游戏机大都属于机械或简易电路结构，游戏者也是年轻的成年人居多，场合仅限于游乐场，节目趣味性较差，而且内容单一。但与此同时，随着全球电子技术的飞速发展，1946 年出现了第一台电子计算机，其技术成就渗透到各个领域，一个娱乐业革命也在酝酿之中诞生。

第二次世界大战以后，电子计算机技术得到了突飞猛进的发展。先是由晶体管代替了笨重的真空管，后来出现了集成电路和大规模集成电路，使电子计算机一代一代实现更新，同时软件技术也发展迅速。在美国，集中了许多计算机软件的设计人才，他们在工作之余喜欢编一种能与人斗智的"游戏"，以此来锻炼编程的能力。这种"游戏"花样繁多，但其特点都是利用计算机软件事先设计好的"分析""判断"能力反过来与人较量。由于不断修改更新，使计算机的"智力"与人难分高下。

美国加利福尼亚电气工程师诺兰·布什纳尔看到了这种"游戏"的前景所在。早在大学期间，布什纳尔就曾经营过一家娱乐场，深谙娱乐场的经营诀窍。于是，1971 年，布什纳尔根据自己编写的"网球"游戏设计了世界上第一台商用电子游戏机。这台电子网球游戏机有着一段颇具戏剧性的经历：布什纳尔为了看看它是否被人们接受，就同附近一个娱乐场的老板协商，把它摆在了这个娱乐场的一角。没过两天，老板打电话告诉他，那台所谓的"电子游戏机"坏了，让他前去修理。布什纳尔拆开了机壳，意外地发现投币箱全被硬币塞满了。成功激励着布什纳尔进一步研制生产电子游戏机，为此他创立了世界上第一家电子游戏公司——雅达利公司。

今天，当我们回顾电子游戏最初为什么能吸引人，我们不难悟出这样的道理：电子游戏满足了人们对竞争和对抗的渴望，它总是给予竞争者以新的难题。同时，它还能为胜利者提供崭新的画面和音乐享受。街头的娱乐场毕竟比不上在家里玩起来随便和经济。于是，电子游戏机开始朝着"家庭化"方向发展，电子技术的突破推动了游戏机"家庭化"的发展过程，彩色电视机的普及使大型游戏机的显像管和扫描板部分完全可以被彩色电视机取代，使得微处理机部分与显示屏幕实现了分离。这时制成的游戏机只相当于一个信号发生器，与电视机连接后组成闭路电视系统。这种电子游戏机我们一般称作"家庭电脑游戏机"，或者干脆称为"电视游戏机"。

2.5.2 游戏机房服务人员的岗位职责

（1）负责游戏机房营业前各项物品的准备工作，对设施设备进行营业前的安全检查。

（2）热情周到地为宾客服务，耐心解答宾客提出的问题，为宾客示范，讲解各种游戏机的操作方法。

（3）负责游戏机房场地和设施设备的清洁卫生，保持环境整洁，空气清新，符合质量标准。

（4）在宾客玩游戏的过程中，巡视游戏机房，并随时帮助宾客解决问题。

（5）负责游戏机房设施设备的使用保养以及简单故障排除。

（6）负责酒水、饮料、小吃等推销服务。

（7）对宾客消费进行登记，并及时将记录交给换币员。宾客结束游戏时，协助宾客办理结账事宜。

（8）宾客离开后，根据规范及时关闭、整理、清洁宾客使用过的游戏机。

（9）维护娱乐场所秩序，协助主管排解宾客之间的纠纷，保证娱乐活动正常开展。

（10）认真做好营业期间消防、安全防范等工作，注意观察，发现问题及时汇报。

（11）及时处理游戏机房发生的各种突发事件。

（12）认真贯彻交接班制度，详细做好交接班工作记录。

2.5.3 游戏机房服务的步骤及规范

了解游戏机房的基本常识后,应该如何规范、优质地为宾客提供专业服务呢?

1. 准备工作

(1)穿好工装,佩戴胸卡,整理好仪容仪表,提前到岗,向领班报到,参加班前会,接受领班检查及分工。

(2)开窗或打开换气扇通风,做好游戏厅及公共区域的卫生工作。

(3)检查设施设备和用具是否完好,如果发现问题及时修理或报工程部门。

(4)将各种表格、单据和文具准备齐全,放于规定位置。核对、补充游戏纪念品及奖品。

(5)将钟表时间核对准确。

(6)接通所有电源,打开游戏机开关。

2. 迎宾接待

(1)面带微笑,主动问候宾客,如宾客需要脱衣摘帽,要主动为顾客服务,并将其衣帽挂在衣架上。

(2)引领宾客到服务台兑换游戏币。

3. 游戏机房服务

(1)在接待不熟悉游戏机的宾客时,应耐心说明游戏操作规则,并进行必要示范。

(2)及时递送香巾、茶水等,祝宾客玩得高兴,并随时根据宾客需求,提供饮料、小吃等服务。

(3)在宾客获奖时,要及时开单,并向宾客祝贺,按规定发放奖品,大奖要由领班或主管签字。

(4)及时检查机器的完好状况,发现故障应及时排除或检修装备。

(5)加强巡视,及时制止明显的赌博行为以及违章使用游戏设备、伪币等行为。

4. 结账服务

(1)宾客娱乐结束后,如有未用完的游戏币,应引导宾客到服务台将其兑换为现金。

(2)如需到收银台结账,应引领宾客到收银台前。

(3)如宾客要求挂账,要请宾客出示房卡并与前台收银处联系,待确认后要请宾客签字并认真核对宾客笔迹,如未获前台收银处同意或认定笔迹不一致,则请宾客以现金结算。

(4)宾客离开时要主动提醒宾客不要忘记随身物品,并帮助宾客穿戴好衣帽。

5. 送别宾客

(1)礼貌地向宾客道别,并欢迎宾客下次光临。

(2)关闭所有游戏机设备的电源。

（3）清扫场地卫生，擦拭游戏设备，对接触较多的游戏机手柄进行必要的消毒。

> **知识链接**
>
> 电子竞技的发展前景报告
>
> 自 2003 年 11 月 18 日电子竞技被国家体育总局列为正式开展的第 99 项体育运动以来，国内各类职业选手、战队、俱乐部、赛事如雨后春笋般涌现出来。然而在电子竞技产业高速发展的同时，俱乐部缺乏严谨的组织结构、赛事缺乏完善的管理机制、市场缺乏成熟的盈利模式等问题已经开始影响中国电子竞技产业的良性发展。
>
> 1. 电子竞技是"小众运动"
>
> 作为一项体育运动，中国的电子竞技还非常的"年轻"，虽然近几年已经取得了快速发展，但是同传统体育项目相比，无论是受众人群还是社会的参与程度都有待加强。
>
> 在电子竞技产业发达的韩国，电子竞技无论是普及率、社会认知率都非常高。某电子竞技俱乐部总监给记者讲了这样一个故事："他们俱乐部有一位 CS 项目的职业选手，原来也曾经是星际争霸项目的专业选手，有一次到韩国参加比赛，同入住酒店的大厨打了几场星际争霸比赛，结果输得一塌糊涂，可想而知，韩国电子竞技的普及度。"
>
> 由于普及率和社会关注率很高，韩国的电子竞技职业选手知名度非常高，顶尖选手都是家喻户晓的明星。而这种明星效应最直接的反映就是在职业选手的收入上。该市场总监表示，在韩国，一名职业选手一年的收入换算过来达几百万人民币是很平常的事情，而顶尖选手的收入则更高，已经和韩国一线娱乐明星收入持平。
>
> 同韩国相比，中国的电子竞技作为一项新兴的体育运动，受众面窄是一个很正常的现象。目前，我国正在积极打造电子竞技运动健康向上的体育形象，让更多的人群了解电子竞技，关注电子竞技。在澳门举行的第二届亚洲室内运动会上，电子竞技正式成为赛事的比赛项目，这是电子竞技运动第一次纳入国际综合性体育运动会之中。这是电子竞技运动发展迈出的坚实一步，影响非常深远。
>
> 由于没有电视台等大众媒体的参与，使得电子竞技运动推广遇到了很大的困难，仅仅依靠网络和少量专业媒体的传播，影响了社会关注度并直接降低了企业的赞助热情，从而最终制约了整体产业的发展。
>
> 2. 选手基本生活无法保障
>
> 电子竞技作为一项体育运动，已经形成了一批以电子竞技运动为职业的职业选手队伍，然而他们整体的生存状况却不容乐观。
>
> 目前，中国一线的电子竞技职业玩家人数不多，而且这些人目前的生活状态应该说已经得到了很好的保障，有的职业玩家年收入甚至已经超过了百万。然而无论是作为一项体育运动还是作为一项新兴产业，电子竞技都应该是一个梯队式发展。

【拓展视频】

除了少量的一线职业选手以外，还需要大量二线选手来进行补充。然而由于中国的电子竞技运动目前仍处于起步阶段，很多二线职业选手的生活基本得不到保障。电子竞技行业资深人士邱杨说："很多二线职业选手以及大量的半职业选手对于自己的职业前景深感迷茫。由于没有固定收入来源，他们连基本的生活支出都无法得到保障。因此，很多选手都抱着观望的态度，有的甚至已经彻底离开电子竞技这个舞台。"

调查中发现，选手缺乏基本生活保障是中国电子竞技产业普遍存在的问题。目前，很多一线的玩家也都经历过那个阶段。某 CS 职业选手说，在刚进入电子竞技运动时，只能通过打一些比赛获得少量的比赛奖金，根本没有固定的收入来源。当时很多队友都非常热爱这项运动，然而由于生活无法得到保障，他们在坚持了一段时间以后，都选择了离开。其实他们都很有天赋，只要生活、训练等方面得到基本的保障，现在肯定也能够打出好成绩。

此外，由于电子竞技职业选手的年龄都普遍较小，很多选手都无法得到系统的教育；而电子竞技选手的职业寿命相对较短，基本上都只有短短几年时间。因此，很多职业玩家在退役后，都面临转型难的问题。虽然有一小部分的职业选手在退役后，可以从事电子竞技的职业解说、赛事策划等工作，但是由于目前中国电子竞技仍处于起步阶段，能给职业选手提供的就业机会有限，大多数的职业选手还是要脱离电子竞技行业。

3. 俱乐部企业赞助难

俱乐部是体育产业发展的重要一环。中国的电子竞技俱乐部从诞生到现在，基本上经历了 3 个阶段：个人赞助战队阶段、单一的公司制管理阶段以及股份制式综合管理运营阶段。电子竞技产业刚刚兴起时，大多采取的都是个人赞助的战队模式，大多数战队都是依托于网吧和个人赞助进行发展，然而由于缺乏基本的盈利模式，最终都摆脱不了解散的命运。而单一的公司制管理模式则是从个人赞助的战队阶段发展演变而来，俱乐部逐渐从原有的作坊式的经营发展成公司性经营，但是其性质并没有根本的变化，依旧没有比较明显的盈利模式。一旦出现资金链的断裂，俱乐部将不可避免地面临解散的命运。目前，运营比较成功的是股份制综合管理运营模式，俱乐部以股份制的形式形成多条资金链，摆脱了单一资金链的束缚，而股东并不直接参与日常的运营与管理，而是由专业人员负责俱乐部日常的训练、商务运营、媒体合作。这种模式不但避免了俱乐部走向单一资金链的道路，而且也明确了相互之间的责任，使得俱乐部的运营更加正规。

4. 职业联赛和商业联赛混淆

目前，中国的电子竞技各种赛事不断，不但有很多的职业比赛，还有大量的商业比赛，但大量电子竞技赛事频繁，看似市场活跃，实则造成了资源浪费，难以形成市场的规模效应。

赛事的组织是一个系统的工程，需要举办方、赞助方、运营企业、俱乐部等多方面资源合作。目前，电子竞技类的商业比赛大多由企业、网络转播平台举办，很多的赞助商和转播机构都直接变成了赛事的举办方。这种赛事的操作模式对赞助商来说，由于没有统一的规划和专业的管理，使得赛事的品牌效应凸显不出来，从而导致广告效应缺失；而对于举办方和组织方来说，无法形成持续的品牌效应，对赛事本身的品牌起不到提升作用。

赛事频繁也为职业选手出了一个难题。职业选手每年都要参加很多不同赛事，经常会遇到不同赛事时间相互冲突的情况。由于对赛事不了解，职业选手常常面临选择难的问题。

【拓展视频】

任务实训

实训 2-5　掌握游戏机房服务技能

实训目的：通过此次实训，使学生掌握游戏机房服务基本流程。

实训内容：走访学校所在城市的星级酒店游戏机房，了解游戏机房内各岗位服务人员的岗位职责，观摩服务人员对客服务。

实训步骤：

第一步：教师下达实训任务书。

第二步：教师引导学生分组，通过走访酒店（辅以查阅资料、网络交流等多种方式），了解游戏机房服务人员技能要求，掌握游戏机房服务人员工作技能。

第三步：小组之间进行交流，共享调研成果。

第四步：教师归纳总结。

实训成果：上交实训报告。

任务评价

学习目标	内容		自我评价			小组评价			教师评价		
	评价项目		优	良	可	优	良	可	优	良	可
知识目标	现代游戏机的主要类型										
	游戏机房服务人员的岗位职责										
	游戏机房服务的步骤及规范										
专业能力目标	准备工作										
	迎宾接待										
	游戏机房服务										
	结账服务										
	送别宾客										

续表

学习目标	内容		自我评价			小组评价			教师评价		
		评价项目	优	良	可	优	良	可	优	良	可
态度目标	服务意识										
	热情主动										
	细致周到										
	全员推销										
通用能力目标	沟通能力										
	项目管理能力										
	解决问题能力										
任务单	内容完整正确										
	书写清楚规范										
	思路清晰、层次分明										
小组合作	创造良好的工作氛围										
	成员互相倾听										
	尊重不同意见										
	全员参与										

整体评价：　　　　　优秀□　　　　　良好□　　　　　基本掌握□

教师建议：

同步练习

一、填空

1. 娱乐休闲项目主要是指康乐经营部门为宾客提供一定的_____和_____，由宾客积极主动地全身心参与的有益的文娱活动，使其得到精神的满足，包括歌舞类_____、_____、_____等。

2. 酒水推销是指在一定的娱乐文化环境中，使宾客在_____过程中得到满足从而增加酒水的销量。

3. 卡拉OK最早起源于_____。"卡拉"在日语里是_____的意思，卡拉OK是一种_____系统。

4. 游戏类娱乐主要是宾客借助一定的场地设施设备条件，在一定规则的约束下运用智力和_____进行比赛或游戏，获得精神享受的娱乐项目。

5. 麻将在_____非常流行。

6. 氧吧与普通的酒吧不同之处是除了提供一般酒吧所具有的_____和酒水服务之外，还供应一种特殊的商品_____。

7. 茶吧的气氛讲究_____。

二、问答

【拓展视频】

1. 歌舞厅将演出承包给演出经纪人有什么好处？
2. KTV 包房是怎么产生的？
3. 歌舞厅分哪三种类型？
4. 简述酒吧调酒师的工作职责？
5. 如何接待醉酒的宾客？

第 3 章 运动类项目服务技能训练

项目概述

本项目引导学生了解健身、游泳、台球、保龄球、网球、高尔夫球基本情况,主要设施设备,服务岗位、职责及素质要求,服务程序与标准,从而掌握运动类康乐项目服务技能。该项目分为健身服务技能、游泳服务技能、台球服务技能、保龄球服务技能、网球服务技能、高尔夫球服务技能6个任务,每个任务按照任务导入→任务分析→任务实训→任务评价来组织教学内容。

知识目标

(1) 了解健身、游泳、台球、保龄球、网球、高尔夫球基本情况。
(2) 了解健身、游泳、台球、保龄球、网球、高尔夫球运动主要设施设备。
(3) 熟记健身、游泳、台球、保龄球、网球、高尔夫球服务岗位的职责及素质要求。
(4) 掌握健身、游泳、台球、保龄球、网球、高尔夫球服务程序与标准。

能力目标

(1) 掌握健身服务技能,基本胜任健身房基层服务岗位工作任务。
(2) 掌握游泳服务技能,基本胜任游泳池基层服务岗位工作任务。
(3) 掌握台球服务技能,基本胜任台球厅基层服务岗位工作任务。
(4) 掌握保龄球服务技能,基本胜任保龄球馆基层服务岗位工作任务。
(5) 掌握网球服务技能,基本胜任网球场基层服务岗位工作任务。
(6) 掌握高尔夫球服务技能,基本胜任高尔夫球场基层服务岗位工作任务。

任务 3-1　健身服务技能

随着社会生产力的不断提高，自动化生产使工作日缩短，余暇时间延长，人们在日常生活中的活动量减少，为体育锻炼提供了可能性。同时，人们的体育意识增强，"花钱买健康"逐渐成为人们的时尚观念，各种体育消费场所应运而生。

健身房拥有较全的健身和娱乐项目，专业教练进行指导，良好的健身氛围。在健身房不仅能锻炼身体、塑造身材，而且还能认识很多新朋友。

任务导入

情境介绍：健身房电脑记录显示，有一位姓林的宾客七次入住这家酒店，七次都只到健身房二部去锻炼，每次都是过健身房一部的门而不入。这种现象引起了一部经理小陈的注意。为什么这位姓林的宾客每次都不来一部健身而选择二部呢？

终于有一天，小陈找到了一个机会对宾客提出了这个让她疑惑了很久的问题。宾客的一番话让她茅塞顿开。原来，宾客每次从一部门口路过时都要向健身房里面看，每次都看见一部的服务员有的在里面聊天，有的在那些健身器材上玩闹，很少有人老老实实地站在那里等着宾客来，准备服务。这很令宾客反感，于是就直接从门口走了过去。反观二部，虽然设施比起一部来稍微差了一点，可是服务员的穿着都很整齐，服务态度很好，让宾客很满意，所以宾客每次都选择去二部而不去一部。听了林先生的一番话，小陈终于认识到了一部每次评比都要输给二部的原因。

思考题：
1. 该案例中，这位林姓宾客选择二部的原因是什么？
2. 对于一部的经理小陈，你有哪些建议帮助她改进工作？

案例分析：

从顾客的消费心理进行分析，人们对客观事物的认识是从对其基本的感觉开始的。在本案例中，林姓宾客对两个健身房不同的观察印象，从一部的散漫到二部的认真，所有的一切就组成了他对整体的认知。在这种认知的基础上，产生了喜欢二部的情感倾向。

案例启示：

每一个部门的每一次服务、每一个细节都能左右宾客的满意程度。从细节看整体，正是这点点滴滴的细节服务，为宾客的下次光临打下了基础，从而出现这位宾客七次都在同一部门消费的情况。

> 任务分析

作为一名康乐行业的从业人员,需要对康乐活动及其起源与发展、康乐项目的基本类型、我国康乐行业的发展现状及趋势有一个基本了解。

3.1.1 健身房简介

健身房集多项运动于一体,具有较强的综合运动特点。健身房不仅能够提供科学的、齐全的、安全的体育训练设备,还能使训练者在汗水的挥洒中锻炼体魄、强身健美,消除精神压力、容光焕发。

由于健身房的大部分器械如跑步机,具有模拟运动的特点,因此每项运动所需要的场地都比较小,而且有的器械如多功能训练器还具有多项运动组合的特点,每一单项所占场地就更小了。这对于提高场地利用率非常有利。

由于健身房器材种类多,运动量、运动速度都可调节,因此各种体质、年龄、性别的人都可以在这里找到与自身体质相适应的运动项目进行锻炼。

根据我国的酒店等级评定标准,四星级酒店必须配备健身房。事实上,很多酒店在康乐设施的设置上都超前了一步,使酒店档次进一步提高。健身房基本上属于星级酒店的必备项目,如图 3.1 所示。

图 3.1 健身房

【拓展视频】

3.1.2 主要设施设备

1. 体能测试中心

1)身体柔软度量度器

身体柔软度量度器是量度人体柔软弹性的一种仪器。在运动前测试身体柔软度,可避免运动训练时意外受伤。

2)体能量度尺

体能量度尺是量度体形的标准板。

【拓展视频】

3）肺功能分析仪

肺功能分析仪是利用计算机准确测量肺活量的仪器。

4）计算机脂肪测量仪

利用先进的激光技术，提供专业准确的分析。利用计算机脂肪测量仪可迅速而准确地分析体内脂肪、水分及肌肉分布。

5）电子心率显示仪

利用电子心率显示仪，独立的胸部感应带能传送心率至腕表，并备有上限报警功能。

6）心率、血压及重量组合仪

心率、血压及重量组合仪可测量心率、血压及重量，提供健身前后的比较表。

2. 伸展区

伸展区设在健身房入口处附近，以便顾客做健身前的热身及舒展活动。

3. 健美体操室

健美体操室也称有氧韵律室，地面采用枫木铺设，内置音箱和广播喇叭箱及弹簧设备，使地台随着音乐节拍跳动。同时配备标准的空调设备、墙身镜子、柔和灯光、室内电视系统及饮水喷泉等。

健美运动包括有氧舞蹈、地板运动、伸展运动、韵律操等。通过各种身体动作的编排、一定的训练强度，使呼吸及心跳加快，血流加速，血氧浓度提高，以满足全身肌肉对氧气的需求，达到消耗身体中的多余脂肪、提高心肺功能、增强肌肉的柔韧性、改善体形的功效。

【拓展视频】

4. 健身器械区

1）跑步机

跑步机（图3.2），通常分为单功能跑步机和多功能跑步机两种，又有电动跑步机和人力跑步机两种形式。在电动跑步机上通常装有计算机，可显示距离、速度、时间和体能消耗等数据，使用时感觉很像自然跑步。由于电动跑步机的传动滚为橡胶带，可以减缓跑步时对腿脚关节的冲击力，跑动是比较舒适愉快的。人力跑步机依靠使用者不断地向后蹬踏来驱动滚带，所以双手不能离开扶手。实际上在人力跑步机上只能快走，无法真正跑起来，跑步机两侧扶手有紧急制动装置，可避免宾客发生意外。跑步机可以锻炼腿部肌肉和心肺功能。

2）自行车练习器

自行车练习器（图3.3），模拟骑自行车运动，可以模拟上坡、下坡、平地等骑行感觉，有逼真的感觉。车头上有计算机显示器，可把骑车的速度、时间、地势、外景以及骑车者的心跳速度准确地显示出来。骑车者可以根据自

图3.2　跑步机

己的意愿自行调节，设置不同的阻力，控制运动量，以达到锻炼腹部、腿部肌肉以及心肺功能的目的。

3）划船模拟机

划船模拟机（图3.4），由一个可前后滑动的坐凳、两个固定的脚踏板、一个弹簧拉力手柄组成，能模拟出划船的全部动作。其感受就像真的在划船一样。划船模拟机可以锻炼运动者的臂力、腿部肌肉和腹肌，消耗人体中的热量，增加呼吸量，使宾客在短时间内减轻体重，增加肌肉。

图3.3 自行车练习器

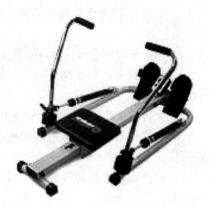
图3.4 划船模拟机

4）台阶练习器

台阶练习器（图3.5），是模拟登山或上楼梯运动而设计的锻炼器械，由一高一低两只脚踏板、安全扶手和计算机屏幕组成，能显示运动次数及消耗能量等数据。

5）多功能综合练习器

多功能综合练习器（图3.6），适用于多种力量的训练，通过动作件、钢丝绳、滑轮、重量调节块等把背肌伸展练习器、蝴蝶式足肌练习器、二头肌训练器、三头肌训练器、腿部练习器、力量辅助上身练习器等综合在一起，通过运动来锻炼局部肌肉的力量，使锻炼者体形更加健美。如此既可减少脂肪，又可使体形更健壮、优美。多功能综合练习器是一种多功能、组合型、占地小的体育健身器材，深受宾客的欢迎，一直是健身中心必备的优选器械。

图3.5 台阶练习器

图3.6 多功能综合练习器

【拓展视频】

3.1.3 健身房服务岗位、职责及素质要求

健身房通常设有领班、服务员、指导教师等岗位。

1. 领班

1）主要职责

（1）负责健身房日常管理工作。

（2）根据市场调查及宾客需求，做好健身房的课程安排计划，制订促销、活动计划。

（3）做好健身房会员的档案管理工作。

（4）制订健身房员工岗位技能培训计划，按照计划对员工进行培训，不断提高其服务技能。

（5）安排员工的班次，负责布置和协调服务员、教练员的工作任务。

（6）巡视健身房各区域的基本情况，负责检查健身房经营活动中的对客服务和接待工作。

（7）检查员工的仪容仪表、礼节礼貌、劳动态度和工作效率，准确记录员工的考核情况。

（8）检查健身房营业场地、机器设备的卫生清洁情况及安全防范工作。

（9）督导员工按有关操作规程合理使用和保养设施设备，定期检查健身房设备、设施的使用和保养情况，如有损坏须立即报修。

（10）受理健身房宾客的投诉，并及时进行处理，保证营业活动的正常开展。

（11）负责健身房的物品领用，经康乐部经理批准后，向仓库领取并做好保管工作。

（12）做好服务员、教练员的考核评估工作。

（13）负责每日召开班前布置会、班后总结会，严格执行交接班制度。

（14）贯彻执行上级的指示，保持信息沟通，完成康乐部经理交办的其他工作。

2）素质要求

（1）具有大专及以上学历，身体健康。

（2）懂得健身房各种设施设备的使用方法和日常维护保养方法。

（3）具有健身房营业管理知识，有良好的人事管理、组织管理、物资管理、设备管理的知识。

（4）能妥善处理上下级和班组成员之间的关系，能正确处理宾客投诉，保持良好的人际关系。

（5）有较强的语言表达能力和沟通能力，有一定的外语会话能力。

2. 服务员

1）主要职责

（1）负责健身房的接待服务工作。

（2）负责健身房营业前的器材和其他物品的准备工作，对设施设备进行营业前的安全检查。

（3）根据宾客需求介绍运动项目、特点、使用方法和各种器械动作示范，及时劝阻宾客的违规行为，确保宾客的安全。

（4）密切关注宾客在健身运动过程中的身体状况，发现异常情况应及时采取紧急措施。

（5）负责健身房场地、更衣间、淋浴室和健身器材的清洁卫生工作。

（6）负责运动器材的检查、报修、保养工作。

（7）收集健身会员的情况，配合领班做好健身会员的资料管理工作。

（8）认真做好营业期间的消防、安全防范工作，注意观察，发现问题及时汇报。

（9）在宾客休息期间为宾客提供饮品和休闲食品等消费服务。

（10）完成上级交办的其他工作任务。

2）素质要求

（1）具有高中及以上学历，身体健康。

（2）能够根据健身活动服务工作规范和服务程序，为宾客提供优质的接待服务。

（3）掌握健身房服务程序、服务规范及服务技能，熟悉各种健身设备的性能、使用方法、保养方法和注意事项。

（4）掌握一定的安全救护知识和健身保健知识。

（5）具有较强的酒店产品推销能力和人际关系处理能力。

3. 指导教师

1）主要职责

（1）编排训练课程，或根据宾客要求为其制订个性化的训练课程。

（2）在指导宾客健身的过程中随时收集宾客的反馈信息，提出课程修改方案。

（3）认真做好健身服务教练、示范、指导工作。

（4）随时纠正宾客在健身过程中的危险或不正确的动作。

（5）配合服务员对健身器材进行管理及保养工作。

（6）严格执行健身中心的各项规定，协助健身房的安全管理工作，保护宾客的安全。

2）素质要求

（1）具有高中及以上学历，身体健康。

（2）具有组织管理能力和健美锻炼指导能力。

（3）熟练掌握各种健身设施和器械的功能和使用方法。

案例分析

"不要这个音乐"

王小姐入住在某五星级酒店里。这天下午，王小姐来到健身室选择一对一方式练习瑜伽。王小姐躺在瑜伽垫上，跟着指导教师练习，健身室特别增添了背景音乐，但所播放的音乐并非自然界的声音，而是类似于宗教性质的音乐，较为沉闷。由于王小姐一向不喜欢这种风格的音乐，于是她对指导教师说："能不能帮我换个音乐,我不喜欢这个!""这个音乐是总台放的,我也没办法!"指导教师答道。王小姐听后没说什么,但等了一会儿,王小姐还是忍不住说:"那你帮我把这个房间的音响关了吧。"这一次,指导教师没有回答而是直接去关了。王小姐结完账后,马上向健身房领班投诉了该指导教师。

思考题:

1. 如果你是该健身房领班,你会如何处理该顾客的投诉?
2. 如果你是该指导教师,你会如何应对王小姐的要求?
3. 为了避免出现顾客不喜欢健身室的背景音乐的情况,你有什么好建议?

3.1.4 健身房服务单

健身房会员登记表见表3-1。

表 3-1 健身房会员登记表

编号: 　　　　　　　　　　　　　　　　　　　　　　　　　年　月　日

会员姓名		年龄	
会员类型	□普通会员　　□VIP会员		
办卡类型	□年卡　　□月卡　　□次卡　　□其他种类卡		
联系电话		电子邮件	
开卡时间		到期时间	
通信地址		邮政编码	
健身中心签字 (盖章)			年　月　日

3.1.5 健身服务程序与标准

1. 准备工作

(1) 穿好工服,佩戴胸卡,整理好自己的仪容仪表,提前到岗。向领班报到,参加班前会,接受领班检查及分工。

(2) 完成责任区域内的清洁卫生工作,包括健身器械区、休息区、更衣室、洗浴间和服务台等。

(3) 打开音响设备,调试背景音乐效果。

(4) 检查所有服务设备设施是否齐全,运转是否正常。

(5) 将设备设施摆放整齐,将钟表时间核对准确。

(6) 准备好为宾客提供的各种用品,如纸杯、毛巾、浴巾、水等。

(7) 准备好相关服务用具。

2. 迎宾接待

（1）服务台服务员应面带微笑，主动问候宾客。

（2）引领宾客至服务台办理健身活动的登记手续，询问宾客的要求，向宾客介绍收费标准等，如果是会员，需核对会员证。为宾客进行登记，开记录单，并收取押金，发放更衣柜钥匙，引领到更衣室。

（3）引领宾客进入健身场地。

3. 健身服务

（1）协助健身教练为宾客进行体能、体质测试及体形测量，根据宾客健身目标和要求提出建议方案和锻炼计划。

（2）对初次来健身房的宾客或新型的健身器械，服务员应提供示范，介绍健身器械的性能及效用，同时向宾客说明注意事项。

（3）注意宾客的健身动作，并随时给予正确指导，确保宾客安全运动，礼貌地劝阻一切违反规章的行为。

（4）宾客选择好健身器械后。服务员应主动为宾客调试健身器械，检查计量单位是否准确。

（5）在宾客健身活动过程中，服务员应设法采取一些安全保护措施，以防意外事故的发生。

（6）根据宾客要求，播放合适的背景音乐。

（7）保持休息区的整洁，在宾客运动的间歇，及时向宾客提供面巾和酒水饮料服务。

（8）保持洗浴间的整洁，及时收拾香皂头、杂物，清洁摆放洗浴用品的台面、皂碟。

（9）保持卫生间的清洁，及时更换纸篓中的垃圾袋、清洁坐便器、补充厕纸、喷洒除异味剂。

（10）保持更衣室的清洁，及时收拾香皂头、杂物和拖鞋。如果发现更衣柜上有遗留的钥匙，应立即交服务台并做好登记，以便宾客丢失物品时查询。

（11）服务员应随时注意宾客的举动，以便及时提供服务。

4. 结账服务

（1）宾客消费结束时，服务员应及时、礼貌地检查健身器械有无损坏，帮助宾客收拾或归还租用的器材，提醒宾客带好随身物品，协助宾客到收银台结账。

（2）如果宾客要求挂单，收银员要请宾客出示房卡并与前台收银处联系，待确认后请宾客签字并认真核对宾客的笔迹，如果未获前台收银处同意或认定笔迹不一致，则请宾客以现金结付。

5. 送别宾客

（1）送宾客至门口，并礼貌地向宾客道别。

（2）清洁宾客使用过的区域。包括清理地面卫生、擦拭器械设备、刷洗更换烟缸、擦拭台面、座椅等。将卫生状况恢复至营业的要求，准备迎接下一批宾客的到来。

模拟对话

客　　人：服务员！
服务员：先生，您好，有什么可以帮您的吗？
客　　人：你可以帮我换一首音乐吗？跑步机的播放器我不太会操作。
服务员：好的，先生。您喜欢听什么样的音乐？
客　　人：我想听班得瑞（Bandari）的轻音乐，有吗？
服务员：先生，您真有品位，懂得欣赏，我马上为您更换。
客　　人：好的。
服务员：您听这一首可以吗？
客　　人：很不错，这是我喜欢听的曲子，谢谢你。
服务员：不客气，这是我应该做的，祝您健身愉快！

任务实训

实训3-1　掌握健身服务技能

实训目的： 通过此次实训，使学生掌握健身服务技能。

实训内容： 走访学校所在城市的星级酒店，了解健身房岗位设置以及各岗位服务人员的岗位职责，观摩健身房服务人员对客服务。

实训步骤：

第一步：教师下达实训任务书。

第二步：教师引导学生分组，通过走访酒店（辅以查阅资料、网络交流等多种方式），了解健身房服务人员岗位技能要求，掌握健身房基层服务人员工作技能。

第三步：小组之间进行交流，共享调研成果。

第四步：教师归纳总结。

实训成果： 上交实训报告。

任务评价

学习目标	内容		自我评价			小组评价			教师评价		
	评价项目		优	良	可	优	良	可	优	良	可
知识目标	了解健身运动的基本情况										
	了解健身运动的主要设施设备										
	熟记健身服务的岗位职责及素质要求										
	掌握健身服务程序与标准										

续表

学习目标	内容		自我评价			小组评价			教师评价		
	评价项目		优	良	可	优	良	可	优	良	可
专业能力目标	基本胜任健身房领班工作										
	掌握健身服务技能，胜任健身房服务员工作										
通用能力目标	沟通能力										
	项目任务管理能力										
	解决问题能力										
任务单	内容完整正确										
	书写清楚规范										
	思路清晰、层次分明										
小组合作	创造良好的工作氛围										
	成员互相倾听										
	尊重不同意见										
	全员参与										

整体评价：　　　　优秀□　　　　良好□　　　　基本掌握□

教师建议：

任务 3-2　游泳服务技能

游泳是在不同设施、不同形式的游泳池内进行游泳和嬉戏等的运动形式。它可以增强内脏器官功能，还能增强肌体适应外界环境变化的能力，是一项能使人身心舒畅的运动。

任务导入

情境介绍：一天，在某酒店康体部游泳池的冲凉房中发生了一件令人不愉快的事。宾客游泳之后想用淋浴冲洗身体，当宾客把水温刚刚调好，站在喷头下开始淋浴时，忽然水温变得冰凉，等宾客去调节时，又突然变得很烫，将宾客的皮肤烫红了一块。宾客非常恼火，找来当班服务员说明情况。可服务员根本不相信宾客所言，向宾客解释道："我们供给冲凉房的水温度最高是40℃，在通常情况下是不可能烫伤人体皮肤的。多半是由于你没有掌握使用方法，将水龙头开关的方向拧错了，结果放出大量热水。"

宾客听了非常恼火，阻止服务员再讲下去，接着说道："你们真是岂有此理，明明是淋浴设备失灵，反而倒打一耙，怪我不注意。我要找你们经理讲讲清楚，要你们负责支付治疗费和赔偿费。"

宾客随即投诉到康体部经理处，经理采取息事宁人的态度，口头表达了歉意，并表示如果宾客确因烫伤而产生的医疗费用由酒店负责，这才避免了事态扩大。

思考题：
1. 请思考处理宾客投诉的基本服务程序。
2. 在宾客情绪激动时，我们应怎样与宾客沟通交流？

案例分析：

在这个案例中，服务员未作任何调查，便将宾客被烫伤的责任全部归结为宾客对设备的使用不当，推卸酒店方面可能负有的责任，结果导致了宾客的强烈不满，产生投诉。显然，当宾客提出申诉或索赔时，服务人员和主管人员应该掌握宾客的心理，注意使用合适的语言技巧，一味争辩或说话不留余地都会使事态恶化，带来消极后果，使问题难以得到迅速解决。

案例启示：

这则案例提示我们，今后在对酒店员工言谈举止的培训上，一定要树立"以客为尊"的服务观念。当发生突发事件时，一切以宾客的立场为出发点，这样才容易与宾客交流沟通，找到解决问题的最好办法。

任务分析

身为酒店康乐部的一名员工，了解所在部门的组织结构、基本职能及所在岗位的基本职责，这是干好本职工作的前提。

3.2.1 游泳池简介

游泳池是现代高星级酒店不可缺少的康乐设施，游泳也是所有康体休闲运动项目中最受人喜爱的运动项目之一。游泳是一项非常有益的运动。它充分利用自然条件——日光、空气、水来进行身体锻炼，不仅能使游泳者的呼吸系统和血液循环系统机能得到改善，增强肌肉的力量，而且对提高神经系统的机能以及耐力和全身各关节的灵活性也有显著的作用，从而有效地增强体质。游泳池如图3.7所示。

【拓展视频】

图3.7 游泳池

3.2.2 主要设施设备

1. 游泳池

标准游泳池长 50 m、宽 25 m，游泳池分设深水区和浅水区，浅水区 1.3 m，深水区不浅于 1.8 m，池底设低压防爆照明灯，底部铺满瓷砖，在合适的位置装有泳池梯，泳池四周有排水沟道、防滑的地台胶，并有池水自动循环过滤、池底清洁系统和消毒系统等，室内游泳池另有加热系统。泳池入口处设置消毒净脚池。儿童池深度不超过 0.5 m。

2. 排水沟

排水沟在距池边 25 cm 处，上铺箅子，水位可漫过岸边的箅子，以利于循环过滤。

3. 池底横线标志

在 5 m、25 m、45 m 处池底各画一条 25 cm 宽的红色横线，以便游泳人员识别游程。

4. 池底直线标志

每条泳道中心池底部应有清晰的黑色底线标志，它可以使游泳人员沿直线向目标游近。

5. 池端目标标志线

在各泳道中间端点，从池的上缘一直到池底，设一条宽 20～30 cm 的垂直线以便于游泳人员识别端点。

6. 水线

在每条泳道的水面上，用彩色水线连接出发台和端点，在距池端 5 m 处，用红色或区别于水线的其他颜色作为转身标志。

 知识链接

竞技游泳姿势

（1）蛙泳，是因动作像青蛙游水而得名的。蛙泳是身体俯卧水中，两肩与水面平行，依靠两臂对称向后划水，两腿向后对称蹬夹水而向前游进的姿势。因为蛙泳动作对称，间歇性强，大腿肌肉群得到充分的运动，所以游得远且能保持一定的速度，既省体力，又能负担较大的重量，是一项重要的实用性游泳泳姿。

（2）蝶泳是竞技游泳姿势之一，因为游进中双臂同时经过水面前移，形似蝴蝶飞舞，故得名。现代蝶泳的上身躯干和下肢腿部的波浪状摆动，特别像海豚游泳时躯干和尾巴上下摆动的动作，故蝶泳又称海豚泳。

（3）仰泳，是人体仰卧在水中两臂轮流向后划水进行游泳的一种游泳姿势。仰

【拓展视频】

【拓展视频】

泳技术由于头部露出水面,呼吸方便,躺在水面上,比较省力,因此深受中老年人和体质较弱者喜爱。

（4）自由泳（爬泳），是因其动作像在水中爬行而得名的。爬泳时两腿交替上下打水,两臂轮流划水,动作很像爬行,所以人们又称之为"爬泳"。爬泳是四种竞技游泳技术中速度最快的一种泳姿,在游泳比赛的自由泳项目中（不规定泳姿的比赛）,运动员都采用这种姿势,所以通常人们称之为"自由泳"。

爬泳时,身体几乎与水面平行,俯卧在水中,胸部稍微仰起形成3°～5°角,肩稍高于身体,头微抬,两眼注视前下方。

3.2.3 游泳池服务岗位职责及素质要求

游泳池通常设有领班、服务员、救生员和水质净化员等岗位。

1. 领班

1）主要职责

（1）负责游泳池日常管理工作。

（2）制订游泳池员工岗位技能培训计划,按照计划对员工进行培训,不断提高其服务技能。

（3）安排下属员工的班次,负责布置服务员、救生员、教练员的工作任务。

（4）巡视游泳池各区域,检查游泳池经营活动中的对客服务和接待工作。

（5）检查员工的仪容仪表、礼节礼貌、劳动态度和工作效率,准确记录员工的考勤情况。

（6）检查游泳池营业场地、更衣室的卫生清洁情况及安全防范工作。

（7）督导员工做好游泳池水质的净化和消毒工作。

（8）督导员工按有关操作规程合理使用和保养设备,定期检查游泳池设备、设施的使用和保养情况,如有损坏须立即报修。

（9）受理游泳池宾客的投诉,并及时进行处理,保证营业活动的正常开展。

（10）负责游泳池的物品领用,经康乐部经理批准后,向仓库领取并做好保管工作。

（11）做好员工的考核评估工作。

（12）负责每日召开班前布置会、班后总结会,严格执行交接班制度。

（13）贯彻执行上级的指示,保持信息沟通,完成康乐部经理交办的其他工作。

2）素质要求

（1）具有大专及以上学历,身体健康。

（2）懂得游泳池各种设施设备的使用方法和日常维护保养方法。

（3）具有游泳池营业管理知识,有良好的人事管理、组织管理、物资管理、设备管理的知识。

(4) 能妥善处理上下级和班组成员之间的关系,能正确处理宾客投诉,保持良好的人际关系。

(5) 有较强的语言表达能力和沟通能力,有一定的外语会话能力。

2. 服务员

1) 主要职责

(1) 负责游泳池的接待服务工作。

(2) 负责游泳池营业前的物品补充工作,对设施设备进行营业前的安全检查。

(3) 指导宾客做好入池前的各项准备工作,提醒宾客注意安全,对不会游泳者可作技术指导。

(4) 维持游泳池的正常秩序,监视游泳池内的动向,确保宾客的人身安全。

(5) 负责游泳池的各项设施设备的维护保养工作。

(6) 负责游泳池营业场地、更衣室、淋浴间的清洁卫生工作。

(7) 负责饮料、休闲食品、游泳用品的推销服务。

(8) 认真做好营业期间的安全防范工作,发现问题及时汇报。

(9) 及时处理游泳池内发生的各种意外事件,确保游泳池内宾客的安全。

(10) 认真贯彻执行交接班制度,准确做好交接班工作记录。

2) 素质要求

(1) 具有高中及以上学历,身体健康。

(2) 具有游泳池服务知识和技能,能够为宾客提供游泳技术指导以及指导宾客正确使用游泳池内的各项设备设施。

(3) 能够维护和保养游泳池的设施设备。

(4) 熟练掌握水中救生和人工呼吸、急救技术。

(5) 具有较强的酒店产品推销能力、人际关系处理能力。

3. 救生员

1) 主要职责

(1) 负责宾客的游泳安全。

(2) 维持游泳池内及周边的正常秩序,礼貌地劝阻宾客在池边跳水、追逐及打闹。

【拓展视频】

(3) 耐心解答宾客提出的问题,并根据宾客要求,对不会游泳者做相关技术指导。

(4) 提供发放救生圈服务并协助提供饮料、订餐等服务。

(5) 检查游泳池的各项救生设施,发现损坏须及时上报。

(6) 负责游泳池水质检测、安全救护和环境卫生等各项服务工作。

(7) 负责游泳池的清场。

2) 素质要求

(1) 具有高中及以上学历,身体健康。

(2) 掌握各种游泳姿势,经过专业游泳训练和游泳救生培训,获得国家颁发的相关证书。

(3) 有熟练的水中救生和陆地人工呼吸抢救技术，懂得游泳卫生消毒知识。

4. 水质净化员

1) 主要职责

（1）负责游泳池水质测验和保养。

（2）熟悉机房内机械设备的性能及操作规程，负责保养、检查和报修工作。

（3）保证游泳池水清澈、透明、无杂物、无沉淀、无青苔，水质符合卫生标准，每日做好水质分析化验。

（4）负责制订水质净化药物和其他物资的补充计划。

（5）负责保管好水质净化工具、净化药物。

2) 素质要求

（1）具有高中及以上学历，身体健康。

（2）掌握酒店水质净化的工作程序和标准。

（3）掌握水质净化的知识和技术。

（4）掌握游泳和救生急救知识，懂得游泳卫生消毒知识。

案例分析

救了人为何还要被批评

最近，两则贴在员工休息室里的通知引起了酒店员工的纷纷议论。

第一则：鉴于酒店康乐中心游泳池救生员小雨在工作中勇救溺水宾客，处理得当，表现突出，为酒店树立了良好的形象，特此提出表扬并在下月增发奖金 1000 元作为奖励。

第二则：酒店康乐中心游泳池救生员小雨在工作中违反工作守则要求，佩戴项链上岗，以致在下水救顾客的过程中，划伤宾客背部，给宾客身体造成伤害，使宾客为此投诉。考虑到小雨一向表现良好，故此次仅提出警告处分，扣除下月奖金 500 元。

两则通知一贴出来，立刻在员工中间引起了轩然大波。大家对此提出了很多不同看法，而当事人小雨却对此表示了沉默。直到酒店领导出来解释，才平息了这场风波。

思考题：

1. 你如何评价该酒店以奖罚并处的方式对待服务人员小雨的做法？

2. 在小雨事件发生后，如果你是一名管理者，你会在员工管理中加强哪些方面的工作？

3.2.4 游泳池服务单

游泳池服务单见表 3-2。

表 3-2　游泳池服务单

班次：　　　　　　　　　　　　　　　　　　　　　　　　　　　　　　　　年　月　日

日期	宾客姓名	性别	房号	更衣柜号码

3.2.5　游泳服务程序与标准

1. 准备工作

（1）穿好工服，佩戴胸卡，整理好自己的仪容仪表，提前到岗，向领班报到，参加班前会，接受领班检查及分工。

（2）检查游泳池水质、水温。做好游泳池水的净化工作，先对池水进行水质化验，并根据化验情况合理投放氯酸钠和明矾，开启水循环过滤泵。对池水消毒一个小时左右，达到净化标准，室内游泳池水温控制在 26～28℃，余氯控制在 0.4 mg/L，pH 值在 6.5～7.8，尿素含量不得超过 3.5 mg/L，大肠杆菌不得超过 18 个/L。

（3）将水质、水温情况写在公告栏上，如是室内游泳池，还应向宾客公布室内温度、湿度。

（4）整理池边座椅和躺椅，清理池边杂物。打捞水中杂物，用水下吸尘器吸除水底沉积物。

（5）冲洗、刷洗游泳池净脚池，放满水并适量加药，使其达到卫生标准。

（6）清洁游泳池边的瓷砖、跳台、淋浴间的地面、镜子和卫生间的洁具。用消毒液按 1∶200 兑水后对池边躺椅、座椅、圆桌、更衣室长椅等进行消毒。

（7）检查更衣室、救生器材和其他服务设施设备是否齐全、安全。

（8）将各种表格及必需品准备齐全，放于规定的位置。

（9）及时查看交接班记录，办理相关事宜。

2. 迎宾接待

（1）宾客到来时，服务员应面带微笑，主动、热情地问候宾客。

（2）准确记录宾客的姓名、房号、到达时间、更衣柜号码。办理押金手续，给宾客发放更衣柜钥匙，并为宾客指示更衣柜的方位。

（3）主动为宾客提供拖鞋和浴巾。提醒宾客将更衣柜锁好，以免丢失物品。

（4）对饮酒过量的宾客或患有皮肤病等传染病的宾客，应谢绝入内。禁止宾客带入酒精饮料和玻璃瓶装饮料。

3. 游泳池服务

（1）提醒宾客由强制喷淋通道和消毒净脚池通过进入游泳池，并提醒宾客做简单的准备活动。

（2）提醒带小孩的宾客注意照看自己的小孩，不要让小孩到深水区游泳。

（3）宾客游泳时，服务员和救生员要不时巡视各种设施设备运行情况，同时应密切注视水中的情况，如果发现异常，应及时救护。

（4）根据宾客需要，适时提供饮料和食品，开好饮料食品单，写清种类、数量、名称，用托盘送到宾客面前。

（5）为需要救生圈的宾客办理租用手续并交给宾客。

（6）注意及时擦干台面和地面的水迹，以免宾客滑倒。

（7）保持洗浴间的整洁，及时收拾香皂头、杂物，清洁摆放洗浴用品的台面、皂碟。

（8）保持卫生间的清洁，及时更换纸篓中的垃圾袋、清洁坐便器、补充厕纸、喷洒除异味剂。

（9）保持更衣室的清洁，及时收拾香皂头、杂物和拖鞋，发现更衣柜上有遗留的钥匙时，应立即交服务台并做好登记，以便宾客遗失物品时查询。

（10）保持游泳场内的整洁，及时为宾客更换烟灰缸、添加饮料，擦干躺椅和桌面上的水迹等。

4. 结账服务

（1）宾客结束游泳时，主动引领宾客到淋浴室。

（2）宾客示意结账时，提醒宾客交还更衣柜钥匙及将租用的救生圈交给服务台，提醒宾客不要忘记随身物品，并协助宾客到收银台结账。

（3）如果宾客要求挂单，收银员要请宾客出示房卡并与前台收银处联系，待确认后请宾客签字并认真核对宾客的笔迹，如果未获前台收银处同意或认定笔迹不一致，则请宾客以现金结付。

5. 送别宾客

（1）送宾客至门口，礼貌地向宾客道别，并欢迎宾客下次光临。

（2）宾客离开后，服务员应立即检查更衣柜里有无宾客遗留物品。

（3）做好更衣室的清洁整理工作。

模拟对话

服务员：先生，您好，我能帮您什么忙吗？

客　人：我要游泳。票价多少钱？

服务员：30元一张，请在这里付款。请问您带泳衣了吗？

客　人：带了。

服务员：泳帽呢？

客　人：没有。
服务员：对不起先生，根据规定，必须戴泳帽才可以入内。我们这里有游泳用品专卖店，有很多游泳用品，您可以选择。
客　人：请问你们的营业时间到几点？
服务员：上午9点到晚上12点。祝您玩得愉快。

任务实训

实训3-2　掌握游泳服务技能

实训目的：通过此次实训，使学生掌握游泳服务技能。

实训内容：走访学校所在城市的星级酒店，了解游泳池岗位设置以及各岗位服务人员的岗位职责，观摩游泳池服务人员对客服务。

实训步骤：

第一步：教师下达实训任务书。

第二步：教师引导学生分组，通过走访酒店（辅以查阅资料、网络交流等多种方式），了解游泳池服务人员岗位技能要求，掌握游泳池基层服务人员工作技能。

第三步：小组之间进行交流，共享调研成果。

第四步：教师归纳总结。

实训成果：上交实训报告。

任务评价

学习目标	内容 评价项目	自我评价 优	良	可	小组评价 优	良	可	教师评价 优	良	可
知识目标	了解游泳运动的基本情况									
	了解游泳运动主要设施设备									
	熟记游泳服务岗位职责及素质要求									
专业能力目标	掌握游泳服务程序与标准									
	基本胜任游泳池领班工作									
	掌握游泳服务技能，胜任游泳池服务员工作									
通用能力目标	沟通能力									
	项目管理能力									
	解决问题能力									

续表

学习目标	内容	自我评价			小组评价			教师评价		
	评价项目	优	良	可	优	良	可	优	良	可
任务单	内容完整正确									
	书写清楚规范									
	思路清晰、层次分明									
小组合作	创造良好的工作氛围									
	成员互相倾听									
	尊重不同意见									
	全员参与									

整体评价：
　　　　　优秀□　　　　良好□　　　　基本掌握□

教师建议：

任务 3-3　台球服务技能

　　台球是一种脑力与体力相结合的康体活动，运动量不大，是一项静中有动、动中有静的高雅运动。它能陶冶人的情操，培养人的意志力、耐力、自控力等，既是一种康体活动，又是一种交际活动。

任务导入

　　情境介绍：台球室的小蔡已经连续两次被评为台球室的工作标兵，每次她收到的宾客反馈的满意度也最高。为什么会这样呢？带着这个问题，台球室的新进员工小郑开始了对小蔡的观察。一个星期以后，小郑终于找到了答案，原来竟是因为一双洁白的工作手套。

　　在台球室的所有工作人员都穿着酒店发给的制服上班时，唯独小蔡的手上多戴了一双洁白的手套。由于工作细则中并没有详细地要求这一点，所以几乎所有人都忽略了这个细节。而小蔡因为自己工作的需要，经常观看一些大型的国际赛事，她发现所有比赛中的裁判在比赛过程中都戴着白手套。于是她把这一点小常识作为技巧应用在工作中，结果收到了意想不到的效果。

　　思考题：
　　1. 请分析在康体娱乐服务过程中服务人员创新服务的重要性。
　　2. 在本案例中，服务人员小蔡是如何以创新取胜的？

3. 你认为我们可以通过哪些途径，使宾客感受到我们提供的服务专业而独特？

案例分析：

创新可以体现在服务的各个方面和各个环节。在本案例中，小蔡能注意到工作细则规定中小小的空白，用一双白手套使宾客在娱乐的过程中更体会到比赛的一丝紧张，而且用这一双白手套提醒宾客我们酒店台球室的服务是独特而专业的。这在某种程度上满足了宾客的心理需求，从而使酒店和自己双双得益。

案例启示：

服务员在注意整套规范的服务程序的同时，还要注意服务中的细节。酒店重点提供的"三心"——热心、爱心、细心。其中的"细心"，就是要求酒店员工能观察和发现工作中的断层，并能及时地进行处理和加以改进，这也就是创新。和别的行业一样，酒店服务中也需要不断地创新。用创新来提高宾客的满意度，使宾客意识到在这家酒店能享受到独特的服务，并且下次还会选择这家酒店。

任务分析

要想成为一名合格的康乐服务员，首先需要了解康乐服务人员的职业道德和应具备的服务态度，其次需要了解康乐服务人员仪容仪表、行为举止、个人卫生要求以及基本语言。

3.3.1 台球运动简介

台球，也称桌球或弹子球，是一项脑体结合的室内康体活动。在现代台球比赛中，选手们仍然穿着西装、皮鞋，打着领结出场竞技，是唯一穿着西装比赛的球类运动，被认为是一项具有绅士风度的高雅运动项目。

台球运动最早是在18世纪的法国风行。据说，法国国王路易十四的御医要求其每日晚餐后都要打台球，以保持身体的健康。早期的台球是用黄铜和木材制造的，后来改用象牙，象牙球的价格十分昂贵，这自然就使得台球只能是贵族或有钱人的娱乐项目。后来出现了化学合成的台球，而且质量优于象牙，同时在运动技术上和球台工艺方面都有了进步，这就为台球开始走入民间并普及打下了基础。

1860年，美国举行了第一次职业性的台球比赛。清末民初，台球运动传入我国，当时在上层社会十分流行。一直到1949年中华人民共和国成立以后，台球在我国体育运动项目中也占据了很重要的地位。1960年，在贺龙元帅的倡导下，举办了第一届全国台球比赛。当时我国台球名手的水平与世界台球水平相差无几。

改革开放以后随着我国经济的发展，台球运动又重新得到重视，各地纷纷成立台球协会，举办各种比赛。近几年，在中国已连续举办多届国际水平的台球比赛，尤其是丁俊晖、潘晓婷等中国选手频频在世界大赛中获胜，使得台球运动得到普及，学打台球的人也越来越多。台球厅已经成为酒店康乐部最基本的康乐项目。

一般的酒店都设有台球厅，如图3.8所示。

图 3.8 台球厅

 知识链接

台球的种类

1. 无袋式台球

无袋式台球即开仑台球，也称撞击式台球。

2. 有袋式台球

有袋式台球包括英式斯诺克台球、比利台球、美式落袋台球。美式落袋又分为 16 球台球和 9 球台球两类。

3.3.2 主要设施设备

1. 球台

台球厅的球台以美式球台及英式斯诺克球台为主。球台是台球厅的基本设施，台面的底板是由三或四块大理石板铺成，使其既平整又有相应的重量，使台面不易移动。大理石板上绷紧铺制了一层专用台呢，以增加台面摩擦力，使台球在滚时不会随意转弯。在球台边缘及台面的交接处，还接有一层富有弹力的胶垫，胶垫上也紧绷着一层台泥。这种软垫称为 Cushion，俗称"顺星"或"库"，可分为顶库（相对于开球区的另一端的台边）、边库（左右两侧的台边）、底库（开球区一端的台边）。

球台质量优劣的主要判断依据是：桌面石板是否平坦、接缝是否严密、台泥摩擦力是否均匀、胶垫反弹力是否正常等。

2. 台球

最早使用的台球用象牙制成，后来出现了纸浆球、聚酯球、水晶球。现代台球一般都是用高能聚酯制成，色泽纯正，表面光滑，弹性和韧性好，质地均匀，重心位置准确，圆度精确。不易变形。英式台球稍小，如图 3.9 所示；美式台球较大，如图 3.10 所示。

【拓展视频】

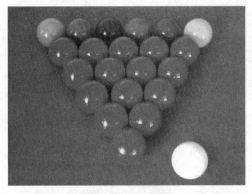
图 3.9 英式台球

图 3.10 美式台球

3. 球杆

（1）球杆（图 3.11），是击球的工具，是台球运动中的灵魂，好的球技要配合好的球杆，才能发挥得淋漓尽致。

球杆大多是选用优质硬木制成，长度一般为 140～150 cm，重量一般为 450～600 g。

常见的球杆有两种，击打美式落袋台球一般使用大头球杆，击打英式斯诺克台球则使用小头球杆。

球杆在使用过程中，主要的易损部位是皮头和先角，需要定期更换。

（2）皮头是以牛皮、猪皮等皮质包覆而成。由于皮头是球杆与球接触的第一面，使用久了，皮头会因挤压而变形，因此需要定期保养整修。

（3）先角就是在皮头旁的那一圈，主要的功能是减震。先角的材质可分为塑钢、塑胶、象牙、玻璃纤维等。

4. 架杆

当击打较远的球、支撑球杆的手距离不够时，就需要使用架杆作为辅助工具。常用的架杆有十字架杆、多槽式架杆、高架杆等，也有长短架杆之分。架杆如图 3.12 所示。

图 3.11 台球杆

图 3.12 架杆

5. 存杆架

存杆架是用于存放球杆的架子或柜子，既方便存取球杆，又能保护球杆，每张台球桌旁都应摆放存杆架。球杆用完后，要顶朝上、柄朝下整齐地排列在存杆架上。

6. 巧克粉

巧克粉主要涂于球杆的皮头上，可以增加摩擦力，避免击球时皮头打滑，造成滑杆，产生失误。

7. 三角框

三角框用于定位，摆球时将台球置于球框内，然后再推到置球的位置。三角框有塑料和木制两种。

8. 记分牌

每张球台旁都要配备记分牌。记分牌有三种：一种是横拨珠算式的，每得1分拨1个子；另一种是同乒乓球记分牌一样的翻牌式；有条件的可以安上电子记分表。斯诺克台球一般使用如图3.13所示的记分牌。

9. 定位器

如果在比赛进行中发现球台面有污渍或台球停留处有杂物，需要把球拿起擦拭或清扫；尤其是白色母球在击打一段时间后，会产生静电，影响白球的行进线路，这时就需要用定位器放在球的停留处，然后把球拿起来清扫或擦拭，清扫完后可以准确地将球放回原处，防止错位。

定位器（图3.14），由透明的有机玻璃制作而成。

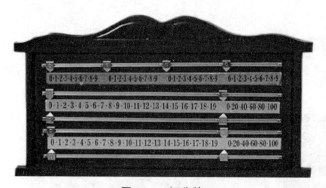

图3.13　记分牌

图3.14　定位器

10. 手套和助滑粉

手套与助滑粉的作用相同，都是用来减少球杆与作为支架手之间的摩擦力。

11. 灯光照明

打台球时，要求光线必须从上而下均匀地照射在整个球台的台面上，不能有散射光线直接刺射运动者的眼睛，所以要求在距台面1 m高处吊有专用的大形灯罩。

12. 其他设施

在球台的四周应摆放高脚靠背椅或沙发、茶几供宾客休息时使用。如酒店规格较高、台球厅规模较大，应设置吧台、洗手间等。

3.3.3 运动规则

1. 比赛规则和记分方法

1）英式斯诺克

（1）开球线与开球区。平行于底岸，距底岸内沿 70 cm，且相交于两边岸的一条平行直线为开球线。以开球线中心为圆心，以 29.2 cm 为半径，向底岸方向画出的与开球线组成的半圆形区域为开球区。

【拓展视频】

（2）置球点与球的分值。台面上共有 6 个置球点，球的摆法和分值是，黄色球 1 颗，分值为 2 分，位于开球区与开球线的右交点；绿色球 1 颗，分值为 3 分，位于开球区与开球线的左交点；棕色球 1 颗，分值为 4 分，位于开球区半圆的圆心点；蓝色球 1 颗，分值为 5 分，位于球台两条对角线的交点；粉色球 1 颗，分值为 6 分，位于两腰袋和两顶袋组成的对角线的交点；黑色球 1 颗，分值为 7 分，位于台面的纵向中轴线上距顶岸的垂直距离 31.8 cm 处；红色球 15 颗，每颗分值为 1 分，位于粉红色球和黑色球之间、顶角和粉红色球接近而不相贴的一个正三角形区域；白色球为主球，可以摆放在开球区中的任何位置上。

（3）开球权与开球。每盘比赛前，由裁判员组织双方运动员掷币或抽签决定开球权，然后将红色球 15 颗、黄色球、绿色球、棕色球、蓝色球、粉色球、黑色球（统称为"色球"）各 1 颗按规定的位置摆好。另有 1 颗白色球是主球，开球运动员将主球摆在开球区内有利的位置上便可开球。

（4）击球次序。第一杆必须打红色球，然后可在色球中任选一颗打，接着再打红色球，打红色球与打色球必须相间进行，红色球落袋就留在袋中，而色球被击入袋后要取回来放在原置球点上，每击一次红球与色球称为"一击"。如一击成功，可连续进行第二击，直到失击，至此称为一杆。当最后一颗红色球被击落，还可以随意击落任何一颗色球，色球取出后归位后，台面上的 6 颗色球必须按分值从低分球到高分球一颗一颗击打。

（5）记分方法。击落红色球得 1 分，击落色球，按它的分值得分。每一击的得分为红色球和色球的分值的总和。21 颗目标球总分是 42 分，如果每次击落一颗红色球后都能击落 1 次黑色球，然后再将 6 颗色球按顺序击入袋中，就可得到 1×15+7×15+2+3+4+5+6+7=147 分，即斯诺克台球一杆最高可得 147 分。

（6）犯规及处罚。在打球时，如果犯规则要罚分。斯诺克台球的规则非常严格，所罚分数不是在犯规这一方所得的分数中扣除，而是将所罚分数加给对方，最后累计积分高者获胜。罚分多少由球的分值决定，最多的是黑色球，分值为 7 分，最少的是棕色球，分值为 4 分，其余不足 4 分的球，均按 4 分处罚。

2）美式 16 彩球

美式 16 彩球的打法有很多，国内最流行的打法是 8 号球打法，也称黑 8 球打法，规则如下：8 球比赛使用同一颗主球（白色）及 1 到 15 号共 15 颗目标球，1 到 7 号球为全色球，8 号为黑色球，9 到 15 号为双色球（又称花色球）。

比赛双方按规则确定一种球（全色或是花色）为自己的合法目标球，在将本方目标球全部按规定击入袋中后，再将 8 号球击入袋的一方获胜该局。若一方在比赛中途将 8 号球误击入袋或将 8 号球击离台面，则对方获胜该局。

3）美式 9 球

【拓展视频】

9 球比赛过程变化莫测，球手每次击球时，必须击打桌面上号码最小的球。如开球后没有任何球进袋，桌上仍剩 9 颗球，另一方就必须由 1 号球开打，若 1 号球已进袋，则要从 2 号球开打，以此类推。

9 球比赛很具悬念，比赛的结果以打进 9 号球为赢，9 号球未进之前，胜负都是未知的。因为九球比赛不是比谁进的球多，就算你 1 号至 8 号球全打进了，但 9 号球未进，被对方进了，那这一局的胜利也属于只进了 9 号球的那一方。

2. 基本运动技巧

1）台球握杆方法

通常的握杆方法，如果是右手握杆，右手首先要垂直下垂，用中指与拇指的腹部接受球杆的重量，其他三指轻轻附于中指包围住球杆，用适度的力度握住，但决不可紧握。然后握杆的右手务必接近右腰部并与右腰保持一定的间隔，以使球杆做前后水平运动。

2）架杆方法

（1）V 形架，先将手掌自然地伏在台面上，五个指头自然分开，手背弓起，拇指翘起，靠向分指最后一个关节处，并和食指最后一个关节形成一个自然的 V 形。球杆就放在这个 V 形槽上，这是最常见的架杆方法，如图 3.15 所示。

（2）O 形架，将五指轻分开摆在台面上，然后食指弯曲，指尖按在中指第二个指关节的侧部，拇指再轻轻接触食指的指尖；其余两指如同掌中握有一个小球而适度分开。这样，球杆就可以架在由食指与中指、拇指做成的空当里。空当与球杆所形成的角度应接近 90°，如图 3.16 所示。

【拓展视频】

图 3.15　V 形架杆方法　　　　图 3.16　O 形架杆方法

知识链接

台球的基本杆法

高杆。高杆技术可以使主球产生与运行方向相同的旋转。击打主球中心点以上部位，撞击目标球后，主球会继续向前运动。

中杆。中杆技术的目的是击打撞击目标球时主球不旋转或基本不旋转。击打主球中心点或者偏下部位，撞击目标球后，主球会停留在目标球的位置上。

低杆。低杆技术可以使主球产生与运行方向相反的旋转。运用低杆技术击打主球中心点以下的部位，主球与目标球撞击后会向反方向运动。

跳杆。主球从障碍球上方跳过击打到目标球称为跳球，球杆和台面架出一定角度，瞄准球心，把主球用力击向台面，主球就会弹起。斯诺克台球的规则不允许打跳球，跳球技术一般运用在花式9球中，通常要使用专门的跳球球杆。

【拓展视频】

3.3.4 台球服务岗位职责及素质要求

台球厅通常设有领班、服务员等岗位。

1. 领班

1）主要职责

（1）负责台球厅日常管理工作。

（2）制订台球厅员工岗位技能培训计划，按照计划对员工进行培训，不断提高其服务技能。

（3）安排下属员工的班次，负责布置服务员的工作任务。

（4）检查台球厅用具的准备情况，及时纠正存在的问题。

（5）负责检查台球厅经营活动中的对客服务和接待工作。

（6）检查员工的仪容着装、礼节礼貌、劳动态度和工作效率，准确记录员工的考勤情况。

（7）检查台球厅营业场地、机器设备的卫生清洁情况及安全防范工作。

（8）督导员工按有关操作规程合理使用和保养设备，定期检查台球厅设备、设施使用和保养情况，如有损坏须立即报修。

（9）受理台球厅宾客的投诉，并及时进行处理，保证营业活动的正常开展。

（10）负责台球厅的物品领用，经康乐部经理批准后，向仓库领取并做好保管工作。

（11）做好员工的考核评估工作。

（12）负责每日召开班前布置会、班后总结会，严格执行交接班制度。

（13）贯彻执行上级的指示，保持信息沟通，完成康乐部经理交办的其他工作。

2）素质要求

（1）具有大专及以上学历，身体健康。

(2) 懂得台球厅各种设施设备的使用方法和日常维护保养方法。

(3) 具有台球厅营业管理知识,有良好的人事管理、组织管理、物资管理、设备管理的知识。

(4) 能妥善处理上下级和班组成员之间的关系,能正确处理宾客投诉,保持良好的人际关系。

(5) 有较好的文字和语言表达能力,有一定的外语会话能力。

2. 服务员

1）主要职责

(1) 负责台球厅的接待服务工作。

(2) 负责台球厅营业前的器材和其他物品的准备工作,对设施设备进行营业前的检查。

(3) 根据宾客需求介绍有关台球的知识和技术动作示范。帮助宾客摆台、选杆以及保管好物品。

(4) 负责台球厅场地和设施设备的清洁卫生、维护保养工作,能做一般性维修。

(5) 负责酒水、饮料的推销服务。

(6) 认真做好营业期间的消防、安全防范工作,注意观察,发现问题及时汇报。

(7) 及时处理台球厅发生的各种突发事件。

2）素质要求

(1) 具有高中及以上学历,身体健康。

(2) 具有台球服务知识和技能,能够为宾客提供满意的服务,懂得台球的记分方法、比赛规则和裁判知识,有一定的台球技术水平。

(3) 能够维护和保养台球厅器具及设施。

(4) 具有较强的酒店产品推销能力、人际关系处理能力。

3.3.5 台球服务单

台球服务单见表3-3。

表3-3　台球服务单

班组：　　　　　　　　　　　　　　　　　　　　　　　　　　　年　月　日

台号	起止时间	金额	接待员签名	备注

领班签名：

3.3.6 台球服务程序与标准

1. 准备工作

（1）穿好工服，佩戴胸卡，整理好自己的仪容仪表，提前到岗，向领班报到参加班前会，接受领班检查及分工。

（2）将台球案罩布折叠整齐，放在规定的位置上。

（3）进行卫生清洁工作，包括球台、灯罩、地面及桌球器具的清洁工作。

（4）检查台球及辅助用品是否齐全，并按规定摆放。球杆摆放整齐，备用球杆、架杆摆放到位，记分牌分数指示标归零位。前侧正中台摆放巧克粉2个。

（5）做好宾客活动用品准备，在温箱内整齐地摆放好毛巾（无破损、无污迹）。配备足量的客用白手套，保证整洁无破损。

（6）检查服务用具是否齐全。

（7）检查交接班本。

2. 迎宾接待

（1）面带微笑，主动问候宾客。

（2）服务台人员为宾客做好登记。开记录单，并收取押金。

（3）根据宾客的人数、球台出租状况迅速安排球台，并将宾客引领至球台。

3. 台球服务

（1）打开球台照明灯，根据宾客选定的打法，摆好台面，询问宾客是否需要手套。

（2）协助宾客挑选球杆，并为杆头上粉，为宾客准备好记分牌。

（3）如果宾客是初学者，要认真、耐心和细致地向宾客讲解台球的规则并做技术示范。

（4）在宾客打球过程中，服务员应站在不影响宾客打球的位置上，随时注意观察，准备为宾客提供服务，如裁判、取放架杆、记分、拾球等。

（5）当看到球桌上所剩台球不多时，尽量不要远离，准备为宾客摆球。

（6）一局结束时，服务员应迅速按规则将台球重新摆好，并将记分牌复位，示意宾客可以重新开始打球。

（7）如果宾客需要陪打服务时，陪打员应认真服务，并根据宾客的心理掌握输赢尺度。

（8）勤于巡视，维持好场内的秩序。

（9）适时主动询问宾客需要何种饮料和食品，并及时做好酒水服务工作。

（10）宾客原定运动时间即将结束时，在场地空闲的情况下，应及时询问宾客是否需要续时。

📖 案例分析

请宾客搭台

小王带着两位宾客到台球厅,一看,里面已经人满为患,但有一张桌子只有一个人,于是小王想让这两位宾客到那边搭个台。在征得两位宾客的同意后,小王向那张球台走去。

这时,台球厅的服务员小同拉住小王说:"那位宾客从来都是自己一个人打的,他不喜欢跟别人一起打。"

"他这么说的吗?"

"他倒没这么说,只不过我看他都是一个人。"

小王想了想,还是走向那位宾客,微笑着说:"您好,我看先生您球打得非常棒,是经常打吗?"宾客点点头。

小王接着说:"那您跟别人比赛过吗?这么好的球技,一定是赢家!"宾客开口了:"也没有,很少跟别人比。"

"其实有时候需要跟人家比一下,才知道自己的优势和劣势,从中还可以学到别人的技巧,您说是不是?"宾客微笑着点了点头。

"那您介意那两位宾客跟您切磋一下吗?他们非常喜欢台球。"宾客笑着同意了。

思考题:

1. 小王在本案例中的处理有何可取之处?还有哪些地方可以改进?
2. 如果宾客拒绝了搭台的请求,你会如何解决本案例中出现的矛盾?

4. 结账服务

(1) 宾客消费结束时,服务员应及时、礼貌地检查设施设备是否完好,提醒宾客带好随身物品,并协助宾客到收银台结账。

(2) 如果宾客要求挂单,收银员要请宾客出示房卡并与前台收银处联系,待确认后请宾客签字并认真核对宾客的笔迹,如果未获前台收银处同意或认定笔迹不一致,则请宾客以现金结付。

5. 送别宾客

(1) 帮助宾客穿戴好衣帽,礼貌地向宾客道别,并欢迎宾客下次光临。

(2) 迅速清理球台,擦拭台面,收好球杆并将球台照明灯关闭。将卫生状况恢复至营业的要求,准备迎接下一批宾客的到来。

模拟对话

服务员:先生,您好,我可以帮什么忙吗?
客　人:我想打台球,如何消费?
服务员:每小时20元,先生。
客　人:好,先打一小时。

服务员：好的，先生，一共20元，请您先付钱。
客　人：好的。
服务员：您在3号球台，球台的服务小姐将帮您挑选球杆，并为您提供摆台服务。
客　人：好的，3号球台在哪里？
服务员：请向右走就到了。祝您玩得愉快！

任务实训

实训3-3　掌握台球服务技能

实训目的： 通过此次实训，使学生掌握台球服务技能。

实训内容： 走访学校所在城市的星级酒店，了解台球厅岗位设置以及各岗位服务人员的岗位职责，观摩台球厅服务人员对客服务。

实训步骤：

第一步：教师下达实训任务书。

第二步：教师引导学生分组，通过走访酒店（辅以查阅资料、网络交流等多种方式），了解台球场服务人员岗位技能要求，掌握台球场基层服务人员工作技能。

第三步：小组之间进行交流，共享调研成果。

第四步：教师归纳总结。

实训成果： 上交实训报告。

任务评价

学习目标	内容	自我评价			小组评价			教师评价		
	评价项目	优	良	可	优	良	可	优	良	可
知识目标	了解台球运动的基本情况									
	了解台球运动的主要设施设备									
	熟记台球服务的岗位职责及素质要求									
	掌握台球服务程序与标准									
专业能力目标	基本胜任台球厅领班工作									
	掌握台球服务技能，胜任台球厅服务员工作									
通用能力目标	沟通能力									
	项目管理能力									
	解决问题能力									

续表

学习目标	内容	自我评价			小组评价			教师评价		
	评价项目	优	良	可	优	良	可	优	良	可
任务单	内容完整正确									
	书写清楚规范									
	思路清晰、层次分明									
小组合作	创造良好的工作氛围									
	成员互相倾听									
	尊重不同意见									
	全员参与									

整体评价：　　　　优秀□　　　　良好□　　　　基本掌握□

教师建议：

任务 3-4　保龄球服务技能

保龄球是现代社会中的一项时尚运动，由于是室内活动，不受时间、气候等外界条件影响，也不受年龄限制，易学易打，因此，已成为男女老少人人皆宜的康体休闲运动项目。

任务导入

情境介绍：某日晚上六时许，康乐中心保龄球馆人来人往。收银员小孙正忙着为一组宾客办理结账手续。这时两位宾客走到柜台前，其中一位姓于的先生向小孙说："我们要一条球道。"小孙说："请您稍等一下，我马上为这个宾客办好手续，就替你们找空的球道。"小孙一边继续办理结账手续，一边用电脑查找空的球道。发现还剩一条球道，35元每局。他如实告诉了宾客。这位于先生听后突然大发脾气："上次我来的时候还是每局25元，怎么就突然调成35元了呢？这不是宰人么？"小孙刚要回话，这位于先生突然拿起服务台上的介绍单朝小孙砸去，小孙没有防备，结果介绍单飞得满天都是！小孙面孔变得煞白，真想回敬对方一下，但他马上想到自己的身份，绝不能意气用事。于是尽量克制情绪，使自己镇定下来，接着以尊重的语气向宾客解释说："先生，您上次过来离现在该有三个月了吧？价格是根据酒店的有关条例，三个月前统一调整的，我建议你们先预订一条，试打一下吧。"

这时，另一位宾客李先生见他的朋友于先生理亏，想找个台阶下，就劝于先生说："这个服务员服务态度还可以，都这么说了，我们就先预订吧。"于先生见势，态度也就缓和下来。小孙立刻招手要求服务员把宾客带到球道。然而从小孙弯腰去捡介绍单时微微颤抖的后背上，可以看出他正在极力压抑着内心的委屈。周围的宾客都纷纷对于先生的粗鲁行为表示不满，于先生一声不响地和李先生办好手续便匆匆去球道了。于先生事后深感自己的不是，终于在结账离开时亲自到服务台向小孙表示歉意，为自己的冒失行为道歉。

思考题：
1. 服务员小孙为什么能赢得大多数宾客的尊敬？
2. 如何客观全面地理解"宾客永远是对的"？
3. 如果你是一名管理者，应从小孙事件中汲取什么经验教训？

案例分析：
在宾客突然发生过激行为时，酒店康乐中心的从业人员该如何正确应对，既挽留住宾客，又保护自己不受到伤害，小孙在这方面做了一个榜样。他用自己的言行诠释了"宾客永远是对的"这句话的丰富内涵。在这件事情上于先生的表现当然是不对的，但小孙用自己的行为最终赢得了更多宾客的尊敬，也为酒店树立了良好的形象。

案例启示：
群众的眼睛是雪亮的，这句话用在旅游服务行业同样合适。不以一己得失与宾客计较，而是扮演好自己的职业角色，这需要不断地培养良好的职业心理素质，在对客服务的过程中不断积累经验才可以做到。

任务分析

要想成为一名合格的康乐服务员，首先需要了解康乐服务人员的职业道德和应具备的服务态度，其次需要了解康乐服务人员仪容仪表、行为举止、个人卫生要求以及基本语言。

3.4.1 保龄球运动简介

保龄球又叫"地滚球"，最初叫"九柱戏"，起源于德国，是一种在木板球道上用球滚击木瓶的室内体育运动。

公元3—4世纪，在德国的天主教活动中，九柱戏是天主教会用来测量其教徒信仰宗教程度的尺度。通常是由天主教徒在教堂走廊里安放木柱象征异教徒和邪恶，然后用光滑圆形的石头在地面滚动去击木柱。石球代表正义，击倒木柱可以替自己消灾、赎罪，击不中就应该更加虔诚地信仰"天主"。

马丁·路德首先在德国创立了9只球瓶的保龄球标准模式。14世纪，它成了德国民间广为流传的一项体育运动。到17世纪，它逐渐由德国流传到比利时、荷兰、奥地利和英国等地。大约在1820年，保龄球远涉重洋，被荷兰移民传到了美洲大陆，并且在19世纪40年代，在纽约、新英格兰州和华盛顿特区等地得到了长足的发展。不幸的是，保龄球在那里很快沦为赌博的工具，而且情况越来越糟，以致在1841年，

【拓展视频】

康涅狄格州州立法院下令禁止"九柱戏"活动。后经这项运动的爱好者巧妙修改，将原来9个目标柱变成10个，增加了1个目标柱，并将原来目标柱的菱形排列改成三角形排列，使这项运动得以保存。

保龄球得到真正的发展是在美国保龄球协会（American Bowling Congress，ABC）于 1895 年 9 月 9 日正式成立以后。它于 1901 年主办了全美保龄球大赛。世界范围的保龄球组织于 1925 年正式成立，并被命名为国际保龄球联合会。

20 世纪初叶，保龄球已随着洋人的足迹传入中国，当时在北京、天津和上海的青年会健身房内已设有保龄球场。1949 年中华人民共和国成立以后，一些保龄球场和舞厅一起销声匿迹，唯有上海原法国总会（后改名文化俱乐部，现为花园酒店）及上海体育俱乐部等几处尚保留下一些保龄球道。改革开放以后，中国于 1985 年 5 月成立了保龄球协会。

近年来，随着现代人的休闲观念向体育文化性质的身心锻炼转向。保龄球作为一项集娱乐、休闲、健身、训练和竞赛于一体的健身休闲项目，越来越受到人们的喜爱。一般有条件的酒店都建有保龄球馆，如图 3.17 所示。

【拓展视频】

图 3.17　保龄球馆

3.4.2　主要设施设备

1. 球道

球道是保龄球投出后向前滚动的路径，标准球道的长度为 1916 cm，宽 104.2～106.6 cm，球道最前方是置瓶区，球瓶呈倒正三角形排列，如图 3.18 所示。球道两侧各有一条球沟，球道的后方是发球区，作为球员持球及助走掷球的区域。

2. 助走道

助走道是球员走步、滑行及掷球的区域，长度一般为 427.3 cm，宽度与球道的宽度相同，为 104.2～106.6 cm。

3. 犯规线

犯规线，是指助走道和球道的连接线，宽为 0.95 cm，上面设有光控犯规监测装置。

4. 助走标识

在助走道的起点处有两组共 10 个标识点，被称作助走标识，也叫站位标识，是供球员选择站位位置的标志。

5. 脚步标识

在助走道与犯规线之间，有一组 7 个标识点，被叫作脚步标识，这是为助走时掌握最后滑步的位置而设的。

6. 目标标识点

球道上的一组箭头标记，距离犯规线 365.97～487.95 cm 不等，这组箭头叫作

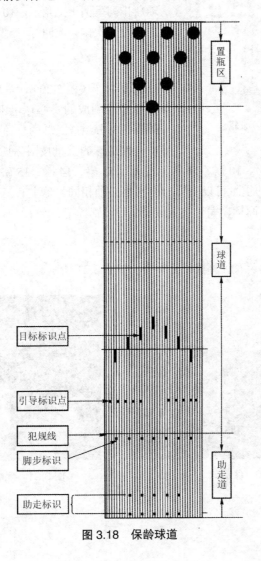

图 3.18　保龄球道

【拓展视频】

目标标识点，是供球员打球时瞄准用的。每隔 5 块木板有一个箭头，从左向右数，依次分布在第 5、10、15、20、25、30、35 块木板上，一共是 7 个箭头。

7. 引导标识点

球道上的一组小圆点标记，距离犯规线约 243.97 cm，这种圆点叫作引导标识点，如图 3.18 所示。引导标识点分为左半组和右半组，两组相互对称。右半组依次分布在从右数第 3、5、8、11、14 块木板上，左半组则分布在从左数同样的位置上。

8. 球瓶

【拓展视频】

保龄球瓶（图 3.19），是选用上等枫木为主要材料，经过钻孔、钻合、打磨定型和喷涂等特殊工艺加工而成的梭形木瓶。每一只球瓶的重量在 1.261～1.641 kg，高 38.85 cm，最大部位直径为 12.1 cm。每条球道备有两组球瓶，每组 10 个。将 10 个瓶凑成一套时，其中最重与最轻的相差不可超过 112 g，球瓶排列呈倒正三角形，10 个球瓶以 30.48 cm 的间距依次排列成四行。

图 3.19　保龄球瓶

9. 球

保龄球（图 3.20），是用硬质塑胶或合成树脂塑胶制成的实心球，由球核、重量堡垒、外壳三部分组成。球的直径为 21.8 cm。

保龄球的重量按国际规定有 11 种规格：6 磅、7 磅、8 磅、9 磅、10 磅、11 磅、12 磅、13 磅、14 磅、15 磅、16 磅（1 磅等于 0.454 kg）。保龄球的重量可以不同，但大小必须相同。球上有三个小孔，便于手指插入推球，球表面有商标、编号及重量堡垒等识别标记。

10. 记分系统

现代化的球场均装有计算机记分系统，如图 3.21 所示。

图 3.20　保龄球

图 3.21　保龄球记分系统

11. 自动化控制系统

自动化控制系统是现代保龄球场的必备设施，由程序控制箱控制，通过机械装置来完成扫瓶、送瓶、夹瓶、竖瓶和回球、升球等操作，并将瓶位信号、补中信号、犯规信号通过计算机记分系统显示在记分台和悬挂式彩色记分器上。

12. 附属设备设施

保龄球馆附属设备设施包括球员休息椅、茶几、公用鞋存放柜、公用球存放架、备用球、清洁打磨机、加油机等。

3.4.3 运动规则

1. 比赛规则

（1）保龄球运动是以球击倒球瓶的数目记分，以得分来决定胜负。保龄球比赛以局为单位，每一局为10轮、球击倒一个球瓶就记为1分，以计算一局中的总分数作为得分，每一局的最高得分为300分。

每一轮视情况不同可以打一两次或三次球。前9轮中，如果第一次投球就将球瓶全部击倒，称为"全中"，该轮就只允许这一次投球，不能再进行第二次投球；如果第一次投球未击倒全部球瓶，则准许第二次投球；如果第二次击倒了所有的剩余球瓶，则称为"补中"。一般情况下，前9轮每轮至多可以投两次即两个球。

第10轮的投球和记分规则比较特殊。如果两次投球仍未击倒全部球瓶或补中时，则此轮的投球即结束；如果第一次未击倒全部球瓶，第二次"补中"，可以继续投第三次球。如果第一次投球"全中"，还可以投第二次，第二次若未能"全中"，则此轮投球结束；如果第一、二次都是"全中"，还可以投第三次。在此轮中最多可以投三次球。

（2）保龄球比赛以抽签方式决定道次。每局在相邻的两条球道上比赛，每轮互换球道，直至全局比赛结束。每局也需互换球道。

（3）以6局总分累计决定名次。

2. 记分规则和方法

（1）全中。当每一轮中第一次投球击倒全部竖立的10个瓶子时，称为"全中"。用（×）符号记录在记分表上该轮上方左边的小方格中。"全中"的记分是10分加该球员下两次投球击倒的瓶数。

若连续三次打出"全中"，则第一轮中的"全中"得分记为30分。连续打出两个"全中"称作"双倍打"、连续打出三个"全中"，称作"三倍打"。

（2）补中。以两次投球而击倒所有的球瓶，称为"补中"，也叫"两球投完法"，用（／）符号，记录在该轮右上角的小方格内。补中的记分是10分加算下一轮中第一球击倒球瓶的分数。

在一轮投球中,如果第一次投球未击倒一个球瓶,而第二次投球将10个球瓶全部击倒,则称为"两球滚完",记分也是10分加下一轮中第一次投球的分数。

(3)分瓶。分瓶是指在第一球投出后,把1号瓶及其他几个瓶子击倒,剩下的瓶子呈下列状态。

2个或2个以上的瓶子,它们之间至少有1个瓶子被击倒时,如7号瓶和9号瓶、3号瓶和10号瓶;2个或2个以上的瓶子,紧挨在它们前面的瓶子至少有1个被击倒时,如5号瓶和6号瓶。分瓶在记分表上用(○)表示。

两次仍未能把10个球瓶全部击倒,叫作"错打"。这时就以两个球所击倒的球瓶合计数目计为该轮的得分。

(4)犯规。在投球时或投球后,球员的部分身体触及或超越了犯规线,以及接触了球道的任何部分和其设备建筑时,则为无效投球,判为犯规,失掉一次投球的机会。犯规球无论击倒多少个球瓶,均记为0分。犯规在记分表上用"F"表示。

(5)失误球。若某轮的第一球落入边沟,即为"失误球",应在左边小格内用字母"G"表示,该球的得分为0。

凡是第二球失误(落入边沟或未击中任何一个球瓶),应在右边小格内用符号"–"表示,亦称"失误球",该球的得分也为0。

保龄球的记分符号如图3.22所示。

【拓展视频】

◆	strike	第1球击倒全部球瓶,又叫全中
◆◆	double	连续2次获得全中
◆◆◆	turkey	连续3次获得全中
╱	spare	第2球击倒第1球所剩下的全部球瓶,又叫补中
—	miss	第2球未击倒第1球所剩下的全部球瓶
G	guttet	第1球出手失误滚入沟内
F	foul	投球时或投球后投球者的身体触到犯规线或超过该线
○	split	中间或前方都无球瓶而2支以上球瓶横向并立

图3.22 保龄球的记分符号

(6)计分方式。保龄球计分方式见表3-4。

表3-4 保龄球计分表1

轮次	1		2		3		4		5		6		7		8		9		10		
	6	2	×		7	–	9	/	8	1	7	/	×		6	3	6	/	8	/	8
直接得分	8		10		7		10		9		10		10		9		10		10		
本轮得分	8		17		7		18		9		20		19		9		18		18		
总分	8		25		32		50		59		79		98		107		125		143		

积分情况:第一轮:8

第二轮:8+10+7=25

第三轮:25+7=32

第四轮:32+10+8=50

第五轮：50+9=59

第六轮：59+10+10=79

第七轮：79+10+9=98

第八轮：98+9=107

第九轮：107+10+8=125

第十轮：125+10+8=143

如果从第1轮第一球开始到第10轮连续12个球全中，按规则每个全中球应奖励下两个球的所得分，每轮得分为30分，则该局比赛的"最高局分"为300分，见表3-5。

表3-5 保龄球计分表2

轮次	1		2		3		4		5		6		7		8		9		10		
	×		×		×		×		×		×		×		×		×		×	×	×
直接得分	10		10		10		10		10		10		10		10		10		10		
本轮得分	30		30		30		30		30		30		30		30		30		30		
总分	30		60		90		120		150		180		210		240		270		300		

积分情况：第一轮：10+10+10=30

第二轮：30+10+10+10=60

第三轮：60+10+10+10=90

第四轮：90+10+10+10=120

第五轮：120+10+10+10=150

第六轮：150+10+10+10=180

第七轮：180+10+10+10=210

第八轮：210+10+10+10=240

第九轮：240+10+10+10=270

第十轮：270+10+10+10=300

3. 基本运动技巧

1）选球

保龄球分为通用球和专用球两类。通用球也叫娱乐用球，球上标有重量，三个指孔的距离较近，中指、无名指入孔至第二指关节为限；专用球是根据球员的体重、握力、臂力和体力等各种因素决定的最适合该球员使用重量的球。球上的指孔可根据球员手的大小及手指的粗细、长短和柔软程度来进行专门钻孔。

2）握球方法

（1）将球从回球机上捧起，双臂弯曲，左手托住球的底部，球的重量全部落在托球的手上，身体重心由上至下保持在一条直线上。将右手的无名指和中指插入指孔，再把拇指深插进指孔，手心贴球面，把球握住；食指和小拇指自然伸直托球。食指和小指应紧贴球面以保持平衡和控制方向，如图3.23所示。

【拓展视频】

图 3.23 保龄球握球方法

（2）左手协助右手持球于身体右侧，右手的上臂与前臂成直角，肘部紧靠肋部。

（3）腰部挺直，略向前倾，屈膝，小腿与前方地面呈 75°角。

（4）左脚在前，右脚在后，分开站立，调整站位，瞄准球道上的箭头标志，使目标瓶、箭头、球三点成一条直线。

（5）准备投掷。

3）四步助走技术（图 3.24）

【拓展视频】

图 3.24 四步助走技术

（1）前推动作（第一步）。站好位，摆好姿势，先出右脚，步幅要小，两手顺势把球向前轻轻推移。

（2）下摆动作（第二步）。被向前推出的球，借助本身的重量自然向下坠落，这时跨第二步（左脚），步幅稍大，右手同时将球顺势摆动到身体右侧，当左脚跨出时，球的位置要恰好在摆动曲线的最低点。

（3）后摆动作（第三步）。在球由下向后摆动的同时，右脚稍大幅度地跨出，身体重心同时向前移动以保持平衡，并且在前倾时保持肩部的平稳移动。

（4）前摆动作（第四步）。当球从后摆顶点开始向前摆动的瞬间，顺势迈出左脚。这时的左脚采用滑步，左膝弯曲，腰部重心向前移。当球运动到最低点时，全身的重量完全压在左脚上，右脚则向左后方摆动以保持身体平衡。此时因摆动与助步的惯性会使左脚自然向前滑动 20～40 cm。向前滑动时要注意使左脚在距犯规线 5 cm 处停止。

（5）出球动作（延续动作）。在利用球的重量自然向前滑行过程中将球顺势滚动掷出。此时两肩连线应始终与犯规线保持平行，眼睛注视目标。持球的手肘不可弯曲，手腕部分不可用劲或转动，左臂应在相应的体侧展开以维持动作平衡。

（6）扬手动作（延续动作）。在球出手之后，右手臂向垂直上方摆动，上身也充分伸展向前倾，直到掷出的球滚过球道上的箭头标志为止。

3.4.4 保龄球服务岗位、职责及素质要求

保龄球馆通常设有领班、服务员和维修技师等岗位。

1. 领班

1）岗位职责

（1）负责保龄球馆日常管理工作。

（2）制订保龄球馆球道、球具的保养计划。

（3）制订保龄球员工岗位技能培训计划，按照计划对员工进行培训，不断提高其服务技能。

（4）安排下属员工的班次，负责布置服务员的工作任务。

（5）负责检查保龄球馆经营活动中的对客服务和接待工作。

（6）检查员工的仪容着装、礼节礼貌、劳动态度和工作效率、准确记录员工的考勤情况。

（7）检查保龄球馆营业场地、机器设备的卫生清洁情况及安全防范工作。

（8）督导员工按有关操作规程合理使用和保养设备，定期检查保龄球道、球具等的使用和保养情况，如有损坏须立即报修。

（9）受理保龄球馆宾客的投诉，并及时进行处理，保证营业活动的正常开展。

（10）负责保龄球馆的物品领用，经康乐部经理批准后，向仓库领取并做好保管工作。

（11）做好员工的考核评估工作。

（12）负责每日召开班前布置会、班后总结会，严格执行交接班制度。

（13）贯彻执行上级的指示，保持信息沟通，完成康乐部经理交办的其他工作。

2）素质要求

（1）具有大专及以上学历，身体健康。

（2）懂得保龄球馆各种设施设备的使用方法和日常维护保养方法。

（3）具有保龄球馆营业管理知识，有良好的人事管理、组织管理、物资管理、设备管理的知识。

（4）能妥善处理上下级和班组成员之间的关系，能正确处理宾客投诉，保持良好的人际关系。

（5）有较强的语言表达能力和沟通能力，有一定的外语会话能力。

2. 服务员

1）岗位职责

（1）负责保龄球馆的接待服务工作。

（2）负责做好营业前的各项准备工作，检查营业用品并补齐。

（3）熟练地操作保龄球馆内的各种设施设备，并会排除一般性故障。

（4）负责保龄球场地和设备的清洁、保养工作。

（5）根据宾客需要给予适当的技术咨询或指导，及时纠正宾客不正确或者危险的动作。

（6）向宾客提供饮品，并能够适时地推销酒水和休闲食品。

（7）负责宾客物品的保管。

（8）负责公用鞋的保管与消毒工作。

（9）认真做好营业期间的秩序、消防、安全防范工作，注意观察，发现问题及时汇报。

（10）及时处理保龄球馆发生的各种突发事件。

（11）宾客消费完毕，通知收银员结账，并引导宾客交回租用物品。

（12）认真执行交接班制度，做好交接班记录。

2）素质要求

（1）具有高中及以上学历，身体健康。

（2）具有较高保龄球运动水平，出球动作标准、规范，能够清楚、明确地向宾客讲解保龄球运动记分方法、比赛规则和技法。

（3）能够维护和保养保龄球器具及设施，熟悉场地内各种器材、设备结构、性能、特点以及运转原理。

（4）有较强的酒店产品推销能力、人际关系处理能力。

3. 维修技师

1）岗位职责

（1）负责保龄球设备的保养和维修，按计划做好例行保养和维修工作，日常营业中应及时排除设备出现的故障。

（2）认真钻研技术，不断提高维修水平，能准确、迅速判断故障并尽快排除故障。

（3）工作态度认真，主动巡视、保养、检修、调试设备，以防患于未然，自觉为营业服务。

（4）自觉遵守规章制度，上班时间不脱岗、不串岗，不做与工作无关的事。

2）素质要求

（1）具有高中以上学历，身体健康。

（2）持有专业证书并有一定的实践经验。

（3）熟悉场地内各种器材、设备的结构、性能、特点以及运转原理，能够维修和保养保龄球器具及设施。

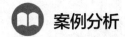 **案例分析**

"Yes"与"No"的困惑

某星级酒店的保龄球馆里发生了一件让服务人员小周感到极为困惑的事。

一位外国宾客到保龄球馆打球，练到口渴，就走到一边喝服务人员小周刚刚送上来的茶水，并向小周询问："Is this drink free？"（饮料是免费的吗？）小周的英语水平不是很好，没有听明白宾客的意思便随口回答了个"Yes"（它是免费的）。出于细心，宾客又问了小周一遍："I needn't pay for it, need I？"（我不需要为它付费，是吗？）这是一句反义疑问句，小周没听懂，以为宾客问的是同样的问题，结果又回答了"Yes"（不，要付费）与宾客再确认。

外国宾客一下就迷惑了，为什么同样的问题，前后却是完全不同的回答呢？于是宾客又问了一次，"Should I pay for it？"（我需要为它付费吗？）这下小周也晕了，明明都说了是不要付费的了，怎么这位宾客老是问呢？这次她特别谨慎地问："Pardon？"（您能重复一遍吗？）宾客又重复了一遍，小周才明确地回答道："No, you needn't pay for the drink."（不，您不需付费。）宾客这才点了点头，表示明白了。

这件事给小周留下了很深刻的印象，她一直都不明白为什么宾客要把同样的问题问三遍，难道自己回答错了吗？经过查询，小周才明白原来宾客所问的其中一个问题涉及英语中的反义疑问句的知识，也幸亏宾客多问了一个问题确认了一下，要不然将来假如发生投诉，小周可能都不知道是为了什么。

思考题：

1.如何理解英语学习对一线员工的重要性？

2.如果你是一名管理者，你将采取哪些措施提高员工英语学习的积极性？

3.4.5 保龄球服务单

此处仅介绍保龄球预订单，见表3-6。

表3-6 保龄球预订单

编号：　　　　　　　　　　　　　　　　　　　　　　　　　年　月　日

预订人		参加人数	
预订项目		活动开始和结束时间	
联系人		联系方式	
服务要求		结算方式	
茶水饮料		现金	信用卡
教练指导		转账	支票

3.4.6 保龄球服务程序与标准

1. 预订工作

（1）接到预订电话后要主动向宾客介绍保龄球场的情况与价格。
（2）记录宾客的姓名、电话、到达时间、预订球道数目、来宾客数等。
（3）向宾客重复一遍以便确认，并向宾客说明保留预约的时间，做好登记。
（4）向宾客致谢。
（5）预订确认后，要立即通知有关服务部门提前做好服务准备。

2. 准备工作

（1）穿好工服，佩戴胸卡，整理好仪容仪表，提前到岗，向领班报到，参加班前会，接受领班检查及分工。
（2）进行卫生清洁工作，尤其是保龄球手指孔、记分台、座椅、茶几、屏幕和回球架等的清洁工作，按规定准备好球巾、粉盒。
（3）准备好各种营业表单和票据。
（4）将公用鞋按号码重新排列，并填写数量表。
（5）检查保龄球设施是否完好，如果发现问题设法修理或报工程部门。
（6）检查交接班本，了解宾客预订情况。

3. 迎宾接待

（1）面带微笑，主动问候宾客。
（2）询问宾客是否预订，并向宾客介绍收费标准等。
（3）对有预订的宾客，在确认预订内容后，办理开道手续；对无预订的宾客，为宾客进行登记，开记录单。请宾客在场地使用登记表上签字，并收取押金。对于住店宾客，请其出示房卡或房间钥匙，并准确记录宾客的姓名和房号。若场地已满，应安排其按顺序等候，并告知大约等候的时间，为宾客提供茶水和书报杂志等。
（4）为宾客办理领鞋手续。
（5）服务员将宾客引领到球道边的座椅后，提醒宾客换上专用鞋，然后帮助宾客把换下的鞋子及时摆放在鞋架上或是座椅下面。

4. 保龄球服务

（1）在记分台上为宾客设定人数和局数，打开电子记分器，为宾客进行分数统计，并向宾客介绍活动规则和活动须知。
（2）宾客选球时，服务员要耐心介绍球的重量，提醒宾客依据自身体重和指孔大小来选择保龄球，然后按宾客的要求将球选好，放到回球机的架上。
（3）提醒宾客在拿取保龄球前，用手蘸一下松香粉或滑石粉，以防止保龄球从手中滑落。
（4）提醒宾客打球中避免击中扫瓶板。若发现宾客使用不当，可能会对保龄球设备造成损害，应及时、适当地做出劝解。

（5）每局从第十轮开始，服务员应关注对该球道宾客的服务，准备统计分数以及下一局的开局。

（6）在宾客打球过程中，应注意观察设备运行是否正常，保证记分显示、球道显示等正常运行，随时准备为宾客提供服务。

（7）如果宾客是初学者，要认真、耐心和细致地帮助宾客掌握打球要领和正确的姿势，提醒宾客可以发球的时间。

（8）提醒宾客不要进入球道，以免出现意外或影响他人打球。

（9）当宾客要求陪打时，服务员要礼让在先，对宾客击出的好球要鼓掌示意，并根据宾客的心理掌握输赢尺度。

（10）在运动间歇期间。服务员要主动征询宾客意见，根据宾客需要及时提供饮料、面巾等服务。

（11）保持茶几、座椅和地面的整洁，宾客的饮料剩余1/3时应及时添加，烟灰缸内烟蒂数不能超过三个。

（12）宾客原定运动时间或所购局数即将结束时，在场地空闲的情况下应及时询问宾客是否需要续时或续局，如宾客欲继续打球，应请宾客到服务台办理。

5. 结账服务

（1）宾客消费结束时，服务员应及时、礼貌地检查客用设备是否完好，提醒宾客退还专用球鞋。带好随身物品，协助宾客到收银台结账。

（2）如果宾客要求挂单，收银员要请宾客出示房卡并与前台收银处联系，待确认后请宾客签字并认真核对宾客的笔迹，如果未获前台收银处同意或认定笔迹不一致，则请宾客以现金结付。

6. 送别宾客

（1）礼貌地向宾客道别，并欢迎宾客下次光临。

（2）迅速清理场地及设备的污渍、汗渍，将卫生状况恢复至营业的要求。

（3）将保龄球在球架上码放整齐。按规定清洁供宾客使用的专用球鞋等，准备迎接下一批宾客的到来。

模拟对话

预订员：早上好，这里是××酒店康乐部，我可以帮您什么忙吗？
客　人：您好，我想预订保龄球道。
预订员：好的，请问您什么时间来？
客　人：明天下午5点半左右。
预订员：您一共几位？打算预订几条球道？
客　人：四位，两条球道。
预订员：您能留一下姓名和电话吗？
客　人：我姓李，手机号是××××××××××。
预订员：好的，李先生，请让我重复一下，明天下午5点半左右在保龄球馆为李先生预订两条球道，联系电话是××××××××××。李先生，这样可以吗？

客　人：是的，很准确，谢谢你。

预订员：谢谢您打来电话，请您尽量准时来，我们只能为您保留30分钟。

客　人：我知道了！

预订员：谢谢！再见。

客　人：再见。

任务实训

实训3-4　掌握保龄球服务技能

实训目的： 通过此次实训，使学生掌握保龄球服务技能。

实训内容： 走访学校所在城市的星级酒店，了解保龄球馆岗位设置以及各岗位服务人员的岗位职责，观摩保龄球馆服务人员对客服务。

实训步骤：

第一步：教师下达实训任务书。

第二步：教师引导学生分组，通过走访酒店（辅以查阅资料、网络交流等多种方式），了解保龄球场服务人员岗位技能要求，掌握保龄球场基层服务人员工作技能。

第三步：小组之间进行交流，共享调研成果。

第四步：教师归纳总结。

实训成果： 上交实训报告。

任务评价

学习目标	内容评价项目	自我评价			小组评价			教师评价		
		优	良	可	优	良	可	优	良	可
知识目标	了解保龄球运动的基本情况									
	了解保龄球运动的主要设施设备									
	熟记保龄球服务岗位、职责及素质要求									
	掌握保龄球服务程序与标准									
专业能力目标	基本胜任保龄球馆领班工作									
	掌握保龄球服务技能，胜任保龄球馆服务员工作									
通用能力目标	沟通能力									
	项目管理能力									
	解决问题能力									

续表

学习目标	内容 评价项目	自我评价 优	自我评价 良	自我评价 可	小组评价 优	小组评价 良	小组评价 可	教师评价 优	教师评价 良	教师评价 可
任务单	内容完整正确									
任务单	书写清楚规范									
任务单	思路清晰、层次分明									
小组合作	创造良好的工作氛围									
小组合作	成员互相倾听									
小组合作	尊重不同意见									
小组合作	全员参与									

整体评价： 优秀□ 良好□ 基本掌握□

教师建议：

任务 3-5　网球服务技能

网球是一项高雅的运动项目。网球的运动量较大，可以提高心肺功能，增强体质。网球运动有助于锻炼人的运动连贯性、流畅性，增强人的运动协调性。

任务导入

情境介绍：住在酒店 702 房间的陈先生和陈太太喜欢打网球，他们跟网球场预订了下午 4 点的一块场地。4：20 陈先生和陈太太才到网球场，一看，人满了。他们找到服务员，质问为什么没有给他们留场地。

服务员为难地说："对不起，陈先生、陈太太，宾客太多了，而且你预订的时间是 4 点，现在已经过了 20 分钟，我以为你们不来了……""迟到 20 分钟怎么了？之前我预订时，并没有这种说法！"陈太太激动地说。这时，领班过来了，问明情况后微笑着说："陈先生、陈太太，真对不起！因为有一对顾客等了很久，我们见陈先生、陈太太许久没来，想可能有事耽搁了，要晚点才能过来，所以就让那两位进来了。帮助别人是体育运动的精神，我想陈先生、陈太太肯定会谅解我们的，是吗？"陈太太的情绪平静了下来。领班接着说："陈太太请您二位先到贵宾室这边休息一下，10 分钟后，我们马上给您安排场地。"陈太太点点头，同意了。

思考题：

1. 在本案例中，服务人员从哪些方面可以察觉宾客求尊重的心理需求？
2. 为防范此类事件的再度发生，对于宾客预订程序还应再做哪些方面的规范？

3. 领班的处理有哪些可圈可点之处？

案例分析：

在本案例中，陈先生、陈太太预订了网球场，去了却没有空位，而且服务员没有给予一个合理的解释，使她觉得自己没有得到应有的尊重，当然心情就不会好了。领班明着是解释网球场地没有的原因，暗着是称赞陈太太有体育精神，这肯定会令喜欢运动的陈太太心情舒畅。然后领班让陈先生和陈太太到贵宾室休息，也就是把他们当贵宾看了，这大大满足了陈太太希望被尊重的心理，不愉快的事情也就圆满解决了。

案例启示：

宾客都有希望得到尊重的心理，但如何使宾客感受到被尊重，却是值得康体部门管理者和服务人员重视和研究的一大课题。

任务分析

要想成为一名合格的康乐服务员，首先需要了解康乐服务人员的职业道德和应具备的服务态度，其次需要了解康乐服务人员仪容仪表、行为举止、个人卫生要求以及基本语言。

3.5.1 网球运动简介

现代网球运动起源于英国。早在12—13世纪，法国的传教士常常在教堂的回廊里，用手掌击打一种类似小球的物体，以此来调剂刻板的教堂生活。渐渐地，这种活动传入法国宫廷，并很快成为当时贵族的一种娱乐游戏。当时，他们把这种游戏叫"掌球戏"。开始，他们是在室内进行这种游戏，后来移向室外。在一块开阔的空地上，将一条绳子架在中间，两边各站一人，双方用手来回击打一种包裹着头发的布球。

14世纪中叶，法国王储将这种游戏使用的球赠送英王亨利五世，于是这种游戏便传入英国。这种球的表面使用埃及坦尼斯镇所产的最为著名的绒布——斜纹法兰绒制作而成，英国人将这种球称为"Tennis"（英文：网球），并流传下来，直到现在我们使用的球还保留着一层柔软的绒面。

15世纪，这种游戏由用手掌击球改为用拍板打球，并很快出现了一种用羊皮制作拍面的椭圆形球拍。同时，场地中央的绳子也改为网子。16—17世纪是这种活动的兴盛时期，并逐渐形成了一种比赛项目。在这之前，由于这种活动只是在法国和英国的宫廷中流行，所以网球运动又称为"宫廷网球"和"皇家网球"。

1873年，英国的温菲尔德少校改变了早期网球的打法，并将场地移向草坪地，同年出版了《草地网球》一书，提出了一套接近于现代网球的打法。1874年，又规定了球网的大小和高低，在英国创办了简易的草地网球比赛。1875年，英国网球俱乐部修订了网球比赛规则后，于1877年7月举办了第一届温布尔登草地网球锦标赛。后来这个组织又把网球场地定为 23.77 m×8.23 m 的长方形，球网中央的高度为 99 cm（在此之前，球网的高度是 2.1234 m），并确定了每局采用 15、30、40 平分的记分方法。1884 年，英国伦敦玛丽勒本网球俱乐部又把球网中央的高度定为 91.4 cm。至此，现代网球正式形成，并很快在欧美盛行起来，成为一项深受欢迎的球类运动。

网球是技术和智慧的竞赛，能锻炼人的控制力、耐力、智力，养成团队精神和良好的性格，是一项人们普遍喜爱且富有乐趣的体育运动，也是世界上最流行的运动项目之一。目前，网球已被誉为仅次于足球的"第二大球类运动"，并与高尔夫球、保龄球、台球并称为世界四大绅士运动。

目前，四星级以上的酒店宾馆一般都设有网球场，如图 3.25 所示。

图 3.25　网球场

 知识链接

网球场种类

网球场主要有草地球场、红土场、硬地场、地毯场四种。

1. 草地球场

草地球场是历史最悠久、最具传统意义的一种场地。其特点是球落地时与地面的摩擦小，球的反弹速度快，对球员的反应、灵敏、奔跑速度和技巧等要求非常高。因此，草地往往被看成是"攻势网球"的天下，发球上网、随球上网等各种上网强攻战术几乎被视为草地网球场上制胜的法宝。目前，每年的草地职业网球赛事几乎都是在英伦三岛上举行的，且时间集中在 6 月份和 7 月份。温布尔登锦标赛是其中最古老，也是久负盛名的一项比赛。

2. 红土场

红土场更确切的说法是"软性球场"，其典型代表就是红土场地的法国网球公开赛。另外，常见的各种沙地、泥地等都可称为软性场地。这种场地的特点是球落地时与地面有较大的摩擦，球速较慢，球员在跑动中特别是在急停急回时会有很大的滑动余地，这就决定了球员必须具备比在其他场地上更出色的体能、奔跑和移动能力，以及更顽强的意志。在这种场地上比赛对球员的底线相持功夫是极大的考验，球员一般要付出数倍的汗水及耐心在底线与对手周旋，获胜的往往不是打法凶悍的发球上网型选手，而是在底线艰苦奋斗的一方。

3. 硬地场

现在大部分的比赛都是在硬地网球场上进行的，其是最普通、最常见的一种场地。硬地网球场一般由水泥和沥青铺垫而成，其上涂有红、绿色塑胶面层，其表面平整、硬度高，球的弹跳非常有规律，但球的反弹速度很快。许多优秀的网球选手认为，硬地网球更具"爆发力"，而且网球比赛中硬地球场占主导地位，因此对其必须格外重视。需要注意的是，硬地不如其他质地的场地弹性好，地表的反作用强而僵硬，因此容易对球员造成伤害，而且这种损害已使许多优秀的网球选手付出了巨大代价。

4. 地毯场

顾名思义，这是一种"便携式"可卷起的网球场，其表面是塑胶面层、尼龙编织面层等，一般用专门的胶水粘接于具有一定强度和硬度的沥青、水泥、混凝土底基的地面上，有的甚至可以直接铺展或粘接于任何有支持力的地面上。其铺卷方便、适于运输且具有非常强的适用性，室内室外甚至屋顶都可以采用。球的速度需视场地表面的平整度及地毯表面的粗糙程度而定。在保养上此种场地也是非常简单的，只要保持地面清洁，做到不破损、不积水（配备相应的排水设施）就可以了。

3.5.2 主要设施设备

1. 球场

【拓展视频】

网球场为长方形，球场长 23.77 m，单打球场宽 8.23 m，双打球场宽 10.97 m。网柱高 1.07 m，球网将全场横隔成面积相等的两个区域，网中央高 0.91 m，并用不超过 5 cm 宽的白色带束于地面。球网采用深色蜡线或尼龙线编制而成，网孔大小以不让球通过为标准。球网两侧 6.4 m 处各有一条与底线平行的横线叫发球线，球网两侧发球线的中央连接起来成为中线。中线把两侧发球线之间的地面分成四个相等的区，叫发球区。中线两侧的长线叫边线。国际网联规定，底线以后至少应有 6.4 m 的空地，边线以外至少应有 3.66 m 的空地。全场除底线线条可宽至 10 cm 外，其他各线的宽度不得超过 5 cm 且不少于 2.5 cm，如图 3.26 所示。室外场地的四周可用钢丝网作围栏，围栏应挂有挡布，围栏应高于 2.5 m，以免球被击出场外。室内网球场的场地除面积规格要求外，还要求天棚的高度不低于 12 m，室内网球场的地面多为涂塑硬地。

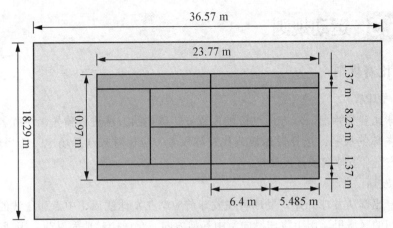

图 3.26　网球场平面图

2. 网球

网球为圆形中空的橡胶球，外覆羊毛毯织物或尼龙混合织物，接缝没有缝线。有黄、绿两种颜色，正式比赛大多使用黄色球。球面上的短毛有延滞球速、稳定方向的功能，如图 3.27 所示。

3. 球拍

球拍有木制、铝制、玻璃纤维及碳纤维等几种，其中碳纤维球拍弹性好、韧度大、重量轻，如图 3.28 所示。在拍框内有弦线纵横交错织成拍面。弦线一般采用尼龙线、牛筋线、羊肠线。选择球拍时要考虑重量、平衡感等因素。

图 3.27　网球

4. 服装

网球服装多为白色，上衣以棉制的短袖衫为主，冬天穿羊毛质料的球衫，但要符合通风吸汗的要求。下装男性多穿短裤，女性多穿短裙，如图 3.29 所示。鞋要选择抓地力强、质量轻巧的网球专用鞋。帽子、大毛巾、止汗腕带、发带等小配件也应备好。

图 3.28　网球拍

图 3.29　网球服装

【拓展视频】

3.5.3 运动规则

1. 比赛规则

1) 发球权

网球比赛开始前,双方通过掷硬币或旋转球拍的方法进行猜先,得胜者有选择场地或发球的权利。选择发球权或接发球权者,应让对方选择场地;选择场地者,应让对方选择发球权或接发球权。

2) 发球

【拓展视频】

(1) 比赛从发球开始,发球者在发球前应站在发球线后、中点和边线的假定延长线之间的区域里,用手将球抛向空中任何方向,在球接触地面以前,用球拍击球。球拍与球接触时,就完成球的发送。将球发到对方另一侧的发球区才算有效。

(2) 整个发球动作中不得通过行走和跑动来改变原来的位置,两脚只准站在规定位置,不得触及其他区域。

(3) 每局开始先从右区发球线后发球,得或失一分再换到左区发球。

(4) 发出的球应从网上越过,落到对角的对方发球区内。

(5) 发球员第一次发球失误后,应在原发球位置进行第二次发球。

(6) 每局比赛结束,双方交换发球,直到比赛告终。

3) 发球失误

每一分有两次发球机会。第一次发球未击中球或发出的球在落地前触及固定物(球网、中心带和网边白布除外)及违反发球站位的规定,叫一次失误。发球者第一次发球失误后,第二次发球再失误叫双误。

4) 发球无效

发球触网后仍然落到对方发球区内或接球者未作好接球准备均应重发球。

5) 交换发球

第一局比赛终了,接球者成为发球者,发球者成为接球者。以后每局终了,均互相交换,直至比赛结束。

2. 记分方法

1) 胜一分

(1) 运动员每胜一球得1分,其中得1分记为15,得2分记为30,得3分记为40,得4分记为60。

(2) 常见失1分的情况。

① 发球员连续两次发球失误或脚误时。

② 接球员在发来的球没有着地前用球拍击球,或球触及自己的身体及所穿的衣物时。

③ 在球第二次落地前未能还击过网时。

④ 还击球触及对方场区界线以外的地面、固定物或其他物件时。

【拓展视频】

⑤ 还击空中球失败时。

⑥ 在比赛中，击球员故意用球拍拖带或接住球，或故意用球拍触球超过一次时。"活球"期间运动员的身体、球拍（不论是否握在手中）或穿戴的其他物件触及球网、网柱、单打支柱、绳或钢丝绳、中心带、网边白布或对方场区以内的场地地面。

⑦ 还击尚未过网的空中球（过网击球）。

⑧ 除握在手中（不论单手或双手）的球拍外，运动员的身体或穿成的物体触球。

⑨ 抛拍击球。

⑩ 比赛进行中，运动员故意改变其球拍形状。

2）胜一局

（1）先胜 4 分者胜一局。

（2）双方各得 3 分时，则为"平分"。"平分"后，一方先得 1 分时，为"接球占先"或"发球占先"。占先后再得 1 分，才算胜一局。如果占先后，输 1 分，则双方又为平分。

3）胜一盘

（1）一方先胜 6 局为胜一盘。

（2）双方各得 5 局时，一方必须净胜两局才算胜一盘。

4）决胜局（也叫抢七局）

（1）在每盘的局数为 6 平时，进行决胜局，先得 7 分为胜该局及该盘。

（2）若分数为 6 平时，一方须净胜 2 分。

3.5.4 网球服务岗位职责及素质要求

网球场通常设有领班、服务员等岗位。

1. 领班

1）主要职责

（1）负责网球场日常管理工作。

（2）制订网球场员工岗位技能培训计划，按照计划对员工进行培训，不断提高其服务技能。

（3）安排下属员工的班次，负责布置服务员的工作任务。

（4）负责检查网球场经营活动中的对客服务和接待工作。

（5）检查员工的仪容仪表、礼节礼貌、劳动态度和工作效率，准确记录员工的考勤情况。

（6）检查网球场营业场地、器具的卫生清洁情况及安全防范工作。

（7）定期检查网球场场地设施、器具使用和保养情况，如有损坏须立即报修。

（8）受理网球场宾客的投诉，并及时进行处理，保证营业活动的正常开展。

（9）负责网球场的物品领用，经康乐部经理批准后，向仓库领取并做好保管工作。

（10）做好员工的考核评估工作。

（11）负责每日召开班前布置会、班后总结会，严格执行交接班制度。

（12）贯彻执行上级的指示，保持信息沟通，完成康乐部经理交办的其他工作。

2）素质要求

（1）具有大专及以上学历，身体健康。

（2）懂得网球场各种设施设备的使用方法和日常维护保养方法。

（3）具有网球场营业管理知识，有良好的人事管理、组织管理、物资管理、设备管理的知识。

（4）能妥善处理上下级和班组成员之间的关系，能正确处理宾客投诉，保持良好的人际关系。

（5）有较强的语言表达能力和沟通能力，有一定的外语会话能力。

2. 服务员

1）主要职责

（1）负责网球场的接待服务工作。

（2）做好营业前的各项准备，检查营业用品并补齐。

（3）提醒宾客做好运动前的各项准备工作，并向宾客讲明注意事项，请宾客注意安全。

（4）负责网球场场地和其他设施设备的卫生清洁、维护保养工作。

（5）根据宾客需要给予适当的技术咨询、指导或陪打服务，指导宾客正确使用各种设备和器材。

（6）在宾客休息时，向宾客提供饮品，并能够适时地推销饮料和休闲食品。

（7）做好交接班记录。

2）素质要求

（1）具有高中及以上学历，身体健康。

（2）能够根据网球服务工作规范和服务程序，为宾客提供优质的接待服务。

（3）能够为宾客示范网球基本技术，熟悉网球的记分方法、比赛规则和裁判知识。

（4）能够有效地处理网球场内发生的意外事故。

（5）懂得维护和保养网球器具及场地设施设备的方法。

（6）具有较强的酒店产品推销能力、人际关系处理能力。

3.5.5 网球场服务单

网球教练、陪练服务单见表3-7。

表 3-7 网球教练、陪练服务单

编号：　　　　　　　　　　　　　　　　　　　　　　　　　年　月　日

宾客姓名		服务项目	
性别		服务地点	
联系方式	联系电话		
	联系地址或房号		
服务时间			
服务要求			
备注			
教练、陪练签收		经办人	

3.5.6 网球服务程序与标准

1. 预订工作

（1）服务员在接到预订电话后要主动向宾客介绍网球场的情况与价格。
（2）记录宾客的姓名、电话、到达时间、预订场地数量、来宾客数等。
（3）向宾客重复一遍以便确认，并向宾客说明保留预约的时间，做好登记。
（4）向宾客致谢。
（5）预订确认后，要立即通知有关服务部门提前做好服务准备。

2. 准备工作

（1）穿好工服，佩戴胸卡，整理好自己的仪容仪表，提前到岗，向领班报到，参加班前会，接受领班检查及分工。
（2）做好网球场的清洁卫生工作，包括场地、休息区座椅、茶几以及球网架等。
（3）检查球场设施是否完好，如果发现问题设法修理或报工程部门。
（4）将供宾客租用的球具、球鞋等准备好。服务台上各类物品按类摆放整齐。
（5）将钟表时间核对准确。
（6）将温度、湿度及日照情况填写在公告栏内，如是室内网球场还应向宾客公布室内温度、湿度。
（7）检查并补充各类营业用品和服务用品，了解宾客预订情况。

3. 迎宾接待

（1）面带微笑，主动问候宾客。引领宾客至服务台办理网球运动登记手续。
（2）询问宾客是否有预订，并向宾客介绍网球场设施、收费标准等，询问宾客选择哪个场地，并与宾客确认开始计时的时刻。
（3）对有预订的宾客，在确认预订内容后，办理开场手续；对无预订的宾客。为宾客进行登记，开记录单，注明起止时间和场地编号。请宾客在场地使用登记表上签字。对宾客收取押金，发放更衣柜钥匙等。对于住店宾客，请其出示房卡或房间钥匙,并准确记录宾客的姓名和房号。若场地已满,应安排其按顺序等候,并告知大约等候的时间,为宾客提供茶水和书报杂志等。

(4) 主动协助宾客挑选网球拍和网球。

(5) 引领宾客进入网球场地。

4. 网球服务

(1) 在宾客刚开始打球的一段时间,服务员应尽量安排时间在场边观看,了解宾客对球场条件是否适应,租用的球鞋、球拍等是否合适,并为其提供诸如捡球、裁判、整理换下的鞋子和外衣等服务工作。

(2) 对宾客出色的击球报以掌声鼓励。

(3) 如果宾客是初学者,要认真、耐心和细致地向宾客讲解网球运动规则并做示范。

(4) 当宾客要求陪打时,服务员要礼让在先,对宾客击出的好球要鼓掌示意,并根据宾客的心理掌握输赢尺度。

(5) 在运动间歇期间,服务员要主动征询宾客意见,根据宾客需要及时提供饮料、面巾等服务。

(6) 保持休息区内茶几、座椅和地面的整洁,宾客的饮料剩余1/3时应及时添加,烟灰缸内烟蒂数不能超过三个。

(7) 保持洗手间、淋浴间的整洁。

(8) 宾客原定运动时间即将结束时,在场地空闲的情况下应及时询问宾客是否需要续时。

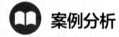 案例分析

当宾客出现错误行为时

某日清晨,一位住店宾客从网球场出来后到浴室冲凉,使用沐浴露时很浪费,服务员小吴觉得挺可惜,就随口提醒了几句。第二天,这位宾客又过来冲凉,看见小吴,就故意把沐浴露弄出来很多,弄得到处都是。小吴憋了一肚子气,就斜了这位宾客几眼。结果这位宾客就故意挑小吴服务方面的毛病。小吴年轻气盛,一时克制不住,与宾客吵了起来。后来宾客找到网球场领班投诉了小吴。

为什么好的动机没有带来好的结果?针对这个投诉,网球部专门以"得体的语言=优质的服务"为主题进行了讨论。大家你一言我一语,提出了许多有益的改进建议。

思考题:

1. 你会给服务员小吴怎样的建议来恰当地提醒这位宾客?

2. 如何加强康乐部门消耗品的管理?

5. 结账服务

(1) 宾客消费结束时,主动征求宾客意见。如需淋浴,应引领宾客到淋浴室,并备好浴巾和拖鞋。

（2）及时、礼貌地检查客用设备是否完好。提醒宾客带好随身物品，协助宾客到收银台结账。

（3）如果宾客要求挂单，收银员要请宾客出示房卡并与前台收银处联系，待确认后请宾客签字并认真核对宾客的笔迹，如果未获前台收银处同意或认定笔迹不一致，则请宾客以现金结付。

6. 送别宾客

（1）礼貌地向宾客道别，并欢迎宾客下次光临。

（2）对场地进行彻底清理，将卫生状况恢复至营业的要求，准备迎接下一批宾客的到来。

（3）按规定清洁、修理宾客租用的球拍、球鞋等。

模拟对话

客　人：请问接发球时是不是必须站在场地线以内接球？

服务员：不必要。您可以随意站在球网一侧属于您自己场地的任何位置接球。

客　人：我可以用双手握拍击球吗？

服务员：可以，这属于有效击球。

客　人：如果一个击球触到网柱单打支杆后落在对手的场地内，击球是否有效？

服务员：如果这是一次发球，那么不是有效击球；如果不是发球，那就是有效击球。

客　人：好的，非常感谢，我明白了。

服务员：不客气，很高兴能为您服务！

任务实训

实训3-5　掌握网球服务技能

实训目的：通过此次实训，使学生掌握网球服务技能。

实训内容：走访学校所在城市的星级酒店，了解网球场岗位设置以及各岗位服务人员的岗位职责，观摩网球场服务人员对客服务。

实训步骤：

第一步：教师下达实训任务书。

第二步：教师引导学生分组，通过走访酒店（辅以查阅资料、网络交流等多种方式），了解网球场服务人员岗位技能要求，掌握网球场基层服务人员工作技能。

第三步：小组之间进行交流，共享调研成果。

第四步：教师归纳总结。

实训成果：上交实训报告。

任务评价

学习目标	内容		自我评价			小组评价			教师评价		
	评价项目		优	良	可	优	良	可	优	良	可
知识目标	了解网球运动的基本情况										
	了解网球运动的主要设施设备										
	熟记网球服务岗位职责及素质要求										
	掌握网球服务程序与标准										
专业能力目标	基本胜任网球场领班工作										
	掌握网球服务技能，胜任网球场服务员工作										
通用能力目标	沟通能力										
	项目管理能力										
	解决问题能力										
任务单	内容完整正确										
	书写清楚规范										
	思路清晰、层次分明										
小组合作	创造良好的工作氛围										
	成员互相倾听										
	尊重不同意见										
	全员参与										

整体评价：
　　　　　　优秀□　　　　良好□　　　　基本掌握□

教师建议：

任务 3-6　高尔夫球服务技能

高尔夫球是一种以棒击球入穴的球类运动，是一种集运动、休闲和社交于一体的高雅运动项目。如今，高尔夫球运动已经成为贵族运动的代名词。它是一项集享受大自然乐趣、体育锻炼和游戏于一体的运动。

任务导入

情境介绍：一天，某酒店室内高尔夫练习场内，服务员小金接待了一位韩国宾客。这位宾客老是对小金的服务挑三拣四，不管小金用什么样的方法，这位韩国宾客对她的态度一点都没有改变，整个服务过程中显得很沉闷。小金很纳闷，自己的服务态度和服务质量都没什么问题，为什么这位宾客会不高兴呢？

正当她百思不得其解时，球场的老服务员小杨给了她答案。原来小金是新来球场工作的，不是很明白高尔夫的有关礼仪。在提供服务时，进入球场的任何人都必须穿有领的衣服，恰恰那天天气比较热，小金就把工作服给换下来了，换了件圆领的衣服。而韩国宾客一般都很注重礼仪方面的问题，于是就出现了当天服务中的不快。

思考题：
1. 韩国宾客为什么对小金挑三拣四，反感小金？
2. 高尔夫有关礼仪对着装有什么具体要求？

案例分析：
酒店康体部门不同于酒店的其他部门，一些运动可能会要求穿着比较专业的符合礼仪的服装。比如在高尔夫球场就不允许出现穿着圆领的衣服下场打球的情况，小金在没有完全掌握礼仪的情况下，不小心触犯了规则，当然就引起了最注重礼仪问题的韩国宾客的不快。

案例启示：
康体项目的管理人员和服务人员应努力学习更新先进的健身康体知识和运动常识，加强自我实际操作演练能力，以便更好地为宾客提供示范和指导，给宾客最专业的建议。反之，一名不具备专业知识的服务人员，当然会招来处事严谨的宾客的反感和不信任，本案例中的小金就遇到了这种情况。

任务分析

要想成为一名合格的康乐服务员，首先需要了解康乐服务人员的职业道德和应具备的服务态度，其次需要了解康乐服务人员仪容仪表、行为举止、个人卫生要求以及基本语言。

3.6.1 高尔夫球运动简介

高尔夫球运动是一项极富魅力的运动项目。高尔夫一词是由绿色（Green），氧气（Oxygen）、光（Light）和脚（Foot）的第一个英文字母组成，取意在明媚的阳光下，踩着绿色的草地，呼吸着清新的空气，进行最休闲写意的健身运动。它不仅能锻炼人的手、臂、腰、腿、脚、眼等各器官、部位的协调配合，还能锻炼人的毅力、耐心、意志品质甚至心理素质，既练形，又练神，修身养性，陶冶情操。

高尔夫球起源于15世纪或更早以前的苏格兰。苏格兰地区山多，气候湿润、多雾，极适合牧草生长。这里在工业文明以前是连绵不断的牧场。相传当时牧羊人放牧闲暇时，用木板玩游戏，将石子击入兔子窝或洞中，久而久之形成了使用不同的球杆并按一定的规则击球。苏格兰地区冬季非常寒冷，每次出去打球时每人总爱带一瓶烈酒放在后口袋中，每次发球前先用瓶盖饮一小瓶盖酒。一瓶酒18盎司，而一瓶盖正好是1盎司。打完18洞，酒也喝完了，这么冷的天气也只好回去了，时间长了，很多人便认为打一场球必须打18洞。

【拓展视频】

17世纪，高尔夫球被欧洲人带到了美洲，19世纪20年代又传进了亚洲。1896年，中国上海高尔夫球俱乐部成立，标志着这项已有几百年历史的运动进入了中国。改革开放以后，高尔夫球重新进入中国。1985年5月，中国高尔夫球俱乐部在北京成立。随着社会的发展和人们生活水平的提高，高尔夫球运动逐渐被中国人所接受，热衷于这项运动的人也越来越多。

高尔夫球虽然是一项高雅的、深受人们喜爱的绅士运动。但由于高尔夫球场占地面积大，地面质量要求高，打球的器械种类、质量要求严格，服务需求多、档次高，因此投资巨大，消费昂贵，被称为"贵族运动"。

高尔夫球场如图3.30所示。

图3.30　高尔夫球场

3.6.2　主要设施设备

【拓展视频】

1. 高尔夫球场

高尔夫球场主要由草地、湖泊、沙地和树木组成，场地内的地面必须由质量很高、品质很好的草皮铺成。标准场地长约6000 m，占地面积约60.4公顷，宽度不限，整个球场至少设置18个球洞，分前9洞、后9洞。每个洞区主要由发球区、球道、果岭三个部分组成，发球区和果岭之间的通道既要有平坦的球道，也要有高低粗糙不平的地形及沙洼地、水沟、小树林等障碍物。

2. 发球区

发球区指每洞第一次击球时所在的光滑、平整的草坪。发球区设有发球台，每一发球台设三组远近不一的标记，为发球线。最前面的为业余女子发球线（红色），中间为业余男子和高水平女子发球线（白色），最远的为高水平男子发球线（蓝色）。

3. 球道

球道有长、中、短三种。长球道共4条，前后9洞各2条，男子距离在430 m以上，女子距离在401～526 m。中球道共10条，前后9洞各5条，男子距离在228～430 m，女子距离在193～366 m。短球道共4条，前后9洞各2条，男子距离在228 m以内，女子距离在193 m以内。

4. 果岭

果岭指每条球道的终点区域，中间设置有球洞洞穴，如图3.31所示。

5. 洞穴

洞穴是指埋入地下、供球落入的金属杯。洞穴直径为10.8 cm，深10.2 cm，杯的上沿低于地面约2.5 cm，如图3.32所示。

图3.31　果岭

图3.32　洞穴

6. 标志杆

标志杆指设置在洞穴中心的带旗帜、可移动的杆。旗上标有洞号，能为远离果岭的球手指明方位。近距离向洞穴击球时，旗杆可暂时拔去。

7. 高尔夫球

高尔夫球表面为白色、密排点状的凹坑，质地坚硬并富有弹性。球直径约4.26 cm，重45.93 g，如图3.33所示。

8. 高尔夫球座

球座是插入草坪的一个小木桩，上为凹面的圆顶。比赛选手在开球时必须将球放在木桩顶端，以便准确将球向前方洞穴击出。

9. 高尔夫球杆

高尔夫球杆长0.91～1.29 m，用木材或塑料与金属组合制成。运动时要根据击远、击近、击高的不同需要分别使用各种不同的球杆,如图3.34所示。球杆袋也称为球包,可装下全套的球杆和其他必备装备。

图3.33 高尔夫球

图3.34 高尔夫球杆

10. 球鞋

高尔夫球鞋由皮革制成,鞋底有12个左右的鞋底钉,可防止滑动,使选手挥杆时保持身体平衡。

3.6.3 运动规则

【拓展视频】

1. 比赛形式

(1)比洞赛。比洞赛是以较少的杆数打完一洞的一方为该洞的胜者,以每洞决定比赛的胜负。

(2)比杆赛。比杆赛是以最少的杆数打完规定一轮或数轮的比赛者为胜者。国际大赛和全国比赛均采用比杆赛。

2. 比赛方法

(1)比赛时,用抽签方法决定击球顺序。

(2)赛程中各洞的击球顺序,以球离洞最远者先击,次远者其次。离球洞最近者最后击。

(3)球击落在什么地方,就在什么地方接着击球,不可以任意挪动位置。

(4)每次击球入洞后可将球取出,并将球移至下一洞的开球处。

(5)如同比赛开始第一次击球一样,可以堆沙垫或使用球座垫球,然后击出。

3. 记杆方法

(1)每击一次球就算一杆。

(2)长球道标准杆为5杆,中球道标准杆为4杆,短球道标准杆为3杆。

（3）18 个洞的标准杆为 72 杆。

 知识链接

高尔夫球礼仪

高尔夫球运动是一项"绅士"运动，有很多礼仪规范，在打球过程中应注意遵守，否则会引起其他宾客的反感。

进入球场应穿有领上衣和高尔夫专用鞋。不能穿牛仔裤、圆领衫、背心、运动衫、网球装、泳装、工裤、短裤，不能穿高跟鞋和其他运动鞋。

在练习场内练球，高尔夫球场内禁止练球。球场内禁止观看，除非调度人员特许。

自备球袋、球杆，球杆不用时应放回球袋。

不能走入场地内的林地，也不要进入湖内捡回高尔夫球。人多时不要在球道上逗留，以免影响他人。在球场上不能大声谈天、喧哗，手机等通信工具最好不要带入场内，以免影响他人的注意力。

3.6.4 高尔夫球服务岗位职责及素质要求

高尔夫球场通常设有领班、服务员、球童等岗位。

1．领班

1）主要职责

（1）负责高尔夫球场日常管理工作。

（2）制订高尔夫球场员工岗位技能培训计划，按照计划对员工进行培训，不断提高其服务技能。

（3）编排服务员、球童的班次，负责布置服务员、球童的工作任务。

（4）负责检查高尔夫球场经营活动中的对客服务和接待工作。

（5）检查员工的仪容着装、礼节礼貌、劳动态度和工作效率，准确记录员工的考勤情况。

（6）检查高尔夫球场场地的卫生清洁情况及安全防范工作。

（7）负责球场设施、设备及球杆的使用管理工作，定期检查保养情况，如有损坏须立即报修。

（8）受理高尔夫球场宾客的投诉，并及时进行处理，保证营业活动的正常开展。

（9）负责高尔夫球场的物品领用，经康乐部经理批准后，向仓库领取并做好保管工作。

（10）做好员工的考核评估工作。

（11）负责每日召开班前布置会、班后总结会。

（12）贯彻执行上级的指示，保持信息沟通，完成康乐部经理交办的其他工作。

2）素质要求

（1）具有大专及以上学历，身体健康。

（2）懂得高尔夫球场各种设施设备的使用方法和日常维护保养方法。

（3）具有高尔夫球场营业管理知识，有良好的人事管理、组织管理、物资管理、设备管理的知识。

（4）能妥善处理上下级和班组成员之间的关系，能正确处理宾客投诉，保持良好的人际关系。

（5）有较强的语言表达能力和沟通能力，有一定的外语会话能力。

2. 服务员

1）主要职责

（1）负责高尔夫球场的接待服务工作。

（2）做好营业前的各项准备，检查营业用品并补齐，布置好球场有关器具，检查客用品有无损坏。

（3）负责宾客物品的保管，确保宾客的人身安全。

（4）负责高尔夫球场场地和设备的卫生清洁、维护保养工作。

（5）掌握高尔夫球运动的一般技巧，根据宾客需要给予适当的技术咨询或指导，为宾客提供陪练服务。

（6）向宾客提供饮品，并能够适时地推销。

（7）认真做好营业期间的消防、安全防范工作。

（8）认真执行营业时的球场规章制度，确保球场秩序良好。

（9）及时处理高尔夫球场发生的各种突发事件。

（10）填写服务记录，负责清场工作。

（11）熟练地操作高尔夫球场内的各种设备，并能排除一般故障。

2）素质要求

（1）具有高中及以上学历，身体健康。

（2）熟悉高尔夫球场工作服务规范和服务程序。

（3）具有一定的高尔夫球运动水平，熟悉高尔夫球活动规则，能够提供陪练服务。

（4）懂得维护和保养高尔夫球器具及场地设施。

（5）具有较强的酒店产品推销能力、人际关系处理能力。

3. 球童

1）主要职责

（1）帮助宾客选杆，并为宾客打球提供建议。

（2）耐心解答宾客的询问，并提供标准、规范的动作示范。

（3）根据宾客需要给予适当的技术咨询或指导，为宾客提供陪练服务。

（4）为宾客提供保管球包、开电瓶车、捡球、递球杆、递毛巾和递水等服务。

（5）维持球场秩序，确保球场秩序良好。

(6) 宾客不适或发生意外时,能够及时采取急救措施,及时处理高尔夫球场发生的突发事件。

2) 素质要求

(1) 具有高中及以上学历,身体健康。

(2) 仪容仪表端正,具有良好的服务意识和职业道德,讲究礼貌礼节。

(3) 熟悉高尔夫球球会和部门规章制度。

(4) 熟悉高尔夫球服务规范和技能技巧,熟练驾驶球车。

(5) 具有良好的英语会话能力。

3.6.5 高尔夫球场服务单

高尔夫球场贵宾服务单见表3-8。

表 3-8 高尔夫球场贵宾服务单

贵宾姓名\内容	卡号	身份证号码	日期	项目	人数	时间	持卡人签名	经办人	备注

3.6.6 高尔夫球服务程序与标准

1. 预订工作

(1) 接到预订电话后要主动向宾客介绍高尔夫球场的情况与价格。

(2) 记录宾客的姓名、电话、到达时间、来宾客数等。

(3) 向宾客重复一遍以便确认,并向宾客说明保留预约的时间,做好登记。

(4) 向宾客致谢。

(5) 预订确认后,要立即通知有关服务部门提前做好服务准备。

2. 准备工作

(1) 穿好工服,佩戴胸卡,整理好自己的仪容仪表,提前到岗,向领班报到,参加班前会,接受领班检查及分工。

(2) 按规定的时间做好营业前的准备工作,清洁座椅、茶几、烟灰缸、地毯和太阳伞等。

(3) 做好高尔夫球场、休息区、更衣室、淋浴室与卫生间的清洁卫生。

(4) 检查各项设施是否完好,如果发现问题设法修理或报工程部门。

（5）将供宾客租用的球具、手套、球鞋等准备好，补齐各类营业用品和服务用品。

（6）检查交接班本，了解宾客预订情况。

3. 迎宾接待

（1）服务台服务员应面带微笑，主动问候宾客。

（2）询问宾客是否有预订，并向宾客介绍收费标准等，并与宾客确认开始计时的时刻。

（3）为宾客进行登记。开记录单，收取押金，并请宾客在场地使用登记表上签字。

（4）对无预订的宾客，若场地已满，应安排其按顺序等候，并告知大约等候的时间，为宾客提供茶水和书报杂志等。

（5）向宾客提供更衣柜钥匙、毛巾等，引领宾客至更衣室。

4. 高尔夫球服务

（1）球场服务员应主动问候宾客，并接过宾客手中的球具袋，引领宾客到座位旁。

（2）主动帮助宾客将其球具袋内的球、球杆、手套和球鞋等取出，为宾客摆放好。

（3）宾客换下的鞋子应收拾到鞋柜里，并提醒宾客如果需要擦鞋服务，可以通知服务人员。

（4）对于没有携带球具的宾客，应主动询问他们喜欢什么样的球具和所需运动鞋的尺码，并迅速到服务台为其领取。

（5）将宾客的球具和其他设备清点并装车。按宾客前后进场顺序分上9洞和下9洞进行场地安排。

（6）将宾客带入发球区，并根据宾客的要求安排在白、蓝、红不同的发球区发球。

（7）介绍洞的码数并指导宾客合理选用球杆。

（8）及时提供捡球、送球服务。

（9）当宾客攻上果岭以后，服务员要帮助宾客瞄准，并将标志旗拿下，宾客根据果岭的不同地形考虑推杆的方向。

（10）宾客将球击入球洞后，服务员要及时公布该洞使用的杆数，并记录到球卡上，随后带领宾客进入下一个洞的发球区域。

（11）宾客休息时，服务员要根据宾客需要及时提供饮料、毛巾等服务。

（12）宾客打完全部洞穴后，服务员应将宾客使用的所有球具擦干净，清点完毕送至宾客的车上。

（13）如宾客需要淋浴，则将宾客引领到淋浴室并为宾客准备好毛巾和拖鞋。

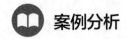 **案例分析**

迟迟不来的鲜榨果汁

某酒店的室内高尔夫练习场,周先生正在挥汗如雨地练习挥杆技术,不一会儿,觉得口渴的周先生叫服务员小发帮他到吧台购买两杯鲜榨果汁。

20分钟后,周先生见果汁还没有上来,便问小发为什么果汁还没有上来,小发说:"请您稍等,马上就给您上。"

又过了15分钟,周先生还没有见到果汁,又问小发,小发答道:"马上给您上!"

"你们的马上是多久啊?现在都半个多小时了,还没有上!"周先生忍不住生气了。

小发向周先生道歉,并马上跑到吧台去问,这回果汁真的上来了,但周先生由于有事,没有喝那杯果汁便走了。

从此,周先生不再光顾该酒店,还经常跟朋友们提起那家酒店的劣质服务。

思考题:

1. 如果你是小发的主管,你会教导她如何处理此事?
2. 在周先生愤然离去后,还有什么方法可以挽回这位宾客?

5. 结账服务

(1) 宾客消费结束时,服务员应帮助宾客收拾球具或帮助宾客归还租用的器材,提醒宾客带好随身物品,协助宾客到收银台结账。

(2) 如果宾客要求挂单,收银员要请宾客出示房卡并与前台收银处联系。待确认后请宾客签字并认真核对宾客的笔迹,如果未获前台收银处同意或认定笔迹不一致,则请宾客以现金结付。

6. 送别宾客

(1) 礼貌地向宾客道别,并请宾客下次光临。

(2) 对场地进行彻底清理,将卫生状况恢复至营业的要求。准备迎接下一批宾客的到来。

(3) 按规定对宾客租用的球鞋、球具进行清洁。修理损坏的发球架和球具等。

模拟对话

服务员:先生,您好。这边请。

客　　人:你好。

服务员:请将您的球具交给我,我帮您装车。

客　　人:谢谢。

服务员:球具已经帮您装在车上了,请问您换下的皮鞋需要打油吗?

客　人：不需要。
服务员：好，我帮您把鞋放到鞋柜里。
客　人：好。谢谢。
服务员：这是您鞋柜的钥匙，请拿好。电瓶车已经准备好了，门口有球童送您到场地。祝您玩得愉快！

任务实训

实训 3-6　掌握高尔夫球服务技能

实训目的： 通过此次实训，使学生掌握高尔夫球服务技能。

实训内容： 走访学校所在城市的星级酒店，了解高尔夫球场岗位设置以及各岗位服务人员的岗位职责，观摩高尔夫球场服务人员对客服务。

实训步骤：

第一步：教师下达实训任务书。

第二步：教师引导学生分组，通过走访酒店（辅以查阅资料、网络交流等多种方式），了解高尔夫球场服务人员岗位技能要求，掌握高尔夫球场基层服务人员工作技能。

第三步：小组之间进行交流，共享调研成果。

第四步：教师归纳总结。

实训成果： 上交实训报告。

任务评价

学习目标	内容		自我评价			小组评价			教师评价		
	评价项目		优	良	可	优	良	可	优	良	可
知识目标	了解高尔夫球运动的基本情况										
	了解高尔夫球运动的主要设施设备										
	熟记高尔夫球服务岗位职责及素质要求										
	掌握高尔夫球服务程序与标准										
专业能力目标	基本胜任高尔夫球场领班工作										
	掌握高尔夫球服务技能，胜任高尔夫球场服务员工作										
通用能力目标	沟通能力										
	项目管理能力										
	解决问题能力										

续表

学习目标	内容	自我评价			小组评价			教师评价		
	评价项目	优	良	可	优	良	可	优	良	可
任务单	内容完整正确									
	书写清楚规范									
	思路清晰、层次分明									
小组合作	创造良好的工作氛围									
	成员互相倾听									
	尊重不同意见									
	全员参与									

整体评价：
　　　　　　优秀□　　　　良好□　　　　基本掌握□

教师建议：

同步练习

一、填空

1. 健身房主要设施设备有_____、_____、_____、_____。

2. _____是四种竞技游泳技术中速度最快的一种泳姿。_____较省体力，深受中老年人和体质较弱者喜爱。

3. 无袋式台球即_____，有袋式台球包括_____、_____、_____。

4. 斯诺克台球一杆最高可得_____分。

5. 保龄球第一次投球击倒全部球瓶称为"全中"，用符号_____记录。如果从第1轮到第10轮连续12个球全中，则该局比赛的"最高局分"为_____分。

6. 保龄球馆通常设有_____、_____、_____等岗位。

7. 网球场有不同的分类，其中红土场地最典型的代表就是_____公开赛。

8. 网球运动记分方法，每胜一球得1分，其中得1分记为_____，得2分记为_____，得3分记为_____，得4分记为_____，先胜4分者为胜一局。

9. 高尔夫球场至少设置_____个球洞，分前_____洞、后_____洞。每个洞区主要由_____、_____、_____三个部分组成。

10. 高尔夫球有_____和_____两种比赛形式，国际大赛和全国比赛均采用_____。

二、辨析

1. 人力跑步机的传动滚为橡胶带，可以减缓跑步时对腿脚关节的冲击力，跑动是比较舒适愉快的。　　　　　　　　　　　　　　　　　　　　　（　　）

2. 游泳池服务员主要负责宾客的游泳安全。( )

3. 英式斯诺克有红色球 15 颗，每颗分值为 1 分。彩球 6 颗，黄、绿、棕、蓝、粉、黑，分值分别为 2 分、3 分、4 分、5 分、6 分、7 分。( )

4. 保龄球球道是保龄球投出后向前滚动的路径，标准球道的长度为 19.16 m，球道最前方是置瓶区，球瓶呈正三角形排列，球道的后方是发球区，作为球员持球及助走掷球的区域。( )

5. 网球比赛中，双方各得 3 分时，则为"平分"。"平分"后，一方先得 1 分时，为"占先"。"占先"后再得 1 分，才算胜一局。( )

6. 高尔夫球童的主要职责是根据宾客需要给予适当的技术咨询或指导，为宾客提供陪练服务。( )

三、问答

1. 请列举健身房常见的健身器械。
2. 请简述游泳池服务员的主要岗位职责。
3. 请简述台球厅服务员的接待服务程序。
4. 请向宾客模拟介绍保龄球四步助走技术。
5. 请简述网球的发展历史。
6. 请列举高尔夫球运动的主要设施设备。

第4章 保健类项目服务技能训练

项目概述

本项目引导学生了解桑拿浴、温泉浴、足浴、保健按摩、美容美发基本情况，主要服务方法和服务流程。该项目分为桑拿浴服务技能、温泉浴服务技能、足浴服务技能、保健按摩服务技能、美容美发服务技能5个任务，每个任务按照任务导入→任务分析→任务实训→任务评价来组织教学内容。

知识目标

（1）了解桑拿浴、温泉浴、足浴的适应症以及禁忌，保健按摩、美容美发的注意事项。
（2）了解桑拿浴、温泉浴、足浴、保健按摩、美容美发主要设施设备。
（3）熟记桑拿浴、温泉浴、足浴、保健按摩、美容美发服务岗位、职责及素质要求。
（4）掌握桑拿浴、温泉浴、足浴、保健按摩、美容美发服务程序与标准。

能力目标

（1）掌握桑拿浴服务技能，基本胜任桑拿浴基层服务岗位工作任务。
（2）掌握温泉浴服务技能，基本胜任温泉浴基层服务岗位工作任务。
（3）掌握足浴服务技能，基本胜任足浴基层服务岗位工作任务。
（4）掌握保健按摩服务技能，基本胜任保健按摩基层服务岗位工作任务。
（5）掌握美容美发服务技能，基本胜任美容美发基层服务岗位工作任务。

任务 4-1　桑拿浴服务

桑拿浴是既时尚又保健的休闲方式，是各大酒店中常设的康乐服务，是一种特殊的洗浴方法，兼有清洁皮肤和治疗疾病两种作用。它通过接连几次的冷热交替洗浴来产生松弛关节、缓解疼痛等疗效，深受宾客喜爱。

任务导入

情境介绍： 某天晚上，某酒店桑拿室的服务人员小王为一女宾提供更衣服务时，突然发现该女宾的腰间有一圈色泽鲜红的小疹子。小王怀疑该女宾患有传染性皮肤病——带状疱疹，因此担心其他宾客有意见。虽然桑拿室有规定谢绝接待患有皮肤病和传染病的宾客，但小王不便直接阻止宾客进入。经过思考，小王婉转地询问该女宾："最近皮肤是否有什么不舒服"。在与该女宾聊天的过程中，顺便告诉该女宾自己家里以前曾有人得过这种病，桑拿浴可能会加重病情，对皮肤不好，在治疗期间不适合到公共场所洗桑拿浴等。然后小王为宾客端上一杯冷饮，请宾客再考虑一下是否还要进入桑拿室。

经过小王礼貌周到的服务与劝说，该女宾打消了进入桑拿室的念头离开了，临走时还向小王表示了感谢。

思考题：

1. 在日常桑拿浴接待工作中，有哪些途径有助于做好观察工作？
2. 从宾客的心理角度考虑，如何谢绝接待患有皮肤病的宾客？
3. 当发现不符合接待条件的宾客时，你会如何处理？

案例分析：

服务人员小王在为宾客提供服务的过程中，能够成功化解和宾客可能发生的矛盾，并坚持自己的工作原则，其中有几点做法是值得推崇的：一是细心观察，发现问题；二是坚持岗位职责，没有盲目以客为尊；三是注重积累生活常识；四是服务到位，善于与客沟通。最终，小王使患有皮肤病的女宾平静地主动选择离开，达到了最佳解决效果。

案例启示：

这是一起由服务员的细致服务化解可能发生的矛盾纠纷的案例。服务员小王能够在服务过程中察言观色，从女宾自身的健康需求出发，照顾宾客的感受，换位思考，既维护了桑拿浴大多数宾客的利益，又没有使该女宾感到尴尬。这是较为成功的一种服务方式，值得康乐服务人员参考和学习。

任务分析

作为酒店保健类项目服务人员，应当能够细致地发现问题，并且及时化解可能产生的矛盾纠纷，照顾到宾客的感受，多进行换位思考。

4.1.1 桑拿浴简介

桑拿浴是既时尚又保健的休闲方式，是各大酒店中常设的康乐服务。目前，常见的形式如下。

1. 桑拿浴

桑拿浴是在沐浴过程中将室内温度升高至45℃以上，使沐浴者犹如置身于沙漠，在暴烈的太阳下干晒，体内水分大量蒸发，达到充分排汗的目的。宾客洗浴时，先用温水淋浴，将身体擦洗干净，女士要卸妆。进入温水池浸泡片刻，使毛孔、血管扩张，然后进入桑拿浴室蒸10～15分钟，感到全身排汗或太热时出来，用冷水淋浴或进入冷水池中浸泡，然后再次进入桑拿浴房，如此反复2～3次，最后将全身洗净，或在温水池浸泡一会儿后进入休息室休息。整个过程很消耗体力，排汗的同时也会排出油分，可以起到减肥效果。差别强烈的冷热刺激可以促进全身皮肤深呼吸，具有很好的美容作用。

桑拿浴室的设备主要是木制房。房间内有木条制的休息区和枕头，墙下有防水的照明灯、温度计和定时器。地板也是由木条制成，可以排水。浴室有观察窗，便于服务员观察室内宾客的状况以防不测。豪华的浴房有专用的音响系统，提供背景音乐，甚至还可以模拟大自然的阴、晴、风、雨而创造出不同的环境，宾客仿佛置身于大自然中。桑拿炉是通过电热载石盒，加热装在炉中的桑拿石，使室温迅速升高，而使宾客蒸浴。先进的桑拿炉配备了全自动电子恒温控制器，能根据宾客的需要随时调节室温和保持室温。桑拿房中有桑拿木桶和木勺等配件，在洗浴的过程中宾客不断地用木勺舀水泼到桑拿石上，水碰到火红滚烫的石头后立刻变成水蒸气弥漫在空气中，用来调节室内湿度的大小，如图4.1所示。

【拓展视频】

2. 蒸汽浴

蒸汽浴是在温度很高的室内通过不断在散热器上淋水，或是根据需要控制专用蒸汽发生器的开关，让浴室内充满浓重的湿热蒸汽，使沐浴者仿佛置身于热带雨林之中，又闷又热，大汗淋漓，从而达到充分排泄体内垃圾的目的，如图4.2所示。

图 4.1　桑拿浴室

【拓展视频】

图 4.2　蒸汽浴室

3. 冲浪浴

冲浪浴是在特殊设计的水力按摩浴缸、按摩池中进行的洗浴方式。按摩浴缸是根据人的体形特征设计,针对人体的背部、尾骨、神经中枢及其他各穴位,装置特殊喷嘴,汇集空气及水流,产生大量回旋式气泡和旋涡式动力冲击人体的各个穴位,刺激皮肤毛孔进行水力按摩。它可使洗浴者的心脏得到适当的运动,既可加强其承受压力的能力,又可促进人体血液循环,加速新陈代谢,并可治疗因剧烈运动而引起的肌肉疼痛或关节疼痛,如图 4.3、图 4.4 所示。

4. 蒸汽喷淋花洒房

蒸汽喷淋花洒房集淋浴、蒸汽浴、水力按摩及瀑布式淋浴功能于一身,用特种玻璃钢制成 2 m 多高,全封闭,内有计算机控制的按摩喷嘴对准人体的各个穴位喷淋,为宾客做全身按摩,从而达到消除疲劳和恢复体力的功效。瀑布式喷淋和花洒淋浴可以对人体的颈部和肩部进行冲淋和按摩,如图 4.5 所示。

图 4.3　冲浪浴

【拓展视频】

图 4.4　冲浪浴缸

图 4.5　蒸汽喷淋花洒房

5. 光波浴

光波浴是利用红外线使沐浴者达到排汗、排毒的目的。红外线是热能量最高对身体无害,可以作用于人体的组织细胞,产生生理热效应,在 40～60℃的洁净环境内使人大量出汗,扩张皮肤毛孔,排出杂质,加快身体新陈代谢,可以健肤和美容,提高免疫功能,对多种病症具有疗效,如图 4.6 所示。

图 4.6 光波浴

 知识链接

桑拿浴的起源和益处

桑拿浴的起源，说法不一，但是比较一致的说法是起源于古罗马。当时的古罗马人出于强身健体之目的，用木炭和火山石取热量健身，这就是现代桑拿的雏形。

"桑拿"是芬兰语，这样的称呼恐怕与桑拿的起源有关。芬兰是桑拿浴的发源地，这个令人舒筋活络的风俗，最早起源于芬兰的乌戈尔族。"桑拿"的原意是指"一个没有窗子的小木屋"，最初的小木屋，不仅没有窗户，甚至连烟囱也没有，浓烟把屋子熏得黝黑，因而，那时的桑拿就叫"烟桑拿"。后来，一些富有革新精神的人安装了烟囱，桑拿从此也就有了新面貌。不过，芬兰的一些地方仍然保留了"烟桑拿"，但享受一次，却要很多钱，而且很费时间，因为"烟桑拿"要熏上七八个小时才能达到真正的效果。

古典桑拿浴在古罗马产生以后，临近的北欧由于气候严寒，人们常年不出汗，于是为了设法出汗就接受了桑拿浴这种使人大汗淋漓的方法，并在此基础上使桑拿浴的设备和洗浴方式不断得以改进，特别是随着科学技术的发展，北欧人将先进的科技运用于桑拿浴设备，从而使桑拿浴达到现代化水准。桑拿浴从浴室环境和出汗方式又可分为干与湿两种。

桑拿浴传入中国，首先是从北欧。干桑拿浴从芬兰传入中国，因而称为芬兰浴，湿桑拿浴从土耳其传入我国，因而亦称为土耳其浴。也有一种说法，芬兰的桑拿根在中国。这条消息是 1996 年 8 月 1 日《中国日报》透露的。据那篇署名文章称，早在中国的春秋时代，赵国国王曾下令将近千块烧红的大铁块投入水池之中，产生大量的蒸汽，然后他率领众妻妾在蒸汽池中嬉戏。文中还说，忽必烈还没有称帝之前，在一次征战中，由于过度劳累晕倒在战场。他的手下把一块大石头烧得通红，然后往石头上泼水，然后把这个冒着热气的石头抬到忽必烈的身旁，据说这样可以促进血液流通，后来，他沉沉地睡了一觉，第二天就又挥戈上马了。

桑拿浴是目前世界上最深度清洁的洗浴方式，而且能解除疲劳，对人的身体健康有诸多好处，因此，在世界各地迅速风靡。目前，在我国大中小城市，桑拿浴都得到了非常广泛的应用，甚至很多家庭也都配置了桑拿房。桑拿浴的普及，源于它有非常多的优点。

（1）在蒸桑拿的过程中，皮肤的毛细血管明显扩张，大量出汗，可充分改善人体微循环，促进新陈代谢。

（2）80℃左右的高温可帮助汗液排泄，杀死皮肤表面的细菌，更有助于排出体内毒素，使皮肤组织获得更多的营养。

（3）可以降低压力，彻底消除疲劳，缓解紧张的肌肉和神经。

（4）可以让肌肤非常柔软，肤质更加光滑、美丽。

（5）可燃烧多余脂肪，令爱美的人士达到减肥效果。

（6）桑拿兼有治疗疾病的作用。它通过接连几次的冷热交替可缓解疼痛、松弛关节；针对许多皮肤病，诸如鱼鳞病、银屑病、皮肤瘙痒症等都有不同程度的治疗作用。

4.1.2 桑拿浴的注意事项

洗桑拿浴可引起一系列的全身性生理改变。高温高湿环境会使心跳加快，一定程度上升高血压，而冷水浸泡后又会使心跳减慢、血压下降。因此，必须对室内温度、湿度和入浴时间包括冷热交换次数等严格掌握。初次入浴时，高温蒸汽室内只能停留5分钟，然后逐步延长在高湿蒸汽室内的停留时间。由于桑拿浴会对人体产生一定的影响，因此下列情况下不宜洗桑拿浴。

（1）既往有高血压、心脏病病史的患者。因为桑拿浴会引起血压很大范围的波动，增强心脏负荷，易引起高血压、心脏病突发，容易发生意外甚至危及生命。

（2）饭后，特别是饱餐后半小时内。饭后立即洗桑拿浴，皮肤血管扩张，血液大量回流到皮肤，会影响消化器官的血液供应，势必影响食物的消化吸收，对健康不利。

（3）过度劳累或饥饿时。劳累和饥饿时，人体肌张力较差时，对冷和热刺激的耐受力均降低，易引起虚脱。

（4）妇女经期。经期妇女身体抵抗力降低，洗桑拿浴时，冷热多次交替，易引起感冒和细菌感染而危及女性身体健康。

4.1.3 桑拿浴的主要设备

（1）桑拿浴室的设备主要是木制房。房间内有木条制的休息区和枕头，墙上有防水照明灯、温度计和计时器。地板是由木条制成的，可以排水，如图4.7所示。

【拓展视频】

图 4.7　木质房

（2）桑拿炉是通过电热载石盒，加热装在炉中的桑拿石，使室温迅速升高，而使宾客蒸浴。先进的桑拿炉配备了全自动电子恒温控制器，能根据宾客的需要随时调节室温和保持室温。

（3）桑拿浴室设有桑拿木桶和木勺等配件，在洗浴过程中宾客不断地用木勺舀水泼到桑拿石上，水碰到火红滚烫的石头后会立刻变成水蒸气弥漫在空气中，用来调节室内湿度的大小。

（4）蒸汽浴室通常采用塑料或特种玻璃钢制造。一间简单的房间里排满了座椅，地面是由防滑材料做成的，室外的电动蒸汽炉制造的蒸汽，通过管道输入浴室，蒸汽炉配有蒸汽压力安全保险装置、全自动恒温控制器。蒸汽浴室有防蒸汽的墙灯，棚顶还配有自动香精喷雾器和自动清洗器。

（5）冲浪浴缸。

（6）蒸汽喷淋花洒房是用特种玻璃钢制成，全封闭。浴室外可安装小蒸汽炉，并配有恒温控制器，使浴室成为蒸汽房。这种花洒房体积小、功能多。较适合于家庭和酒店的豪华套房内使用。

（7）光波浴房。

4.1.4　桑拿浴服务步骤

现代酒店康乐部，一般需要服务员通过准备工作、迎接工作、桑拿服务、送客服务、结束工作 5 个步骤来为宾客提供完整的桑拿服务。具体操作方法与注意事项如下所述。

1. 准备工作

（1）整理好仪容仪表，以符合酒店康乐部服务人员的要求为准。

（2）清洁整理卫生环境，做到地面洁净无杂物，服务台上各类物品摆放整齐。

（3）摆放相关告示牌。将营业时间、宾客须知、价格表等以中英文对照书写，置于明显位置。

（4）检查桑拿设备。包括检查所有服务设备设施是否齐全，运转是否正常；查看桑拿浴室内的木板有无松动和毛刺,并整理好;温度计、湿度计、地秤等指示准确,位置明显。

(5) 准备用品。将营业时使用的毛巾、浴巾、浴袍、短裤、拖鞋、浴液、梳妆用品等准备齐全。

(6) 准备服务用具。包括检查更衣柜是否留有杂物;将各种表格、单据和文具准备齐全,放于规定的位置;检查酒吧内的用具、餐具、酒具、酒水及小食品等的准备情况。

2. 迎接工作

(1) 面带微笑,主动问候宾客,应当符合酒店康乐部服务人员要求。
(2) 为宾客提供换鞋服务,协助宾客换上干净的拖鞋。
(3) 递送手牌,准确记录手牌,将宾客的鞋子放入相应鞋柜。
(4) 引领宾客进入桑拿浴室,并主动向宾客介绍桑拿浴室内设备设施的性能及使用方法。

3. 桑拿服务

(1) 引领宾客至淋浴间进行洗浴,帮助宾客调节好水温。
(2) 带宾客洗浴完毕后,将宾客引领至指定桑拿浴室。
① 进入桑拿浴室前提供一块冰毛巾供宾客捂在口鼻处,以减少呼吸道的灼热憋闷感。
② 进入桑拿浴室后,主动询问宾客室温及蒸汽密度是否舒适,并按宾客要求,调节到宾客满意为止。
③ 如果是干桑拿浴室,征得宾客同意后,应首先示范。拿起木勺舀适量的水浇在烧得灼热的石头上,以产生大量的热蒸汽。
④ 向宾客讲明注意事项,提醒宾客注意安全。
(3) 做好时间记录,做好每一位宾客进入桑拿浴室的时间记录,以防止长时间使用引起缺氧昏厥的事故发生。
(4) 随时观察宾客,确保安全。
① 随时观察宾客有无不适或意外情况,及时采取紧急救护措施,保证宾客人身安全。
② 宾客洗浴过程中,应主动递上冰毛巾。
③ 征询宾客是否需要酒水服务。
(5) 做好浴后服务。为宾客提供适当的按肩服务,协助宾客穿好浴衣。
(6) 引领宾客到休息室休息,在宾客休息过程中,随时注意宾客需求,及时提供必要服务。

4. 送客服务

(1) 帮助宾客穿戴好衣帽。宾客离开时,要主动提醒宾客携带好随身物品,注意不要遗漏任何物品,特别是手套、围巾等小物件。
(2) 结账服务。
① 当宾客示意结账时,应主动上前核对手牌,并请宾客核对消费项目。

② 询问宾客结账方式，按照标准准确快速地为宾客办理。
③ 如果宾客要求挂账，应请宾客出示其房卡并与前台收银处联系，待确认后请宾客核对账单签字，认真审核宾客笔迹，如前台收银处未对宾客资料进行确认或认定笔迹不一致时，要请宾客以现金支付。

（3）回收手牌，根据手牌为宾客取回鞋子并协助其换鞋。
（4）送别宾客，送宾客至门口并礼貌地向宾客道别。

5. 结束工作

（1）做好收尾工作。及时冲刷和消毒桑拿室，整理好桌椅；将宾客使用过的布类用品点清数量送交洗衣房。
（2）做好维护、保养工作，清洁整理桑拿浴室，关闭电源。

4.1.5 桑拿浴室服务员的岗位职责

（1）能较熟练地运用外语。礼貌待客，服从领班工作安排，与按摩师合作做好桑拿房的各项工作。
（2）负责记录每位宾客进入浴室的时间。
（3）熟练掌握桑拿浴室服务操作流程，为宾客提供所需的毛巾、肥皂、拖鞋、杂志等。
（4）熟知并会操作桑拿房内的各种设备设施，调节好室温和蒸汽，为宾客讲解设备设施的使用要领与方法。
（5）保证宾客安全，勤巡查，提醒宾客保管好私人物品，禁止儿童进入蒸汽房、桑拿房、水池等。对超过正常使用时间的宾客及年老体弱者要特别留神。
（6）保持桑拿浴室、休息室的环境卫生，负责家具和设备设施清洁保养。

任务实训

实训4-1　掌握桑拿浴服务流程

实训目的： 通过此次实训，使学生掌握桑拿室服务基本流程。
实训内容： 走访学校所在城市的星级酒店，了解酒店桑拿室内各岗位服务人员的岗位职责，观摩桑拿服务人员对客服务。
实训步骤：
第一步：教师下达实训任务书。
第二步：教师引导学生分组，通过走访酒店（辅以查阅资料、网络交流等多种方式），了解桑拿浴服务人员技能要求，掌握桑拿浴服务人员工作技能。
第三步：小组之间进行交流，共享调研成果。
第四步：教师归纳总结。
实训成果： 上交实训报告。

任务评价

内容		自我评价			小组评价			教师评价		
学习目标	评价项目	优	良	可	优	良	可	优	良	可
知识目标	桑拿浴的服务程序									
	桑拿浴的注意事项									
	桑拿浴的设施设备									
专业能力目标	准备工作									
	迎接工作									
	桑拿服务									
	送客服务									
	结束工作									
通用能力目标	沟通能力									
	项目任务管理能力									
	解决问题能力									
任务单	内容完整正确									
	书写清楚规范									
	思路清晰、层次分明									
小组合作	创造良好的工作氛围									
	成员互相倾听									
	尊重不同意见									
	全员参与									
整体评价： 优秀□ 良好□ 基本掌握□										
教师建议：										

任务4-2 温泉浴服务

任务导入

情境介绍：一天，某五星级酒店的温泉洗浴中心来了两位宾客。服务人员看到有宾客来了，连忙站在门口主动问好："您好先生，里边请。"并收好宾客的消费卡。

待宾客进入洗浴中心办好手续后，更衣室的服务人员又马上热情而主动地把宾客让到相应的位置。"您好先生，"他殷勤地打开衣柜请宾客更换衣物，"请更衣，我给您挂好衣服。"宾客连忙说："不用不用，你去忙你的吧。"服务人员却仍旧站在一旁，随时准备协助宾客挂放衣物。两位宾客看了这位服务员好几次，看他仍然一动不动，其中一位宾客只好说："你能先走开一下吗？我不习惯有人站在旁边时更衣。"这位服务员赶紧递上毛巾，"先生，请放好您的物品，带好钥匙。"一边说一边离开了更衣室。

接着，换好衣服的宾客走向了洗浴区，洗浴区的服务人员热情地过来迎接宾客，把宾客带到淋浴区，快速而熟练地打开开关并调节水温。"先生需要帮忙吗？"看到两位宾客没有说话，服务人员开始给宾客讲解药浴的由来以及它的特色，并介绍各种设施的乐趣、功效和特点。服务人员正滔滔不绝时，这两位宾客的眉头已经皱了起来，但他们什么也没说，只是拉上了淋浴房的门。冲完之后两位宾客走进了温泉区域，服务人员在这两位宾客即将进去之前赶紧询问："先生搓背吗？""先生需要按摩吗？"宾客摇了摇头就进去了。当宾客结束温泉洗浴进入更衣室时，洗浴区服务人员拉开了门："洗好了，先生？请到外面擦一下。"他们一边协助宾客更衣，一边介绍并询问宾客的更衣喜好，因为一般桑拿洗浴中心会提供两种衣服，一种是一次性的，另一种是普通桑拿服，收费不同。这两位宾客选择了一次性的衣服，进了休息区喝茶休息。这时，服务人员又开始向宾客介绍休息区的各种设施和服务。最后，当经理过来巡视询问宾客的感受如何时，其中一位宾客说："环境不错，就是服务人员太热情了，好像要追求完美效果一样。"

思考题：
1. 为什么两位宾客对热情的服务人员皱起了眉头？
2. 如果你是经理，听到宾客的评价之后会怎样应对？
3. 本案例中事件的发生让你对桑拿洗浴中心的服务管理有什么新的认识？

案例分析：

为什么在此案例中如此热情周到的服务并没有得到宾客的热情回应和认可呢？这值得我们深思。显然，完美的服务并非是严格按照程序和标准执行的服务，而要善于在服务标准之上灵活进行人性化处理，善于观察宾客的面部表情和身体语言，及时准确地判断宾客的需求。有时，做得过多、说得过多并不一定能让宾客满意。

案例启示：

本案例给服务人员和管理者提出了一个问题：良好的主观意愿和完美的服务程序并不一定能相应带来顾客满意度的有效提升。所谓优质服务，应是从宾客角度出发、符合宾客利益和需要的人性化服务，而非死板教条地照搬程序。当然，在实践中到底如何做才更好，还需要不断探索和积累经验。

任务分析

身为酒店康乐部的一名员工，要掌握为宾客提供优质服务的步骤，熟记温泉浴服务步骤。同时，应该在服务过程中灵活进行处理。

4.2.1 温泉浴简介

进入寒冬，光是想想暖融融的温泉浴，就会让人觉得舒适惬意。请你（康乐部温泉浴服务员）向宾客介绍这项保健休闲方式。

在《现代中国旅游地理》中，称温泉是"一般把水温高于人体皮肤温度（约34℃的泉水统称为温泉；低于这个指标的称为冷泉；高于人体体温（约37℃）的又称为热泉、高温泉或沸泉。"温泉是一种由地下自然涌出的天然热水，多是岩浆在地壳内部冷却，形成水蒸气，气体加上温度的变化后产生温热水。温泉标准各国稍有不同，大都为20～25℃。温泉的主要类型有碳酸泉、硫磺泉、食盐泉、碳酸氢铀泉、单纯泉等。温泉自古就是人们用来作为水疗及养生的天然资源，我国温泉有文字记载的多达972处，如陕西临潼的华清池、北京的小汤山、黑龙江省的五大连池等都是全国著名的温泉，其中温度高于50℃的就有229个。泡温泉可以促进血液循环，改善心脏及血管功能，增强身体免疫能力，如图4.8所示。

【拓展视频】

【拓展视频】

图4.8 五大连池温泉

【拓展视频】

知识链接

温 泉

温泉（Hot Spring）是泉水的一种，从地下自然涌出或人工钻井取得且水温≥25℃（高于环境年平均温5℃，或华氏10 °F以上），并含有对人体健康有益的微量元素的矿水。

温泉水温一般超过20℃，有些温泉高达100℃。水温超过当地年平均气温的泉也称温泉。温泉的水多是由降水或地表水渗入地下深处，吸收四周岩石的热量后又上升流出地表的，一般是矿泉。泉水温度等于或略超过当地的水沸点的称沸泉；能周期性地、有节奏地喷水的温泉称间歇泉。中国已知的温泉约2400多处。台湾、广东、福建、浙江、江西、云南、西藏、海南等地温泉较多，其中最多的是云南，有温泉400多处。腾冲的温泉最著名，数量多，水温高，富含硫质。世界上著名的间歇泉主要分布在冰岛、美国黄石公园和新西兰北岛的陶波，如图4.9所示。

图 4.9　美国黄石公园温泉

　　用途：因为温泉是天然产生的热水，所以自古以来温泉的价值就广为人类及动物们的充分利用。因此，你也可以利用温泉做如下这些事。

　　（1）洗澡：这是温泉的基本用途，特别是爱干净和享受的人们。

　　（2）煮茶叶蛋：在温泉里煮茶叶蛋这种事，台湾人经常在做，至于好不好吃可以自己去煮煮看。

　　（3）煮火锅：因为温泉常年四季都是热水，因此也有人泡温泉泡到饿了，带火锅料及酱汁想在温泉里头边泡边煮来吃。

　　（4）煮汤圆：泡温泉时顺便煮汤圆来吃，这是中国人特有的节目和特别享受。

　　温泉产生的条件：

　　（1）地下必须有热水存在（地底有热源存在）。

　　（2）必须有静水压力差导致热水上涌（岩层中具裂隙让温泉涌出）。

　　（3）岩石中必须有深长裂隙供热水通达地面（地层中有储存热水的空间）。

4.2.2　温泉浴的疗效

　　温泉浴是一种自然疗法，其化学物质可刺激自律神经、内分泌系统和免疫系统。温泉依不同水质有不同疗效。

1. 热疗效果

　　温泉可以扩张血管，促进血液循环，增加身体肌肉组织的伸展性，解除肌肉痉挛，减轻疼痛，增加内分泌，改善免疫系统，消耗热量，达到瘦身的效果。

2. 机械理学反应

　　由于在温泉中阻力减轻，利用水的浮力，容易做各种复健运动，有助于改善运动机能；因肌肉放松，可改善痉挛，减轻疼痛；增加内腹压，增加心脏容量，促进排尿作用。

　　此外，大多数温泉中都含有丰富的化学物质，对人体有一定的帮助。比如温泉中的碳酸钙对改善体质、恢复体力有一定的作用；温泉所含丰富的钙、氧等成分对调整心脑血管疾病，治疗糖尿病、痛风、神经痛、关节炎等均有一定效果；硫磺泉则可软化角质，其所含铀元素的碳酸水有漂白软化肌肤效果。

4.2.3 泡温泉浴的方法

1. 洗净身体

泡温泉前应在淋浴间将身体冲洗干净。

2. 冷热交替法

泡温泉可以至蒸汽房，让水蒸气稀释身上的硫黄后，再进入桑拿房；进入桑拿房时，可用干毛巾覆盖双眼，避免汗液将身上的矿物质带入眼睛。泡完温泉后，不能直接进桑拿房，否则温泉中的硫黄及矿物质可能因附着于眼球表面，而导致角膜发炎。

3. 短热浸浴法（日式浸浴法）

入浴的温度是 42～45℃，浴者浸入浴池三四分钟，再出浴休息，这样一入一出反复两三次，便算一浴，此法又叫"反复出入浴法"。适用于治疗风湿病、外伤后遗症等。由于水温高，体力消耗大，心脏负担重，有心血管病的患者使用这种方法时要特别慎重。

4. 全身浸浴法

沐浴时要安静地仰卧或坐在浴池里，轻轻擦洗身体，水位不要超过胸口，在浴中可以根据疾病治疗需要，适当活动肢体，并进行水中按摩。此浴每次在水中浸泡15分钟便算一浴，水温 39～42℃，主要用于治疗神经衰弱、风湿病、关节炎、神经痛、肩背酸痛、腰痛、肠胃道炎性慢性疾病、神经性皮炎、湿疹、银屑病等。

5. 半身浸浴法

半身浸浴法即仅下半身浸入浴池中，反复地揉擦下部肢体。这种浴法，多用于身体虚弱、贫血症、神经衰弱等。

6. 坐浴

这是一种常用的局部水浴疗法。坐浴时由于臀部、盆骨以及大腿上部浸在水中，促进下部组织器官及盆骨血液循环，有缓解痉挛、消除疼痛的作用。

7. 瀑布浴

凭借水压冲出，可活络筋骨，达到治疗酸痛的效果。但应避免与泉水呈直角直接接触，以斜角舒缓水压并以毛巾敷于患部为宜。

4.2.4 泡温泉浴的禁忌

（1）腹中饥饿时，如果泡温泉，会产生头晕、恶心及疲倦等症状。

（2）非常疲惫时，如果泡温泉，疲劳不但得不到缓解，反而会因消耗体力而越泡越累。

（3）情绪过于兴奋、心跳变快时，不适合泡温泉。

（4）刚吃饱饭或是喝完酒，不能马上泡温泉，不然会产生消化不良甚至发生脑溢血的危险。

（5）睡眠不足或是熬夜后，如果马上泡温度很高的温泉，可能会产生休克或是脑部缺血症状。

（6）身体状况不太好时，如营养不良或大病初愈，不能泡温泉。

（7）有心脏病、高血压及动脉硬化的人，泡温泉之前，要先慢慢地用温泉水擦拭身体，再泡温泉，否则会影响血管收缩。

（8）患有急性感冒、急性疾病及传染病的人，不要泡温泉。

（9）女性生理期或前后，怀孕初期和末期，不要泡温泉。

（10）泡温泉时以浸泡15分钟，起身5分钟，再浸泡15分钟为原则，反复2～3次，不要在温度较高的温泉里泡得太久。

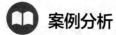 案例分析

王女士为何感慨

某日上午，北京郊区某五星级温泉度假村迎来了一批会务宾客。其中有一位女宾客年过半百，是某高校研究旅游、酒店的专家，对康乐部门提供的SPA温泉水疗中心服务项目颇感兴趣。

下午四点半，会议结束了，王女士来到了SPA温泉水疗中心，中心根据她的个性要求，为她提供了沐浴服务。

王女士走进了SPA温泉水疗中心，看到足有1000m²的玻璃房，宽敞明亮，心旷神怡；看到一棵棵椰子树，郁郁葱葱，挺拔醒目；看到7个中药沐浴温泉池冒着热气，散发着不同的药香，兴奋极了！她为了体验7个中药温泉池的不同的理疗效果，就问身边的服务员小李："我想在所有的中药沐浴温泉池里都泡一次，可以吗？"

"阿姨，可以，但是为了您的安全，泡温泉的时间最好不要超过一个小时。您在每个池子里洗泡8分钟即可。"服务员回答道。

接着，服务员小李小心搀扶着王女士，走进一个又一个中药温泉池，耐心地为王女士讲解7个中药沐浴池的不同药效，使王女士体验到了非凡的享受与快乐。

一个小时后，王女士在服务员小李的搀扶下，走出了SPA温泉水疗中心，她感到全身轻松，心情舒畅，她无比感激地对小李说："这是我有生以来最舒服

的一次沐浴；我第一次体验到如此完美的服务，谢谢！"

思考题：

1. 学生联系遇到酒后要泡洗温泉的宾客，进行劝阻的服务方法。

2. 在教师指导下，练习遇到宾客在泡洗温泉时，出现出汗、口干、胸闷等不适症状时，服务员紧急处理这种情况的方法。

4.2.5 温泉浴的服务步骤

1. 营业前的准备工作

（1）清理温泉池边的瓷砖、游泳池、按摩池、淋浴间等地面用消毒液按1∶200兑水后对池边躺椅、座椅、圆桌、更衣室长椅等进行消毒。

（2）整理吧台，准备足量的酒水、小食品。在池边撑起太阳伞、竖起酒水牌。

（3）检查更衣柜的锁和钥匙，淋浴的冷热水开关。补充好更衣柜里的洗浴用品，如大浴巾、小浴巾、毛巾、淋浴液、洗发液等。

2. 营业中的接待工作

（1）主动与宾客打招呼，表示欢迎。进行验票，准确记录宾客的姓名、房号（住店宾客）、到达时间、更衣柜号码。办理押金手续后，发给宾客手牌、更衣柜钥匙，请宾客换鞋。提醒宾客如有贵重物品，应存在前台。对不熟悉环境的宾客做出必要的介绍，即引宾客进入更衣室。

（2）对有温泉禁忌症及皮肤病的宾客应谢绝入内，并提醒患有心脏病、高血压等病的宾客，不宜下水。

（3）更衣室服务员应主动为宾客打开更衣柜，协助宾客挂好衣物，提醒宾客锁好更衣柜。请宾客进入温泉池前先淋浴洗净身体。

（4）及时整理温泉池边用过的浴巾，并为出浴的宾客准备干浴巾。

（5）泳池救生员密切注视水面，发现异常，立即施救。

（6）服务人员根据宾客的需要适时提供饮料和小食品。

（7）宾客浴毕，更衣室服务员要帮助宾客擦干身体，送上浴服，请宾客进入休息大厅或包间休息。

（8）休息厅服务员引导宾客就座，为宾客盖上毛巾，并递上棉签、纸巾，帮助宾客调好电视节目。询问宾客是否需要酒水和小食品。主动介绍其他配套服务，为其安排技师，记录好手牌号，并请宾客签字，将记录单及时传到前台。

（9）宾客准备离开时，更衣室服务员帮助宾客打开更衣柜，协助宾客换好服装后，提醒宾客带好随身物品，引领宾客到前台结账。

（10）前台服务员根据手牌取出宾客的鞋，交给宾客，并迅速、准确地计算宾客的消费金额，请宾客核对、结账。

（11）宾客离开时，提醒宾客带好自己的东西。主动道别并欢迎宾客再次光临。

3. 营业结束后的整理工作

(1) 做好清场工作，核对钥匙、手牌、将钥匙分好单双号，登记在交接班记录上。

(2) 吧台清点酒水和小食品，做好报表。

(3) 将所有用具放到指定地点，进行池水净化和消毒工作。

(4) 安全检查后，关闭电源，锁好门窗。

4. 温泉浴服务的要点和注意事项

(1) 严格执行温泉服务的安全规定，在明显处竖立提示牌。礼貌劝阻宾客不要有违反安全规定的行为。

(2) 坚守岗位，思想集中，密切关注宾客的情况，保护好宾客的安全。

(3) 适时地为宾客递送毛巾、饮料和小食品等。

(4) 休息区、更衣室服务员应为宾客提供周到的服务，并提醒宾客保管好贵重物品。

任务实训

实训4-2　温泉浴服务技能

实训目的：通过此次实训，使学生掌握温泉浴服务技能。

实训内容：选择学校所在城市的酒店进行调研，了解温泉浴岗位设置及各岗位人员的岗位职责，观摩服务人员对客服务程序。

实训步骤：

第一步：教师下达实训任务书。

第二步：教师引导学生分组，通过走访酒店（辅以查阅资料、网络交流等多种方式），了解温泉浴服务人员岗位技能要求，掌握温泉浴服务人员工作技能。

第三步：小组之间进行交流，共享调研成果。

第四步：教师归纳总结。

实训成果：上交实训报告。

任务评价

学习目标	内容	自我评价			小组评价			教师评价		
	评价项目	优	良	可	优	良	可	优	良	可
知识目标	温泉浴的服务程序									
	泡温泉浴的方法									
	泡温泉浴的禁忌									

续表

学习目标	内容	自我评价			小组评价			教师评价		
	评价项目	优	良	可	优	良	可	优	良	可
专业能力目标	准备工作									
	迎接工作									
	温泉浴服务									
	送客服务									
	结束工作									
通用能力目标	沟通能力									
	项目任务管理能力									
	解决问题能力									
任务单	内容完整正确									
	书写清楚规范									
	思路清晰、层次分明									
小组合作	创造良好的工作氛围									
	成员互相倾听									
	尊重不同意见									
	全员参与									
整体评价：		优秀□			良好□			基本掌握□		
教师建议：										

任务 4-3 足浴服务

人体健康与脚有着密切的关系，脚对人体的养生保健作用，很早就引起古人的重视和研究。其中"足浴"更以其简便灵验的特点，盛行千载而不衰。

足疗保健是通过对双脚的经穴、反射区施以按摩，刺激双脚反射区，从而调整脏腑虚实，透达筋骨、散风降温、理气活血，增强心脑血管机能，改善睡眠，消除疲劳。它可以消除亚健康状态，达到增强人体抵抗力以及预防和治疗某些疾病的功效。

任务导入

情境介绍：龚先生今年45岁，由于工作压力大，生活节奏快，长期神经衰弱，睡眠状况不佳。长期失眠使龚先生的免疫功能降低，严重影响了工作效率和生活质量。听朋友介绍，某酒店足疗服务效果非常好，于是龚先生慕名前往。

朋友帮龚先生介绍了一位技师，这位技师要龚先生把脚放进热水盆中浸泡，然后戴好一次性手套，就开始在龚先生的脚上拿捏起来。因为是第一次，龚先生半信半疑，而且脚部承受力不强，颇感疼痛，整个服务过程中并没有留下什么良好的印象，只是在结束时感觉脚部热热的，回家的路上觉得走路脚步轻盈了许多。意外的惊喜发生在回家睡觉后，那天晚上龚先生破天荒地睡了一个好觉，早上起床后觉得神清气爽。从此，龚先生成为足疗服务的爱好者和推广者，他不断地尝试不同酒店的各种足疗服务，加以比较和评判，最终选择了另一家自己喜爱的足浴中心办了VIP消费卡。

思考题：
1. 宾客进行足疗消费的核心吸引要素是什么？
2. 在对宾客提供足疗服务时，我们应主要提供哪些服务内容？
3. 如何将初次上门的宾客变为VIP常客？

案例分析：
在本案例中，折服龚先生的是立竿见影的足疗保健效果。在促进健康的传统保健疗法中，足疗保健是最简单、最安全、最具效果的。龚先生因为长期受失眠困扰，所以，当他的主要问题得到缓解时，他对此种服务的信服程度也就大大提升了。但是，使宾客信服我们的服务并接受一种新的服务形式只是完成了开拓客源市场的第一步；那么接下来，还需要做的就是如何争取使这位宾客成为回头客，成为常客。龚先生的朋友所介绍的酒店足疗中心只完成了第一步，但因为没有及时与宾客交流沟通、加强促销服务，所以没能成功完成后续工作。

服务人员应根据宾客初次来店或多次来店的情况进行介绍讲解，加深宾客印象，并根据宾客的接受程度在服务的力度、方式选择等方面有所差异，这样才能给宾客留下美好愉快的消费记忆，从而牢牢地抓住宾客。

案例启示：
这个案例启示我们，在足疗服务中，吸引宾客的根本在于其足疗保健的功效，这就需要由高水平的技师提供负责到位的服务，如果没有产生任何功效，就算这里有再好的微笑服务也难以长久地吸引宾客前来消费。但是，一旦其根本功效的提供可以保证时，不同酒店足疗中心的服务水平差异便成为吸引宾客消费的决定性评判要素，也成为是否能形成宾客消费品牌忠诚度的决定性要素了。这是值得我们格外重视的问题。

任务分析

作为一名酒店康乐服务人员，请了解足浴的疗效，对足浴的禁忌和服务程序有基本的了解，熟记服务人员的岗位职责。

4.3.1 足浴简介

当今社会，随着人们生活水平的提高，足浴已经成为人们生活的一部分，人体健康与脚有密切的关系。脚对人体的养生保健作用，很早就引起古人的重视和研究。其中"足浴"更以其简便灵验的特点，盛行千载而不衰，如图4.10所示。

图 4.10　足浴

足浴时，水温一般保持在40℃左右，水量以能没过脚跟部为好，双脚放热水中浸泡5～10分钟，然后用于按摩脚心。按摩的手法要正确，否则达不到祛病健身的目的。传统中医认为，大脚趾是肝、脾两经的通路，多活动大脚趾，可舒肝健脾，增进食欲，对肝脾肿大也有辅助疗效；第四趾属胆经，通过按摩可以防治便秘、肋骨痛，小趾属膀胱经，能矫正妇女子宫位置。所以，足浴后按摩脚底、脚趾具有重要的医疗保健作用，尤其对神经衰弱、顽固性膝踝关节麻木痉挛、肾虚腰酸腿软、失眠、慢性支气管炎、周期性偏头痛、痛经及肾功能紊乱等都有一定的辅助治疗作用。足浴时，在热水中加入某些药物，还可防治脚痒、脚干裂、脚臭、脚汗过多、足跟痛、冻疮、下肢浮肿麻木、四肢不温、行动无力、感冒、风湿性关节炎及夜尿频等症状。

4.3.2 足浴的起源

泡足，又称洗足浴法、浴足疗法，是用热水或药液浸泡双脚，以达到防病治病、强身健体、延年益寿目的的一种方法。洗足浴法历史悠久、源远流长，它属于自然疗法中洗浴疗法（又称熏洗法、药浴法）的范畴。洗足浴法始于民间，我国古代劳动人民在用水清洗身上污垢的过程中，发现洗浴具有清洁卫生、消除疲劳等养生保健作用，并有解除机体某些疾患的功效，进而逐步产生了采用药物浸泡液、煎煮液等，通过浸泡、外洗、熏蒸双足等部位防治疾病的想法和做法。自古以来，人们就把"睡前一盆汤"看作养生保健的有效措施和习惯。

4.3.3 足浴的疗效

据中国医史记载，早在夏代，人们已有凉水淋浴双足的习惯，到商周热汤灌足，宫廷始有浴水中加以中药沐身浴足、防病祛病的方法。晋代、南北朝时期，熏洗和足浴还被用于急重病的辅助治疗。唐代包括足浴在内的熏洗疗法广泛运用于内、外、妇、儿、皮肤、五官等各科疾病的防治。经历代足浴疗法进一步发展，清代时足浴等疗法的内病外治理论渐趋成熟，如图 4.11 所示。

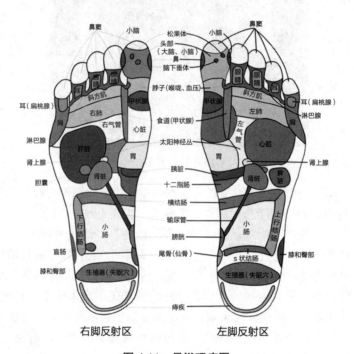

图 4.11 足浴理疗图

现代医学大量临床观察已经证明，足浴不仅能消除疲劳、除去汗臭，且能治疗足癣、足皮肤粗糙干裂、足跟痛、冻疮、风湿病痛、关节炎、下肢麻木等病症，还具有降压醒脑、提高人体免疫力等功效。如今，一些专家为了使足浴发挥更多的治病作用，而将有关中药加工配制成健身浴液。将此浴液加入热水稀释后洗脚，则更具有疗效。

1. 促进新陈代谢

足浴有增加血管数量，特别是增加侧支微血管的功效，同时可以促使血管扩张，利于为各组织器官输送更多的氧气和营养物质，从而改善整体的新陈代谢，达到防病治病的目的。

2. 促进血液循环

一般来说，体温与血液循环有密切关系，体温低，血液循环也较慢，体温升高则血液循环也随之旺盛。热水足浴可以改善足部血液循环，扩张足部血管，增高皮肤温度，从而促进足部和全身血液循环；同时热水足浴也使足部的血液流速和流量增加，从而改善心脏功能，降低心脏负荷。有人做过测试，一个健康的人用40～50℃的水浸泡双足30～40分钟，其全身血液的流量增加显示：女性为10～13倍，男性为13～18倍。可见热水足浴可使血液循环得到改善。

3. 养生美容，养脑护脑

通过热水足浴，可以调节经络和气血。同时，足部血管扩张，血容量增加，从而使头部血流加快，及时补充大脑所需氧气和营养物质；增强汗腺和皮脂腺的排泄功能，通过排泄把体内各种各样的有害物质带出体外。

4. 调节身体平衡

足浴促使各内分泌腺体分泌各种激素，调节体内脂肪、蛋白质、糖、水、盐的代谢平衡，从而改善新陈代谢和促进内外环境相对稳定，使机体保持健康。

5. 改善睡眠

足部有丰富的神经末梢和毛细血管，用热水泡脚对神经和毛细血管有温和的刺激作用。这种温热刺激反射到大脑皮层，会起到抑制作用，使兴奋的交感神经顺利地向副交感神经转换。使人处于安静的休息状态，从而改善睡眠。

俗话说：春天洗脚，升阳固脱；夏天洗脚，暑湿可祛；秋天洗脚，肺润肠濡；冬天洗脚，丹田温灼。热水可刺激脚上丰富的神经末梢，反射到大脑皮层，达到促进全身血液循环、调解组织器官功能的效果，加强新陈代谢，从而起到强身健体的作用。在洗脚过程中，不断按摩脚趾、脚掌能防止许多疾病的发生。大脚趾是脾肝两经的通路，通过按摩可疏肝健脾、增进食欲；第四趾属胆经，能防止便秘肾痛；小趾属膀胱经，治疗小儿遗尿，矫正妇女子宫体位置；足心为肾经涌泉穴所在，能预防肾虚体亏。热水洗脚是一种良性刺激，可活跃末梢神经，调节植物神经和内分泌系统功能，改善睡眠，增强记忆力，令人轻松舒适。因而，坚持足浴，不失为一种强身保元、养生抗老的妙法。

4.3.4 足浴的禁忌

（1）忌空腹足浴。

（2）忌水中久泡。

（3）忌餐后足浴。

（4）忌用碱性强肥皂或各种香波乳剂足浴。

（5）忌水温过高。

（6）忌用力搓擦。

（7）忌足浴过勤。

（8）忌过度使用肥皂。

（9）忌足浴时吹风。

4.3.5 足浴的主要设备

1. 足浴盆

足浴室的主要设备是足浴盆，多采用传统木质足浴盆。盆内加入热水，可以让双脚充分享受热水足浴，能够改善血液循环，加速血液流动，从而使身体的疲乏、酸痛等不适得以缓解或消除，如图 4.12 所示。

现代足浴器还有电动足浴盆，盆底有序的按摩突头配合高频振动，不断刺激按摩脚底穴位，能够加强内分泌调节作用，增强机体免疫力。通过磁体形成的磁场作用于足部相应穴位，产生磁场生物效应，在磁场作用下，能够改善血液循环，增强机体抵抗力，加速新陈代谢，消除疲劳，如图 4.13 所示。

图 4.12　足浴盆

图 4.13　电动足浴盆

2. 按摩床

按摩床的规格，一般长度为 200 cm、宽度为 80 cm。按摩师活动的面积通常按照单床区域面积的 150%～160% 设置，但最小不应少于 15 m^2。

4.3.6 足浴的几种配方

1. 保健足浴配方

当归 15 克、黄芪 20 克、红花 10 克、苏木 10 克、泽兰 10 克、生地 10 克、葛根 15 克、细辛 6 克、黄芩 15 克、伸筋草 15 克、酸枣仁 15 克，煎汤凉至 45℃浴足。

2. 高血压配方药

（1）配方一。

罗布麻叶 15 克、杜仲 6 克、牡蛎 15 克、夜交藤 10 克、吴茱萸 10 克。使用时，将各配料碾碎后用沸水冲开，然后用药的蒸气熏足底部 5 分钟，再加水，将足部浸泡在水里，无论治病还是健身，效果都不错。

(2) 配方二。

吴茱萸15克、黄柏15克、知母15克、生地黄15克、牛藤15克、生牡蛎50克。加水煎煮，去渣取液，待温后浸洗双足10分钟，每日1次，7～14日为一疗程。

(3) 配方三。

磁石18克、石决明18克、桑枝6克、枳壳6克、当归6克、党参6克、黄芪6克、乌药6克、蔓荆子6克、白蒺藜6克、白芍6克、炒杜仲6克、牛膝6克、独活6克。前两味药先加水煎汤，再加其余12味共煎，去渣取液，洗浴双足，每日1次，每次约1小时，10日为一疗程。为保持水温，在洗浴过程中可适当添加热水。

(4) 配方四。

钩藤20克、冰片少许。将钩藤切碎，加少许冰片，放入布包，放入盆内加温水浸泡备用。每日晨起和晚睡前各洗浴双足1次，每次30～45分钟，10日为一疗程。

4.3.7 足浴的服务步骤

现代酒店康乐部，一般需要服务员通过准备工作、迎接工作、足浴服务、送客服务、结束工作5个步骤来为宾客提供完整的足浴服务。具体操作方法与注意事项如下所述。

1. 准备工作

(1) 整理好仪容仪表。

(2) 清洁整理卫生环境，保持足浴区、休息区、卫生间等卫生清洁，对足浴器具进行必要的消毒。

(3) 准备好足浴按摩盆及宾客选用的药液、足部按摩膏和服务用毛巾等。

(4) 调节足浴室空调、灯光等。

(5) 将各种表格、单据和用品准备齐全，放于规定的位置。

2. 迎接工作

(1) 面带微笑，主动问候宾客。对常客、回头客等能够称呼其姓名或头衔。

(2) 询问宾客是否预订，并向宾客介绍足浴种类、疗效与收费标准等。

(3) 对有预订的宾客，在确认预订内容后，为宾客进行登记；对无预订的宾客，按宾客所需安排相应的房间和足浴师，开记录单；对于酒店住客，请其出示房卡或房间钥匙，并准确记录宾客的姓名和房号；若场地已满，应安排其按顺序等候，并告知大约等候的时间，为宾客提供茶水和书报杂志等。

(4) 引领宾客至足浴按摩室。

3. 足浴服务

(1) 如果宾客需要脱衣摘帽，要主动为宾客服务，并将衣帽挂在衣架上，请宾客坐下。

（2）协助宾客换穿拖鞋，为宾客奉上免费茶水和食品。

（3）为宾客准备好所需的中药，足浴按摩前先请宾客进行足浴，注意足浴水温宜控制在 40～50℃，水要把脚跟全部淹没，一般浸泡 5～10 分钟，再用双手在趾腹、趾跟及脚心处揉搓、挤捏、按压和推钻等。

（4）足浴按摩前，应先主动征询宾客需求及需要何种手法。

（5）将宾客的基本情况向足浴按摩师做简单介绍，然后请其做服务工作。

（6）足浴按摩过程中应了解宾客感受，勤征求宾客意见。

（7）在宾客消费期间，为宾客播放背景音乐，若宾客提出合理的服务要求，要给予满足。

（8）随时与专业操作人员保持联系，有情况及时沟通。

4. 送客服务

（1）帮助宾客穿戴好衣帽。宾客离开时，要主动提醒宾客携带好随身物品，注意不要遗漏任何物品，特别是手套、围巾等小物件。

（2）结账服务。

① 当宾客示意结账时，应主动上前核对手牌，并请宾客核对消费项目。

② 询问宾客结账方式，按照标准准确快速地为宾客办理。

③ 如果宾客要求挂账，应请宾客出示其房卡并与前台收银处联系，待确认后请宾客核对账单签字，认真审核宾客笔迹，如前台收银处未对宾客资料进行确认或认定笔迹不一致时，要请宾客以现金支付。

（3）回收手牌，根据手牌为宾客取回鞋子并协助其换鞋。

（4）送别宾客，送宾客至门口并礼貌地向宾客道别。

5. 结束工作

（1）做好收尾工作，及时清理足浴区的卫生，换上已消毒用具，准备接待下一位宾客。

（2）将宾客使用过的布件类用品点清数量送交洗衣房。

（3）做好维护、保养工作，清洁整理足疗室，关闭设备电源。

4.3.8 足浴服务员的岗位职责

（1）负责足浴室营业前各项物品的准备工作，对足浴室卫生情况进行营业前检查。

（2）负责足浴室接待服务工作，将宾客引领至足浴室。

（3）及时整理宾客使用过的房间，并更换用过的客用物品。

（4）负责足浴室场地和设施设备的清洁卫生、维护保养工作。

（5）负责酒水、饮料等的推销服务。

（6）能够根据足浴室服务工作规范和服务程序，为宾客提供优质的接待服务。

（7）能够维护和保养足浴室器械及设备设施。
（8）具有较强的酒店产品推销能力。

任务实训

实训4-3　掌握足浴服务技能

实训目的： 通过此次实训，使学生对足浴有基本认识和了解，掌握服务技能。

实训内容： 选择学校所在城市的酒店足浴部进行走访、调研。了解酒店足浴部门各个岗位职责，观摩对客服务。

实训步骤：

第一步：教师下达实训任务书。

第二步：学生分组，每个小组负责一家或两家酒店足浴保健的调研。了解足浴服务人员岗位技能要求，掌握足浴基层服务人员工作技能。

第三步：小组之间进行交流，共享调研成果。

第四步：教师归纳总结。

实训成果： 上交实训报告。

任务评价

学习目标	内容 评价项目	自我评价 优	自我评价 良	自我评价 可	小组评价 优	小组评价 良	小组评价 可	教师评价 优	教师评价 良	教师评价 可
知识目标	足浴的服务程序									
	足浴疗效									
	足浴禁忌									
专业能力目标	准备工作									
	迎接工作									
	足浴服务									
	送客服务									
	结束工作									
通用能力目标	沟通能力									
	项目任务管理能力									
	解决问题能力									
任务单	内容完整正确									
	书写清楚规范									
	思路清晰、层次分明									

续表

学习目标	内容		自我评价			小组评价			教师评价		
	评价项目		优	良	可	优	良	可	优	良	可
小组合作	创造良好的工作氛围										
	成员互相倾听										
	尊重不同意见										
	全员参与										

整体评价：
　　　　　优秀□　　　　　良好□　　　　　基本掌握□

教师建议：

任务 4-4　保健按摩服务

　　保健按摩是人类在同疾病与死亡斗争中发展起来的一种保健方法，在我国有着悠久的历史，是中华民族的宝贵财富。保健按摩师指医者运用按摩手法，在人体的适当部位进行操作所产生的刺激信息，通过反射方式对人体的神经—体液调整功能施以影响从而达到消除疲劳、调节体内环境变化、增强体质、延年益寿的目的。

任务导入

　　情境介绍：某酒店按摩中心有位李技师十分出名，许多宾客来店消费时都点名要他服务，生意非常好，往往需要预约才可以享受到李技师的服务。这位技师是凭借什么技能征服了这么多顾客呢？通过认真观察李技师的服务过程，并实地调查了一些被服务的宾客后，我们发现，该按摩技师的过人之处主要体现在以下几方面。

　　（1）会根据每位宾客的身体反应情况，与宾客沟通，向了解其最近的身体变化，给宾客讲解需注意的一些健康事项和医学常识。

　　（2）给宾客们安排了有针对性的按摩治疗，使宾客的疼痛得到了减轻。由于长年工作，许多老顾客颈椎、腰椎、脊椎都有不同程度的因劳损导致的疼痛，该按摩师根据这一特点给宾客提供差异化的服务，效果显著。

　　（3）经常引经据典，培养宾客对按摩和足疗的兴趣。他会给宾客介绍古今中外名人对于按摩和足疗的看法,如苏东坡曾在诗中写道:"他人劝我洗足眠,倒床不复闻钟鼓"。

上述方法深受宾客喜爱,所以许多宾客视该按摩技师的服务为顶级享受。在李技师的带动下,该中心很多技师也开始纷纷效仿他的做法,重视推拿按摩之外的功课,使宾客享受到物超所值的服务。

思考题:
1. 本案例中,李先生为什么能够长期吸引一批稳定的宾客?
2. 在按摩保健服务中,宾客最注重哪些方面的服务?
3. 你还有哪些好方法可以不断地吸引和发展客户群?

案例分析:

在中医文化中,按摩疗法源远流长。它源于我国原始社会,是人们在长期的社会实践中的知识积累和经验总结,至今已有3000多年的历史,其中蕴含着无比深厚的文化底蕴、科学原理和中医药常识,值得我们去不断挖掘和探究。可以说,本案例中的这位按摩技师通过推拿按摩,不但使宾客的病痛得到很大程度的缓解,而且他通过在服务中不断更新知识,注重与宾客"一对一"式的交流沟通,从而增强自己在宾客心目中的权威性和专业性。

案例启示:

要想持续不断地吸引并扩大自己的客户群体,必须注重知识更新,与时俱进,了解宾客关注的热点和焦点,能够与不同层次的宾客交流沟通。多提供超值服务和个性化服务,才能常变常新,取得锦上添花的良好效果。

任务分析

酒店康乐部的人员,要掌握保健按摩的适应症特征,熟悉保健按摩的各种禁忌,掌握为宾客提供优质保健按摩服务的步骤,熟记保健按摩服务人员岗位职责。

4.4.1 保健按摩的定义及种类

现代快节奏的生活方式让很多人都处于亚健康状态,越来越多的人需要改善和调理身体机能,消除疲劳和防治疾病。

1. 保健按摩的定义

保健按摩源于中国,是中国传统医学(中医学)的重要组成部分,在中医学里又称"推拿",是指由专业按摩人员运用推、拿、揉、按、滚、摩、摇、扳、牵、振、拨、抢、弹、挤等特定手法或设备器械对宾客身体的某些部位或经络进行按摩,以提高和改善人体生理机能,达到促进血液循环、通畅经络、防治疾病和消除疲劳功效的一种方法。

2. 常见的几种保健按摩

1）中医保健按摩

中医保健按摩是酒店按摩室最常见的服务项目，强调中医的保健功能。按摩师用两手在人体的经络穴位上，施行各种温、通、补、泻、汗、散、清等手法刺激渗透，达到调整心、肝、脾、肺、肾、胆、胃、大肠、小肠、膀胱等的作用。在精神方面，能够消除紧张和焦虑，有助于强化身体的整体意识，达到治病、放松、健身的目的。

2）港式保健按摩

港式保健按摩主要是针对人体全身的穴位进行指压按摩，范围包括头、颈、肩、胸、背、腰、腹、足等多处。穴道是人体脏腑经络气血输注于体表的部位，通过对经络穴位的按压，达到平衡机体能量及增进健康的目的。当经络失去平衡时，精气可能不足或过剩，进行经穴按摩，起到缓和调节机能的作用，使精气重新平衡，身体可自行康复，主要包括指压法、踩背法和推油法。

3）泰式保健按摩

泰式保健按摩是流行于泰国的一种按摩方式。它采纳了人体经络的理论，认为经络通则气血通，气血通则通体舒泰。它的按摩部位以全身的关节为主，手法简练而实用。泰式按摩是跪式服务，左右手交替动作，用力均匀、柔和，依顺序进行，可以使人快速消除疲劳、恢复体能，还可增强关节韧带的弹性和活力，达到促进体液循环、保健防病、减体美容的功效。

4）日式保健按摩

日式保健按摩的基本特点是指压。它是以肢体或手指作为支撑架，利用自身的体重，向肢体的中心部位垂直施力，从而可促进人体皮肤新陈代谢，增加皮肤弹性，减少皮肤皱纹；促进肌肉收缩和伸展，缓解疼痛，消除人体疲劳；改善人体血液循环，降低血液黏稠度，预防和减缓血管硬化等。

5）韩式保健按摩

韩式保健按摩又称韩式松骨，它汲取了中式、泰式、日式等的按摩精华，以推拿为主，提、拉为辅。对人体施以沉缓的力度、温柔的语言动作，及独特的脸部护理、跪背、扣耳、修甲等全套两小时的服务，使宾客全身心放松。

4.4.2 保健按摩的适应症

（1）运动系统的关节强直、屈伸不利、肌肉疼痛、麻木、萎缩、骨质增生，运动造成的紧张疲劳，软组织急性扭伤，关节炎、类风湿性关节炎、关节错位和脱位等。

（2）各种慢性神经疼痛、神经麻木、身心衰弱、神经紊乱、失眠等。

（3）工作紧张、身心疲劳、病后体弱等。

4.4.3　保健按摩的禁忌

（1）饭前 30 分钟和饭后 1 小时内不宜做保健按摩。
（2）高血压、发高烧者，不宜做保健按摩。
（3）急性传染病者，不宜做保健按摩。
（4）皮肤病、局部化脓、感染者，不宜做保健按摩。
（5）严重的心脏病、肺病、肝肾等重要器官损坏者，不宜做保健按摩。
（6）妇女月经期，孕妇及产后未恢复健康者，不宜做保健按摩。
（7）外伤性骨折、皮肤伤者，不宜做保健按摩。
（8）出血性疾病、恶性肿瘤、结核等患者，不宜做保健按摩。
（9）酒后神志不清者及精神病患者，不宜做保健按摩。

4.4.4　保健按摩的注意事项

（1）按摩时双手不宜过凉，手指甲不宜过长。
（2）在实施上述手法或取穴时，均宜采取先轻、后重、再轻 3 个步骤，用力要恰到好处，特别是在腰部。
（3）对于年龄过大的宾客，不得采用过重手法。
（4）在颈部、腰部、背部、臀部等部位，如果有明显压痛者，痛点处手法要轻，最好避开痛点，以免加重局部软组织损伤。
（5）在按摩过程中，如遇到宾客突然出现头晕、恶心、面色苍白、出虚汗、脉搏加快等症状，应立即停止按摩，不要慌乱，应先让宾客平卧于床上，屈膝，再掐人中穴，按揉印堂穴、内关穴、足三里穴，点大椎穴等即可解除这些症状。

 知识链接

10 种不同的按摩方法

1. 泰式按摩

泰式按摩是各种按摩中最激烈的，由泰国御医吉瓦科库玛根据古印度西部传入泰国的按摩法和当地中国移民的一些按摩手法创造而来，当时作为招待皇家贵族的最高礼节。其技法还被铭刻在瓦特波卧佛寺的游廊壁上，那里被称为"泰式按摩基地"，如图 4.14 所示。

图 4.14　泰式按摩

2. 日式按摩

坊间流传日式按摩源于中国，在前朝交流时由中国商人带至东瀛。这种说法虽然没得到明确证实，但连日本医学专家也承认，日式按摩与中式按摩的手法惊人相似。

3. 欧式按摩

欧式按摩源于古希腊和古罗马，被称为"贵族的运动"，当时平民百姓是禁止享受这种保健方式的。工业革命之后，这种按摩方法开始在欧洲各国逐渐盛行。

4. 中式按摩

中式按摩历史悠远，以保健、治病为主要目的，是中国传统医学的重要组成部分。传说战国时代的神医华佗是其发明者，经过几千年的医学探索，这种按摩方法现在已经比较完善。

5. 韩式按摩

韩式按摩由韩国家庭按摩改良而成，是一种价位适中的美容按摩方法，在美容界也被称为"韩式松骨"。除了"松骨"这一大显著特点，推油和热敷也是韩式按摩的主要内容，此外韩式按摩还常常包括洗头、修甲、中草药沐浴。

6. 中国港式按摩

港式按摩是广东医生在南方沿海地区按摩手法基础上，吸收西方推油按摩手法，近年新创的一种按摩方法，主要包括拇指指腹按压法、踩背法和推油法。

7. 热石按摩

1993 年，美国按摩大师玛丽·纳尔逊推出了这种热石搭配特制精油（根据个人体质调配）的按摩法，一出现就吸引了大批好莱坞明星，如图 4.15 所示。

8. Body-fit 按摩

按摩细节：按摩师先替体验者全身去死皮；然后配合精油从脚部开始向上轻柔按摩腿部、腹部、臀部，最后放松性地按摩背部。通过按摩过程中与体验者的交流，按摩师会对气血不畅的特殊部位施以不同力度和手法。

图 4.15 热石按摩

9.Touch-life 按摩

按摩细节：按摩前，按摩师先和体验者交流，以便有的放矢地按摩；接着，按摩师使用按摩油，用揉捏、抚摸等手法放松身体不同部位。体验者要平静、有节奏地呼吸，便于按摩师将按摩速度与其配合一致。

10. 淋巴按摩

按摩细节：按摩师沿着体验者淋巴流向推擦，并以拇指指腹或其余四指并拢在淋巴系的每个位置上反复推擦约 1 分钟。由于淋巴腺很敏感，且按摩目的在于加强淋巴液循环的律动，而非缓解肌肉疲劳，因此按摩时用力较轻。

4.4.5 保健按摩的服务步骤

1. 准备工作

（1）整理好仪容仪表。

（2）清洁整理卫生环境，做好按摩室及按摩设施的清洁工作，整理按摩床、配齐各类营业用品。

（3）检查按摩室设施设备，确保设备完好。

（4）将各类服务用品放入指定位置。

（5）将各种表格、单据和用品准备齐全，放于规定的位置。

2. 迎接工作

（1）面带微笑，主动问候宾客。对常客、回头客能够称呼其姓名或头衔。

（2）观察宾客，如果是酒后神志不清、年老体弱、极度衰弱之人及孕妇，原则上不宜按摩。

（3）对有预订的宾客，在确认预订内容后，为宾客进行登记；对无预订的宾客，按宾客所需安排相应的房间和按摩师，开记录单；对于住店宾客，请其出示房卡或房间钥匙，并准确记录宾客姓名和房号；若场地已满，应安排其按顺序等候，为宾客提供茶水和书报杂志等。

（4）对于初次到达的宾客，应主动介绍服务项目，耐心询问宾客的需要，并根据宾客的实际情况为其选择合适的服务项目。

（5）选择适当的交谈时机，说明按摩项目费用标准，适时向宾客推销其他按摩服务项目。

（6）给顾客提供干净的按摩衣等用品，分发更衣柜钥匙，提醒宾客保存好更衣柜钥匙，请宾客把贵重物品寄存到服务台或随身携带。

（7）引领宾客至按摩室。

3. 保健按摩服务

（1）如果宾客需要脱衣摘帽，要主动为宾客服务，并将衣帽挂在衣架上，宾客更衣后，将宾客引领至准备好的按摩床，并协助宾客躺下，为其盖好毛巾。

（2）按摩前，应先主动征询宾客意见及需用何种手法。

（3）将宾客的基本情况向按摩师作简单介绍，向宾客说明按摩师资历，并为按摩师做助理服务工作。

（4）在按摩过程中应多征求宾客意见，了解宾客感受。

（5）在宾客消费期间，为宾客播放背景音乐，若宾客提出合理的服务要求，要给予满足。

（6）随时与专业操作人员保持联系，有情况及时沟通。

（7）按摩结束后，及时征询宾客意见，帮助宾客穿好衣服。

4. 送客服务

（1）帮助宾客穿戴好衣帽。宾客离开时，要主动提醒宾客携带好随身物品，注意不要遗漏任何物品，特别是手套、围巾等小物件。

（2）结账服务。

① 当宾客示意结账时，应主动上前核对手牌，并请宾客核对消费项目。

② 询问宾客结账方式，按照标准准确快速地为宾客办理。

③ 如果宾客要求挂账，应请宾客出示其房卡并与前台收银处联系，待确认后请宾客核对账单签字，认真审核宾客笔迹，如前台收银处未对宾客资料进行确认或认定笔迹不一致时，要请宾客以现金支付。

（3）回收手牌，根据手牌为宾客取回鞋子并协助其换鞋。

（4）送别宾客，送宾客至门口并礼貌地向宾客道别。

5. 结束工作

（1）做好收尾工作，及时清理按摩室的卫生，换上已消毒的用具，准备接待下一位宾客。

（2）冲刷和消毒按摩用品，整理好桌椅。

(3）将宾客使用过的布件类用品点清数量送交洗衣房。
(4）做好维护、保养工作，清洁整理按摩室，关闭设备电源。

4.4.6 保健按摩服务人员的岗位职责

（1）负责按摩室营业前各项物品的准备工作，检查按摩室营业前的卫生情况。
（2）负责按摩室的接待服务工作，根据时间安排，将宾客引领至按摩室。
（3）及时整理宾客使用过的房间，并更换用过的巾类等客用物品。
（4）负责按摩室场地和设施设备清洁卫生、维护保养工作。
（5）有一定的外语会话能力，具有较好的人际关系处理能力，善于处理与宾客之间的关系。
（6）能够根据按摩室服务工作规范和程序，为宾客提供优质的接待服务。
（7）能够维护和保养按摩室器械及设备设施。

任务实训

实训 4-4　掌握保健按摩服务技能

实训目的：通过此次实训，使学生掌握保健按摩服务技能。
实训内容：走访学校所在城市的星级酒店，了解保健按摩岗位设置以及各岗位服务人员的岗位职责，观摩服务人员对客服务。
实训步骤：
第一步：教师下达实训任务书。
第二步：教师引导学生分组，通过走访酒店（辅以查阅资料、网络交流等多种方式），了解按摩服务人员岗位技能要求，掌握按摩基层服务人员工作技能。
第三步：小组之间进行交流，共享调研成果。
第四步：教师归纳总结。
实训成果：上交实训报告。

任务评价

学习目标	内容	自我评价			小组评价			教师评价		
	评价项目	优	良	可	优	良	可	优	良	可
知识目标	保健按摩的服务程序									
	保健按摩疗效									
	保健按摩禁忌									

续表

学习目标	内容 评价项目	自我评价			小组评价			教师评价		
		优	良	可	优	良	可	优	良	可
专业能力目标	准备工作									
	迎接工作									
	保健按摩服务									
	送客服务									
	结束工作									
通用能力目标	沟通能力									
	项目任务管理能力									
	解决问题能力									
任务单	内容完整正确									
	书写清楚规范									
	思路清晰、层次分明									
小组合作	创造良好的工作氛围									
	成员互相倾听									
	尊重不同意见									
	全员参与									

整体评价：
　　　　优秀□　　　　良好□　　　　基本掌握□

教师建议：

任务 4-5　美容、美发服务

一般的酒店均设有美容、美发中心，用于为宾客提供美容、美发服务。

任务导入

情境介绍：春节即将来临，王女士很想给自己改变形象，但又怕一般的美发厅太过简单随便，选来选去，还是选了离家较近的一家五星级酒店内的发廊。她想高星级的美发师应该经验更为丰富才对。

坐下之后，王女士向美发师讲了自己的期望，并征求美发师的建议，最后在一个发型画册上找到了一位女模特的发型作样板，开始做头。但当全部程序结束后，王女士很不满意，认为与画册上的效果相去甚远。美发师耐心向她解释，这是因为王女士和画册中模特脸形差异较大所致。但王女士仍是不依不饶，她说："既然你早知我的脸形与模特脸形不一样，为什么在开始给建议时没有说明？"最后，该发廊负责人出面道歉，对王女士的发型又做了适当修改，并给予全单七折优惠，才终于平息了这场纠纷。

思考题：
1. 在美容、美发行业，在为宾客提供服务前服务人员应当注意什么？
2. 在美发师提供美发服务过程中，应如何与宾客加强沟通？
3. 当宾客对美容美发效果不满时，我们应采取哪些善后处理？

案例分析：
该案例属于美容、美发行业中的高发案例。由于多数宾客在美容、美发前，都抱着较高的期望值，因而在服务结束后会产生较大的心理落差，感觉失望而产生不满。在该案例中便是如此，虽然美发师给王女士提了一些建议，但并未客观讲明她所选择发型的可能后果，因而导致宾客出现较大的不满。而且美发师在提供服务的过程中，应该及时与宾客交流意见和感受，在每个服务步骤和环节都应及时进行沟通调整，以求达到宾客的期望状态。

案例启示：
此类案例提示我们，在提供服务前应适当降低宾客期望值，向宾客客观地说明不同发型的差异，给宾客提建议时不要过分夸大和渲染某一发型的效果和作用，使宾客以平常心态接受和对待此次服务。本案例中该发廊负责人的处理较为妥当，给了宾客较好的心理感受，还会减少宾客一部分不良评价带来的负面影响。

任务分析

身为酒店康乐部的员工，应当熟练掌握顾客管理方法，掌握美容、美发服务要点及注意事项，掌握为宾客提供优质美容、美发服务步骤并熟记人员岗位职责。

4.5.1 美容、美发服务项目

一般的旅游酒店均设有美容、美发中心，用于为宾客提供美容、美发服务。美容服务包括面膜、深层洁面、除皱、修眉、化妆等。美发服务包括洗头、吹风、剪发、烫发、染发和发型设计等。

4.5.2 美容、美发中心服务区构成

1. 接待区

接待区设置沙发，提供阅读刊物，主要是为等候的宾客提供服务，也可以为宾客提供发型设计、形象设计、皮肤类型鉴定等咨询服务，如图4.16所示。

图 4.16　接待区

2. 美发区

美发区的所有设备应该最大限度地方便宾客，使宾客能够看到自己发型的各个侧面。可以配备高质量的音响设备来营造舒适、轻松、浪漫的气氛，如图 4.17 所示。

3. 皮肤护理区

皮肤护理区包括包厢与大厅，需放置按摩床、蒸面器、电子理疗仪、导入导出器等皮肤护理设备，如图 4.18 所示。

图 4.17　美发区　　　　　　　　图 4.18　皮肤护理区

4.5.3　顾客管理方法

1. 记录宾客的详细信息

宾客详细信息包括序号、姓名、性别、生日、地址、电话、职业、初次来店日期、最近来店日期、来店次数、累计消费金额、VIP卡号、办卡日期、折扣率、备注等。

2. 建立客户档案

建立客户档案以便持续、有效地为宾客提供服务，见表 4-1。

表 4-1 客户管理表

姓名		生日		婚姻情况		工作地址	
美发记录							
皮肤状况：				发质：			
发量：				卷度：			
头发弹性：				头皮状况：			
头发粗细：				建议使用洗发水：			
美容记录							
肤质：				肤色：			
皮肤敏感度：				毛孔：			
清洁度：				建议美容项目：			
来店日期	服务项目	产品名称	时间	效果	消费金额	制定员工	
售后访问：							

4.5.4 稳定客源的技巧

1. 让顾客信赖美容美发老师

美容美发师不应只是在美容、美发中心里为宾客做美容、美发服务，同时也应该对宾客日常生活中的美容、美发细节作详尽了解，以便能针对宾客的身体状况、皮肤特征等制订相应的作息计划和饮食计划。

2. 提供优质的服务

美容、美发业属于服务性行业，优质服务是稳定客源的基本因素之一。优质的服务应从宾客进美容、美发中心那一刻开始，一直到宾客走出，都不能有一丝懈怠。

（1）宾客进门时，热情接待。

（2）若人手不够，需要宾客暂时等待时，要引领宾客进入休息室或接待室阅读书刊、听音乐、看电视等。如果等候时间很长，则需要告诉宾客，使其有心理准备。

（3）合理妥善地安排宾客的美发或美容护理过程，按照宾客要求进行有针对性的服务。

（4）宾客做完美发或美容护理后，准备离开，此时要预先准备好账单以及所需产品，并提供完整的产品说明书，以备宾客正确使用产品并及时与宾客预约下次保养时间，向离开的宾客微笑致谢并道别。

3. 具备让顾客放心的专业技术

（1）通常，宾客是以美容美发师的外表来评价美容、美发中心的形象和技术的。一个外表看起来没有精神的美容美发师很难吸引顾客。因此，美容美发师应穿着得体，女士施以淡妆，尽量表现出整洁与专业性的一面。

（2）美容美发师要针对宾客的肤质特征向其推荐保养品和护理疗程，不能信口开河。

（3）美容美发师在为宾客做护理时，也要注意时间的合理分配，高效率的服务也是一种专业性的体现。

（4）当今的美容、美发观念是集美容技术、形体塑造、心理健康、形象设计为一体的。因此，美容美发师也应集各种角色于一身，为宾客提供全方位的服务，这样才可以吸引和稳固更多的顾客。

4. 与宾客进行美容、美发知识交流

通过交流向宾客介绍美容、美发方面的知识，提出相应的建议，这样既能发挥美容、美发中心的优势，又能增加服务的亲切感。

5. 随时注意宾客对美容、美发中心的评价

宾客对美容、美发中心的评价一般都是通过店内装潢的整洁性，技术水准和服务的专业性等方面体现出来的。随时了解宾客对美容、美发中心的评价，并以此作为改进依据，才可以满足宾客需求，达到稳定客源、增加客源的目的。

4.5.5　美容、美发服务要点和注意事项

（1）在服务过程中要按照宾客的具体要求提供服务。

（2）积极参加新技术培训，紧跟流行趋势。

（3）注意环境清洁，严格按照行业标准进行客用物品的消毒。

（4）对有皮肤病的宾客，建议到医院就诊。

（5）维护好美容、美发设备，发现问题及时报修。

（6）遵守财务制度，现金收入要及时入账，当天的现金当天上缴财务。

4.5.6　美容、美发的服务程序

现代酒店康乐部，一般需要服务员通过准备工作，迎接工作，美容，美发服务，送客服务，结束工作5个步骤来为宾客提供完整的美容、美发服务。具体操作方法如下。

1. 准备工作

（1）整理好仪容仪表，符合酒店康乐部服务人员的要求。

（2）清洁整理卫生环境。擦拭玻璃门、把手、梳妆台、座椅和盥洗台面；室内不留毛发和碎屑。

(3)检查美容、美发设备。检查所有服务设备设施是否齐全、运转是否正常；技师对自己的美容、美发工具进行消毒。

2. 迎接工作

(1)站立迎客。以站姿站立，挺胸、收腹、立腰；顾客离门四五步，主动拉门，微笑，45°鞠躬并问好："您好，欢迎光临！"

(2)引领宾客入座。询问宾客是否有预约，仔细核对信息；若是新客，应主动介绍哪儿是洗头区、哪儿是烫发区、哪儿是美容区等。跟宾客保持一步的距离，将宾客带到位子上。

(3)获取宾客信息。倒茶水饮料，递杂志，自我介绍，拉近距离，让顾客对你有更深刻的印象；分析发质、肤质，推销产品，换回信任；详细填写客户管理表，做好顾客信息收集。

3. 美容、美发服务

1)美容服务

(1)引领宾客至相应的美容床，帮助其躺下，介绍技师。

(2)毛巾一客一换，进行消毒。

(3)技师在服务过程中要不断询问宾客的意见，并提出自己的建议，根据宾客的皮肤性质选择相应的护肤用品。

(4)全套服务时间不少于 45 分钟。

2)洗头服务

(1)互相沟通，随时调整水温及洗头手法。

(2)看着宾客的表情，察言观色，语言感化，重视宾客的感觉。

3)为宾客设计发型

(1)将宾客与发型师互相介绍。

(2)发型师仔细分析宾客的发质、弹性拉力、颜色、开叉、头形等，综合考虑宾客意愿，设计发型。

4. 送客服务

(1)帮助宾客穿戴好衣帽。宾客离开时，要主动提醒宾客携带好随身物品，注意不要遗漏任何物品，特别是手套、围巾等小物件。

(2)结账服务。

①当宾客示意结账时，应主动上前核对手牌，并请宾客核对消费项目。

②询问宾客结账方式，按照标准准确快速地为宾客办理。

③如果宾客要求挂账，应请宾客出示其房卡并与前台收银处联系，待确认后请宾客核对账单签字，认真审核宾客笔迹，如前台收银处未对宾客资料进行确认或认定笔迹不一致时，要请宾客以现金支付。

(3)回收手牌，根据手牌为宾客取回鞋子并协助其换鞋。

(4)送别宾客，送宾客至门口并礼貌地向宾客道别。

5. 结束工作

1）做好收尾工作

（1）及时冲刷和消毒有关用具，整理好桌椅。

（2）将宾客使用过的布件类用品点清数量送交洗衣房。

2）做好客户维护

（1）整理好宾客资料，做好资料归档。

（2）3天后电话问候，追踪宾客是否满意。

4.5.7 美容、美发服务员的岗位职责

（1）必须穿着整洁的制服，注重自己的外表，处处给宾客以"美"的享受。

（2）营业前，把美容室的器材调试好，消毒干净；做好一切准备工作，以迎候宾客到来。

（3）认真执行酒店各项制度规定和本岗位责任制的各项内容，严格遵守操作规程，做好本职工作。

（4）服务热情、周到，服务用语恰当，既要提高工作效率，又要保证服务质量，不得冷落宾客。

（5）工作时间坚守岗位，不擅自脱岗，做到来活不推活、有活不下班。有宾客等候服务时不得休息、抽烟。保持室内及个人卫生，衣帽整洁、干净。上班前不吃有刺激气味的食物。毛巾、剪刀等物品要坚持用后消毒。

（6）理发室所有设备、物品应建账登记，妥善保管。现金收入要逐笔记账，当天收的现金要当天交到财务部。

（7）提高警惕，认真做好防火、防盗、防破坏工作，下班前应检查总电源是否切断，避免火灾事故的发生。

案例分析

美容师被投诉

某酒店美容、美发中心美容顾问杨某，一日上班时有顾客向她投诉，反映为其安排的美容师刘某专业技术手法差，如不为其调换美容师，她将不再来消费。在此情形下，杨某首先稳定了这位顾客的情绪，答应为其更换美容师，然后根据美容中心的规定，让另一位美容师为其做了一次免费护理，而且还要求原来的美容师刘某在以后的工作中，每当遇到这位顾客，都要主动与之热情地打招呼，从而迅速、有效地解决了这一投诉，留住了老顾客。由于刘某的诚心相待，原来投诉的顾客还与刘某成了好朋友，而刘某也从这次事件中汲取了经验和教训，努力提高自己的专业技能，最终成为一名优秀的美容师。

思考题：
1. 处理宾客投诉时要注意哪些问题？
2. 在美容服务过程中，我们必须重视哪些环节？

任务实训

实训 4-5　掌握美容、美发服务技能

实训目的：通过此次实训，使学生掌握美容、美发服务技能。

实训内容：走访学校所在城市的星级酒店，了解美容、美发岗位设置以及各岗位服务人员的岗位职责，观摩服务人员对客服务。

实训步骤：

第一步：教师下达实训任务书。

第二步：教师引导学生分组，通过走访酒店（辅以查阅资料、网络交流等多种方式），了解美容、美发服务人员岗位技能要求，掌握美容、美发基层服务人员工作技能。

第三步：小组之间进行交流，共享调研成果。

第四步：教师归纳总结。

实训成果：上交实训报告。

任务评价

学习目标	内容 评价项目	自我评价 优	良	可	小组评价 优	良	可	教师评价 优	良	可
知识目标	美容、美发的服务程序									
	顾客管理方法									
	稳定客源技巧									
专业能力目标	准备工作									
	迎接工作									
	美容、美发服务									
	送客服务									
	结束工作									
通用能力目标	沟通能力									
	项目任务管理能力									
	解决问题能力									
任务单	内容完整正确									
	书写清楚规范									
	思路清晰、层次分明									

续表

学习目标	内容	自我评价			小组评价			教师评价		
	评价项目	优	良	可	优	良	可	优	良	可
小组合作	创造良好的工作氛围									
	成员互相倾听									
	尊重不同意见									
	全员参与									

整体评价：
　　　　　优秀□　　　　良好□　　　　基本掌握□

教师建议：

同步练习

一、填空

1. 洗浴不但能清洁个人卫生，而且有_____的功能。
2. 桑拿浴分为_____和_____两种。
3. 干桑拿起源于_____，故称_____，土耳其浴则称_____。
4. 桑拿室的设备主要由_____、_____和其他用具组成。
5. 光波浴采取_____的形式。
6. 按摩可分为_____和_____。
7. 温泉按照按泉水涌出方式来分：_____和_____。
8. 福州市的四大温泉古迹是：三角井、_____、日新居和_____。

二、辨析

1. 桑拿浴起源于芬兰，也称芬兰浴。　　　　　　　　　　　　　　　（　　）
2. pH值在2～4的温泉水属于弱碱性温泉。　　　　　　　　　　　　（　　）
3. 患有心脏病的宾客可以进行足浴理疗。　　　　　　　　　　　　　（　　）
4. 中国的三大温泉城市是福州、西安、广州。　　　　　　　　　　　（　　）
5. 饭前30分钟和饭后1小时内不宜做保健按摩。　　　　　　　　　　（　　）
6. 三星级酒店应设有的康乐设施有舞厅、按摩室、理发（美容）室、多功能厅。
　　　　　　　　　　　　　　　　　　　　　　　　　　　　　　　（　　）

三、问答

1. 请列举泡温泉的禁忌。
2. 请简述桑拿浴服务员主要岗位职责。
3. 请简述足浴服务员接待服务程序。
4. 请模拟向宾客介绍温泉浴的疗效。
5. 人工按摩和设备按摩在效果上有哪些不同？

第 5 章 康乐部安全与卫生管理策略

项目概述

本项目主要引导学生了解康乐部安全管理中的不安全因素、预防安全事故发生，了解康乐部卫生管理工作的重要性，掌握康乐部卫生清洁工作的基本步骤，使同学们具备康乐部安全与卫生管理技能。该项目分为两个任务，每个任务按照任务导入→任务分析→任务实训→任务评价来组织教学内容。

知识目标

（1）了解康乐部安全、卫生管理的重要性。
（2）了解我国康乐部安全管理中的不安全因素。
（3）了解康乐部安全制度和安全管理体系。
（4）熟知康乐部安全事故的预防办法。
（5）掌握康乐部卫生清洁工作程序。

能力目标

（1）能够通过酒店康乐部安全、卫生工作的调研，制定科学合理的安全、卫生管理体系。
（2）能够独立处理康乐部安全事故，采取有效的应急措施。

任务 5-1　康乐部安全管理策略

随着社会的进步，康乐项目的设施规模不断扩大，项目种类越来越多，而且康乐场所是人群相对密集的区域，一旦出现意外，很容易酿成重大事故。康乐经营管理中的安全工作也越来越重要。作为康乐部的管理者，不仅要加强安全意识，而且要学习和掌握安全防护知识，并学会如何制定周密的安全措施和应急方案。

任务导入

情境介绍： 在某酒店的康体设施中，最受广大顾客欢迎的是酒店的室外游泳馆，它位于酒店的二楼平台，周围环绕着屋顶花园，环境优美，每天宾客都是多得不得了。

一天中午，救生员小张突然听到游泳池对面的深水区有人喊："快救人啊！有人溺水了！"小张扑通跳下水，几个动作就游到了深水区，小张看到溺水的人正在吐着气泡下沉，就沉下去把溺水的人救了上来。溺水的人肚子鼓鼓的，处于奄奄一息的状态。小张马上熟练地垫高溺水者腹部，使其头朝下，并压拍他的背部。溺水宾客吸入的水从口、鼻流出来了，不过他似乎还在昏迷状态中。小张马上检查溺水者是否能自主呼吸，发现不能，于是马上给宾客进行人工呼吸。小张一边给宾客做人工呼吸，一边用双手叠加为其进行心脏部位挤压，终于"哇"地一声，宾客苏醒了过来。

思考题：
1. 在你看来，酒店的康体部门可能会存在哪些危险？
2. 总结预防危险事故发生的措施。
3. 你能说出人工呼吸的主要程序吗？

案例分析：

在本案例中，服务员小张技术娴熟，有较好的应变能力。在事故发生时，对宾客进行了有效的救护，使生命垂危的宾客化险为夷。

案例启示：

在酒店的康体设施的使用过程中，安全永远是最重要的。在实际的经营和操作中，不安全的事故还是时有发生。为了降低事故发生频率，要定期对酒店康体设备进行检修，降低安全隐患。要加强对酒店康体部门服务人员的培训，培养服务人员处理常见事故的能力以及在事故发生时的应变能力。

任务分析

康乐经营管理中的安全工作十分重要，作为康乐部的管理者，不仅要加强安全意识，而且要高度重视安全管理工作，严格按照相关规定执行。

5.1.1 安全事故产生的原因

安全事故产生的原因主要有4个方面：设施设备质量方面的原因；设施设备维修保养方面的原因；顾客在使用设备设施方面的原因；康乐部在管理和提供服务方面的原因。

1. 设施设备质量欠佳

据了解，目前全国有大约200家大、中型游艺机、游乐设施生产厂家，但只有约70家取得了生产合格证，许多企业不具备生产条件却仍在进行无证生产。1999年，国家技术监督局、建设部等6个部门联合组织了对全国大型游艺机、游乐设施的大检查。检查结果表明，当前正在使用的游乐设备大部分存在老化、陈旧的问题，另外还有很多设备属于无证产品和自制产品，存在设计和配置不合理的现象，这些问题都影响着设备的安全运行。有的游艺室内电器绝缘性太差，并且电源线不带保护地线，这样的设备很容易发生漏电事故。有的设备外观非常粗糙，棱角处的装饰条和螺钉等有毛刺或尖锐利面，很容易划伤宾客。曾有宾客在跳舞机上跳舞时用手扶了一下面板上的装饰物，就被划伤了，到医院缝了4针。又如，北京某山坡滑道发生过翻车使宾客摔伤致死的事故，这些事故都是由于设备质量不过关所造成的。

 案例分析

飞走的气球

1996年3月20日上午9点30分，番禺飞图梦幻影城"太空漫游"活动项目的一个升空气球发生意外，脱离地面控制飞走。气球上的17岁香港女中学生陈文玲随气球飘到30公里外的东莞麻涌镇后，不幸因气球爆裂从3000米高空坠地身亡。事后，飞图梦幻影城赔偿死者家属港币9万元，另死者还获得飞图梦幻影城在门票中代客购买的游客意外伤亡保险赔偿人民币5万元。有关部门责令该景点停止太空漫游项目。

思考题：

1. 此次事故的根源是什么？
2. 如果你是景区管理安全管理人员，采取哪些措施可以避免此类事件的发生？

2. 设施设备保养维修不到位

例如，某高档康乐场所台球厅的球台是从英国进口的高档球台，斯诺克球台的袋口是用铜条嵌入木框而形成的，由于保养不当，袋口的铜条一端脱落，导致一位宾客无意中走过时被划了一下，结果他穿着的高档西裤被划破，宾客感到十分难堪。

又如，保龄球设备每天都需要认真保养，否则容易发生故障，引发事故。按照规定，保龄球道应该每天除尘、打磨、涂油。涂油的区域和油膜的厚度都应按规定要求操作，但在发球区和发球区近端，球道是不应涂油的。可是有的保养人员操作随意，在转换球道时将油拖布或落油机很随意地从发球区拖过去，使发球区沾染上球道油，这样当打球的宾客踩上去时，就很容易造成滑倒摔伤，有的球馆就曾因此摔伤顾客，造成骨折。另外，保龄球的球体在长期使用过程中，会出现破损，如不及时维修或淘汰，也可能引发安全事故。特别是指孔边缘如果碎裂，会出现较锋利的碴口，很容易划伤使用者的手指。

 知识链接

保龄球器具的保养

1. 球袋

球袋是用来装球的，一般而言球袋大致上分两种，一种是装一个球的，一种是装两个球的，前者是把鞋子及球装在一起的，请注意鞋子要先放进去，球再放进去，而且鞋子的鞋底要朝下，避免将鞋底与球的表面摩擦，这种袋子空间有限，而且鞋子与球没有隔离，对球的寿命有影响。大部分装两个球的球袋，都会有个夹层，一层放球一层放鞋。打球回来后，把湿的衣服及手巾拿出来，再把球袋稍微打开不要密封，这样对球的弹性不会有影响。

2. 鞋

鞋子保持干燥，打球前不要用鞋底去抹滑石粉，而是要用手巾将鞋底擦干，这样就不会太滑了。

3. 球巾

球馆的球巾大都很粗糙，如果您打飞碟那无妨，但如您打曲球，最好用自己的球巾。还有球巾是用来抹去球上残余的油，不能拼命地擦。打完球后，用自己的球巾包好球，再将球放进球袋，避免球的表面与球袋摩擦。

4. 球

（1）打曲球时，每打80局球就要重新再抛一次，避免吸地力减弱，最好用300目的砂纸。这是针对树脂的球而言，如果是其他材质就不必了。如果是聚酯纤维的球，打前放进洗球机洗一洗。

（2）树脂的球很容易吸附污物。最好不要用油类的东西，因为油会使球慢慢失去弹性。如果您找不到保养液，也可以用水洗，千万不可用洗衣粉，清水即可。

（3）打球时千万不要抹滑石粉，因为任何东西都很容易吸在球上，要是手太湿了，用手巾将手或球擦干，再吹一吹就好了。

（4）球被机器刮伤是很平常的，没有影响。

（5）打完球先将球擦干再收起来。

3. 顾客使用方法和活动方式不当

1）准备活动不充分

有很多康乐项目是由运动项目转化而来的，有些活动比较剧烈，因此在进行这些运动之前，应当先做好充分的准备活动，否则就可能出现安全事故。例如，游泳前如果没做好准备活动，就容易出现抽筋；在进行健身锻炼、保龄球运动、网球和壁球运动前，如没做好准备活动，就容易出现扭伤和拉伤等。

2）身体情况欠佳

宾客在身体情况欠佳时，应当注意不要参与危险性和刺激性强的项目，也不要参加较剧烈的运动，如酗酒后游泳或戏水就很危险。某戏水乐园就曾发生过一位顾客酗酒后坐水滑梯，结果被他自己的呕吐物呛死的恶性安全事故。患有心血管病、脑血管病的顾客不宜参与过山车之类的强刺激项目，否则容易使病情加重，严重的甚至会由于病情突然恶化而猝死。身体不好时也不宜较长时间地洗桑拿，有一位宾客听说洗桑拿能治感冒，当她患感冒时便去洗桑拿，但她在桑拿室里蒸了不到10分钟便虚脱休克，幸亏被服务员及时发现才没酿成严重后果。

3）技术水平欠佳

有的宾客运动水平欠佳，因而动作协调性、运动持久性都很有限，在这种情况下，出现安全事故的概率就会相对大一些。再加上人们在康乐场所的环境里都比较兴奋，往往忽视安全，出现安全事故的概率则进一步加大。例如，在保龄球场，有些顾客由于动作很不协调，且用力过猛，经常出现滑倒，其中个别的可能会摔伤；在游泳池和戏水乐园，往往会发生溺水事故，严重的甚至溺水而亡，发生溺水事故的多数是游泳技术不好的人，也有的是在发生意外时，如肌肉痉挛（俗称抽筋），因不会自救所致。

4）未按操作规定控制设备

操作规定是根据机器设备的性能特征和安全要求制定的，有的顾客在使用设备时比较随意，不按操作规定去做，这就很容易引发安全事故。例如，在健身房有很多设备都有较严格的操作要求。使用跑步机，如不按操作规定，就可能发生意外，因为按规定使用跑步机时应将速度由慢到快逐步加速，需要停止时也应由快到慢逐步减速，当机器减到缓慢速度或停止时，运动者才能走下跑道。但有个别宾客由于某种原因从较快运行的跑道跳下，这时由于惯性很大，特别容易摔倒。

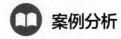 案例分析

醉酒宾客滑倒摔伤之后

某晚，李先生喝完酒后，与朋友来到某酒店经营的桑拿洗浴中心，服务人员见状忙进行阻拦，提醒他们酒后洗浴的种种危害，但李先生不听劝阻，仍与朋友一同进入桑拿浴室洗澡。洗头时，李先生想将手中的一次性洗浴用品袋扔进远处的垃圾桶中，但由于用力过猛，加之浴室内地板砖湿滑，李先生整个身体一下子失去平衡，重重地摔倒淋浴室对面的蒸汽房玻璃门上。只听"哗啦啦"

的一声巨响，玻璃被撞碎，玻璃在下滑过程中将李先生右胳膊割伤，血流不止。李先生的朋友见此情景急忙拨打"110"和"120"电话报警和求救，并垫付了相关医疗费用。由于李先生出现创伤性失血症状，经过抢救，采取了相应的治疗措施后方脱离危险。

思考题：
1. 如果你是该桑拿洗浴中心的服务人员，会怎样婉拒李先生进入桑拿浴室？
2. 当类似突发事件发生时，你认为作为服务人员首先应该怎样做？
3. 请在此案例基础上，探讨研究桑拿洗浴室设施设备位置设计的一般规律。

4. 管理和服务不到位

1）保护不当

一些康乐项目的运动量很大，并且存在一定的不安全因素。为了减少或消除这些不安全因素，在进行这些康乐活动时，就应该采取适当的保护措施，以避免出现安全事故，例如，在健身房做卧推杠铃时，就应该由教练或服务员适当保护；再如在游泳池的深水区，应当配备救护员，以便在发生溺水时采取救护措施。

2）操作失误

有的项目需要服务员按照严格的要求操作，以尽可能地避免发生严重伤害事故。例如，蹦极运动，按照规定，蹦极弹跳绳按粗细分为轻、中、重三种级别，根据蹦极者体重的不同，选用不同的弹跳绳；弹跳的最大长度以蹦极者不触地面或触水为准；同时还应在蹦极者的脚上，系上无弹性的钢丝绳，作为第二道保险绳。但是如果体重称量不准，选择弹跳绳的规格不准，绳长计算不准，就可能发生严重事故。2000年4月，天津某公园蹦极塔就发生过一起因服务员操作失误致使两位蹦极者头部撞地颅骨骨折的严重事故。

3）维持秩序不当

一般的康乐项目多为很多人共同参与的项目，这就需要制定相应的游艺规则并维持良好的活动秩序，一些带有危险性的活动更应如此，如小赛车、水上摩托、水滑梯等项目。在水滑梯的滑道中放进适量的流水，人体会以很快的速度下滑，一般的滑速能达到每秒 5 m，因此很容易发生撞伤、划伤、磨伤、溺水等事故。如果维持秩序不当，撞伤事故会较多较严重。因此，在项目实际运营当中，维持秩序非常重要。

4）提示不及时

在容易出现安全事故的地点或时间，应该由服务人员经常提示顾客，以降低发生事故的概率。例如，在游泳池应当提示注意池水的深浅，应标出深水区；在浅水区也应该有提示牌，以防止喜欢跳水的人跳水时头部与池底相撞。其他康乐项目也同样，凡是存在安全隐患的地方，都应该提示宾客注意安全。例如，在保龄球馆有的顾客打球的动作很不规范，如果不及时提示顾客改正动作，那么不但打不出好球，还可能因动作不规范而滑倒摔伤。

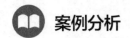 **案例分析**

未按要求操作引发的安全事故

某酒店的康乐部经理为了节省人力，未按安全规定在游泳池配置两个主要岗位即游泳池服务员与游泳池救生员。他认为，游泳池属季节性较强的营业项目，没必要长年专设这两个岗位。酒店又在强调开源节流，200 m 的游泳池，最深处不过 2 m，不会出现危险。因此，随便配一名服务人员兼做救生员及卫生员即可。于是，他从康乐部的舞厅调来一名男服务生（该服务生精通游泳），在对其强调了一番服务程序及操作标准之后，该服务生就上岗了。一天下午，游泳池边突然有人大叫："有人溺水啦！"顿时场内乱作一团。经过大家的努力，溺水宾客被抢救上来。但因没有人能够正确及时对其进行抢救处理，待医生赶到后，该宾客已经死亡。

思考题：

1. 如何切实加强对游泳池的安全管理？
2. 康乐部应如何管理公共娱乐健身场所，并如何制定应急措施？

5.1.2 安全事故的预防

康乐场所安全事故的预防工作十分重要。工作做好了，可以有效减少安全事故，减少很多处理事故所带来的麻烦和损失，从而降低营业成本，这对企业是十分必要的。

1. 增强安全意识，加强安全管理

1）加强对管理和服务人员的安全培训

康乐部全体工作人员都应强调以预防为主的安全管理原则和安全服务意识。提高安全意识的主要方法就是培训。通过培训使服务人员认识到安全管理的重要性，认识到安全服务给企业、宾客、服务人员带来的益处，提高服务人员贯彻以预防为主的安全管理原则的自觉性；通过培训，使服务人员认识并熟悉安全管理制度，并能提高处理事故的能力。培训的内容应涉及设备安全、人员安全、消防安全、治安安全等各方面。

2）加强对宾客的疏导服务

安全管理涉及的重点场所和重点部位，特别是对社会开放的公共康乐场所，由于客流量较大，时常会出现拥挤现象，容易发生安全事故，如挤伤、踩伤等。另外，人多拥挤也给小偷作案提供了方便。这时管理人员和服务人员就应该特别注意加以疏导服务，维持好现场秩序，以防止发生伤害或失窃事故。

在康乐部的安全管理中，还应该注意总结经验、摸索规律，找出容易发生安全事故的地点和时间，以便及时发现引发事故的苗头，采取相应防范措施，防患于未然。某戏水乐园总结出容易引发溺水事故的 13 种现象，并用于提示服务人员，对防止溺水事故的发生起到了很好的作用。这 13 种现象分别如下。

【拓展视频】

(1) 坐水滑梯者落入溅落池后站立不起来。
(2) 游泳技能较差的人误游到深水区。
(3) 鼓浪时惊慌失措者。
(4) 恋人相拥在水中。
(5) 大人背着小孩游泳。
(6) 小孩独自游泳或独自在泳圈中漂流。
(7) 老年人独自游泳。
(8) 在水中忘情地嬉戏打闹者。
(9) 体质较弱者独自游泳。
(10) 随便跳水者。
(11) 仰卧在大型泳圈里的成人漂流者。
(12) 较长时间潜泳者。
(13) 鼓浪时仍坐在浅水平台的老人和儿童。

对于这些现象，救护人员应采取主动式服务，即主动提示顾客防止发生危险，注意游泳安全，或将其引导至安全地带。

3）加强与酒店安保部、公安、消防部门的合作

安保部是大型酒店或康乐企业专门负责安全保卫的职能部门。安保部全面负责安全保卫工作，包括营业场所的治安管理、企业的财产安全管理和消防安全管理。安保部的工作与康乐部的工作有着密切联系，康乐部为顾客服务的过程中需要安保部的协作与配合，在预防和处理安全事故或消防事故时应接受安保部的指导与帮助，以便共同为顾客提供安全的服务。

公安部门和消防安全部门是政府的执法部门，是制定治安管理制度和消防安全管理制度的权威机关，在检查治安保卫工作和消防安全工作及处理相关事故的工作中具有权威性，且拥有执法权。康乐部在经营工作中经常与公安部门和消防部门发生联系，接受监督、检查、指导，这对维持正常营业秩序、搞好经营工作具有非常重要的意义。特别是游泳场馆、歌厅和舞厅，更要搞好与公安机关的合作。

2. 建立完善的安全制度和安全管理体系

康乐部的管理人员应该特别重视安全管理，把安全工作放到重要的议事日程当中，注意培养全员安全意识，并且应建立和完善各项安全制度，包括安全管理制度、全天候值班制度、定期安全检查制度、安全操作规程以及安全事故登记和上报制度。

1）要配备必要的设施设备

要配备必要的防盗防爆设备，如防盗报警装置、闭路电视监控器等。

2）加强对宾客的管理

康乐场所人员的流动量较大，往往是犯罪分子作案的场所，所以必须加强对宾客的治安管理。

(1) 要制定宾客须知，明确告知宾客应尽的义务和注意事项。
(2) 加强巡逻检查，发现可疑或异常现象，应及时处理。

3）健全员工的管理制度

首先要制定明确的责任制和行为准则,加强对员工服务过程的管理,主要包括员工出入大门及携带物品的规定、员工更衣室管理制度、员工使用钥匙的程序和手续等。

4）建立财务管理制度

为了使宾客和康乐部的财物不受损坏,必须建立和完善以下制度。

(1) 贵重物品保管及保险箱的管理制度。

(2) 拾遗物品的管理制度。

(3) 重点部门的管理制度。

(4) 各种物品存放和领用制度。

(5) 现金管理制度。

(6) 对超限额消费、欠账宾客的管理办法等。

安全管理工作还必须做到组织落实,要建立完善的安全管理体系,包括安全操作保证体系和安全维护保证体系。这些体系的具体结构如图5.1、图5.2所示。

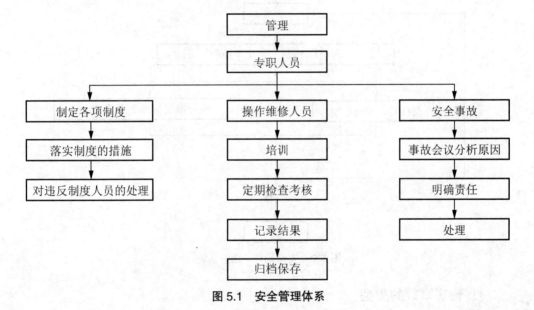

图 5.1　安全管理体系

5.1.3　安全事故的应急处理

康乐部在接待过程中发生安全事故是不可避免的,也是无法预料的,但为了尽量避免这类事故的发生,作为康乐经营者首先应充分认识此类事故的严重性,其次应完善管理,积极落实有关防范措施。对安全事故的处理虽然属于被动管理,但在康乐部运营过程中,却是不可避免的。对安全事故的恰当处理,能够避免事故扩大,有效地减少事故带来的损失。

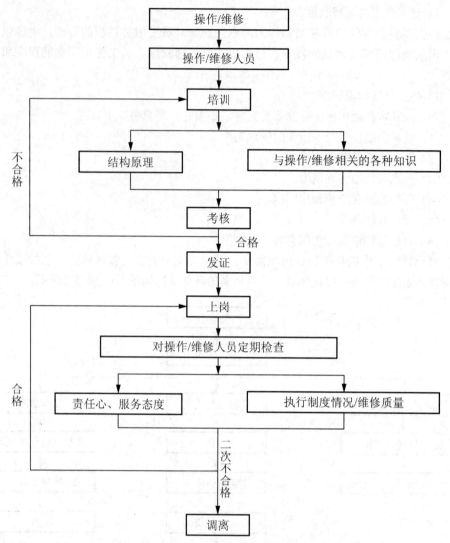

图 5.2 安全操作 / 维护系统

1. 伤害事故的类型

在康乐活动中,身体任何部位都有可能受伤,而不同的受伤类型其处理方法也不同。因此,有必要对不同创伤进行分类。事故创伤的类别大致有以下 8 种。

(1)擦伤:指皮肤的损伤,多因不慎跌倒摩擦受伤,易引发感染。

(2)撞伤:因皮下组织受撞击而产生瘀肿现象,但皮肤未破裂。

(3)扭伤:关节周围的韧带撕裂,患处红肿,有疼痛感。

(4)拉伤:指肌肉或肌腱因过度伸展以致撕裂。

(5)劳损:身体某些组织(如软组织或骨骼)因负重超越自身承受力而致损伤。

(6)骨折:因外力作用破坏了骨骼的完整性。外力作用主要包括急性撞击或扭曲,因长期超负荷运动亦会产生疲劳性骨折。其除了具有疼痛、红肿等一般创伤的症状外,还有变形、肌肉痉挛、活动时有声响等症状。

（7）脱臼：指关节功能障碍。通常情况下，依附在关节周围的韧带撕裂，关节会松脱，导致关节变形或不正常扭曲。疼痛、肌肉痉挛及关节脱臼令关节的可动性大大降低甚至消失，严重者可同时发生骨折。

（8）过热所致的损伤。

① 热痉挛：在高温下运动过度失去体液或电解质导致肌肉强烈收缩。

② 热衰竭：在高温下运动使体内水分或盐大量丧失导致极度疲倦、晕眩，甚至失去知觉。

③ 中暑：人的体温持续上升，不能用出汗的方法调节体温时，就会中暑。患者一般神志不清，全身痉挛、皮肤热而干燥，甚至不省人事。

2. 伤害事故的处理措施

一旦发生伤害事故，服务人员应招呼有一定医学知识的人来果断采取措施。常见的处理措施有以下几类。

1）判断伤势

通过望、闻、问、切等方式，对伤者的肌肉、关节、骨骼、神经系统进行检查，判断伤势的严重程度，选择相应的处理措施。如果是轻伤，经简单治疗如冰敷及适当包扎即可。另外，应注意将伤者移离阳光直射之处，以免伤势恶化。如果伤势比较严重，则须将伤者送往医院，由医生诊断及治疗。

2）常见创伤的处理方法

（1）切割伤或擦伤的处理方法。

这种创伤的处理方法最主要是止血。若出血不止，可用卫生棉挤出少许被污染的血，再用创可贴或纱布包扎即可。如果切割伤口很深，流出的血是鲜红色且血流很急，甚至向外喷血，可判断为动脉出血，必须把血管压住，即压住伤口距离最近部位动脉（止血点），才能止住血。急救法有止血带法、压迫法和填充法。

（2）烫伤或烧伤处理方法。

烫伤与烧伤时，最主要的是冷却创面。皮肤明显红肿的一般为烫伤，要立即用冷水冲洗几分钟，再用干净的纱布包好即可。重一点的烫伤局部皮肤会起水疱，疼痛难忍、发热，须立即用冷水冲洗30分钟以上；为使患者不留下痕迹，不能碰破水疱，以防细菌感染。如果烫伤的部位很脏，可用肥皂水冲洗，但不可用力擦洗，待擦干水分后，盖上消毒纱布，用绷带包好。经包扎后若局部发热、疼痛，并有液体渗出，应马上到医院接受治疗。

【拓展视频】

烧伤一般为电击伤或化学烧伤。如果创面水疱已破，局部被脏物污染，应先用生理盐水处理，清洁周围皮肤，再盖上消毒纱布，用绷带加压包扎，最好到医院诊治。

（3）骨折的急救方法。

因外力导致骨骼完全断裂或不完全断裂称之为骨折。骨折后应采取下列措施。

【拓展视频】

① 若伤口出血，应先止血，然后包扎，再固定骨折部位。

② 固定伤骨时，用木板、杂志、纸板等可找到的材料作支撑物，扶托包括骨折断端上、下两个关节在内的整个伤肢，这样才能保证骨折部位不发生错位，如图5.3所示。

【拓展视频】

图 5.3　骨折急救演习

③ 固定时，应在骨突处用棉花或布片等柔软物品垫好，以免磨破突出的骨折部位。

④ 固定骨折的绷带松紧应适度，并露出手指或脚趾尖，以便观察血液流通情况。

⑤ 立即送医院治疗。

（4）脚踝关节损伤急救方法。

脚踝关节损伤在运动中是最常见的，如打篮球、踢足球或跳高时，双脚着地不稳会令足踝不正常扭动，导致脚踝肿痛或变形。急救时，应将脚踝处抬高，用冰敷患处，均匀地施压于患处。经处理后仍需到医院做进一步检查，通过 X 光检查是否骨折或韧带撕裂。患者切忌急于恢复运动训练，否则会留下后遗症，影响日后运动。

【拓展视频】

（5）椎骨创伤事故的急救方法。

在康乐服务中，如果遇到椎骨特别是颈椎创伤患者，必须认真处理，切勿掉以轻心。

① 如果伤者感到颈部极度痛楚，并出现瘀肿现象，就可能是颈椎骨折。

② 必须由专人进行急救，切勿移动颈部，否则会导致永久性瘫痪。

③ 骨科大夫会通过 X 光检查确定是否进行手术治疗。

在搬运颈椎骨折的伤者时，要三人同时进行，指定其中一个人负责牵引固定伤者的头部，并负责喊口令使三人行动一致，三个人同时将伤者抬起，以仰卧姿势放在硬板单架或床板上，颈后放一小垫，头下不能放枕头，头两侧用沙袋类重物固定，防止头左右晃动，颈部还应用沙袋类重物固定，然后再送医院。

搬运胸腰椎骨折的伤者时，最好由四个人同时进行，其中三个人站成一排一起用力，分别托住伤者的头、肩、臂和下肢，另一个人在对面帮助，硬板单架上要让伤者处于俯卧位。注意绝对不能抱头、抬腿，以免脊柱的极度弯曲，加重对脊髓的压迫和损伤。

3. 水上安全事故的处理方法

【拓展视频】

在水上游乐场、室内外游泳场馆等地，一旦发生淹溺，进行现场急救十分必要。其过程如下。

（1）立即清除溺水者口鼻内的污泥、杂草、呕吐物，若有假牙应取下，保持呼吸道通畅。

（2）垫高溺水者腹部，使其头朝下，压拍其背部，迫使体内积水从口、鼻流出。此项救助时间不宜过长，而应抓紧时间进行复苏急救。

（3）随后，让溺水者仰卧于硬板或地上，打开气道，口对口吹两口气，再检查颈动脉是否正常跳动。

（4）对呼吸、心跳停止者，应立即实施人工呼吸及胸外心脏按压等急救措施；并迅速拨打急救电话"120"；在送医院途中不可中断急救。

4. 火灾事故的处理措施

在发生火灾时，康乐部员工应该立即采取应急措施，以防止火灾的扩大和蔓延。采取的具体措施如下所述。

【拓展视频】

（1）当发现糊味、烟味、不正常热度时，应马上寻找产生上述异常情况的具体部位，同时将发生的情况逐级上报。

（2）当火灾情况紧急时，应马上拨打火警电话。报警时要讲清火灾的具体地点、燃烧物质、火势大小，报警人员的姓名、身份和所在部门及位置。

（3）如有可能，则应立即扑救，然后再报警。在扑救过程中应注意保护现场，以便事后查找失火原因。

（4）如果火情十分紧急，应立即打碎墙上的报警装置报警，同时拿上本区域的轻便灭火器进行自救灭火。

确认火情时应注意：不要草率开门，可先试一下门体，如无温度升高可开门察看；如温度已高，可确认门内有火情。此时如房间内有顾客，则应设法救人；如果房间内无人，则应做好灭火准备后再扑救。开门时不要把脸正对开门处，以免烧伤。

 知识链接

常见的灭火器及使用方法

【拓展视频】

灭火器是一种轻便的灭火工具，它可以用于扑救初起火灾，控制蔓延。不同种类的灭火器，适用于不同物质的火灾，其结构和使用方法也各不相同。灭火器的种类较多，常用的主要有：干粉灭火器、二氧化碳灭火器、"1211"灭火器和泡沫灭火器。

1. 干粉灭火器

干粉储压式灭火器（手提式）是以氮气为动力，将筒体内干粉压出。适宜于扑救石油产品、油漆、有机溶剂火灾，它能抑制燃烧的连锁反应而灭火；也适宜于扑灭液体、气体、电气火灾（干粉有5万伏以上的电绝缘性能）；有的还能扑救固体火灾。

干粉灭火器不能扑救轻金属燃烧的火灾。

使用时先拔掉保险销（有的是拉起拉环），再按下压把，干粉即可喷出。

灭火时要接近火焰喷射；干粉喷射时间短，喷前要选择好喷射目标，由于干粉容易飘散，不宜逆风喷射。

注意保养灭火器，要放在好取、干燥、通风处。每年要检查两次干粉是否结块，如有结块要及时更换。

干粉推车使用时，首先将推车灭火器快速推到火源近处，拉出喷射胶管并展直，拔出保险销，开启扳直阀门手柄，对准火焰根部，使粉雾横扫重点火焰，注意切断火源，控制火焰蹿回，由近及远向前推进灭火。

干粉灭火器（MFZ）2～3 kg 有效射程距离 2.5 m，4～5 kg 射程为 4 m，时间 8～9 秒。8 kg 射程为 5 m，时间 12 秒。（MFTZ）35～50 kg 推车有效射程为 8 m，时间 20 秒。70 kg 推车射程 9 m，时间 25 秒。

2. 二氧化碳灭火器

二氧化碳灭火器都是以高压气瓶内储存的二氧化碳气体作为灭火剂进行灭火，二氧化碳灭火后不留痕迹，适宜于扑救贵重仪器设备，档案资料，计算机室内火灾，它不导电也适宜于扑救带电的低压电器设备和油类火灾，但不可用它扑救钾、钠、镁、铝等物质火灾。

使用时，鸭嘴式的先拔掉保险销，压下压把即可，手轮式的要先取掉铅封，然后按逆时针方向旋转手轮，药剂即可喷出。注意手指不宜触及喇叭筒，以防冻伤。

二氧化碳灭火器射程较近，应接近着火点，在上风方向喷射。对二氧化碳灭火器要定期检查，重量少于 5% 时，应及时充气和更换。

推车式使用方法：同干粉推车一样。

3. "1211"灭火器

"1211"灭火器是一种高效灭火剂。灭火时不污染物品，不留痕迹，特别适用于扑救精密仪器、电子设备、文物档案资料火灾。它的灭火原理也是抑制连烧的连锁反应，也适宜于扑救油类火灾。

使用时要首先拔掉保险销，然后握紧压把开关，即有药剂喷出。使用时灭火筒身要垂直，不可平放和颠倒使用。它的射程较近，喷射时要站在上风，接近着火点，对着火源根部扫射，向前推进，要注意防止回头复燃。"1211"灭火器每 3 个月要检查一次氮气压力，每半年要检查一次药剂重量、压力，药剂重量若减少 10% 时，应重新充气、灌药。

"1211"推车灭火器使用方法：同干粉。

"1211"灭火器，1 kg 有效射程 2.5 m，2～3 kg 射程 3.5 m，4 kg 射程 4.5 m，时间为 8 秒。"1211"推车有效射程：25 kg 射程 8 m，时间 20 秒；40 kg 射程 8 m，时间 25 秒。

4. 泡沫灭火器

目前主要是化学泡沫，将来要发展空气泡沫，泡沫能覆盖在燃烧物的表面，防止空气进入。它最适宜扑救液体火灾，不能扑救水溶性可燃、易燃液体的火灾（如：醇、酯、醚、酮等物质）和电器火灾。

使用时先用手指堵住喷嘴将筒体上下颠倒两次，就有泡沫喷出。对于油类火灾，不能对着油面中心喷射，以防着火的油品溅出，顺着火源根部的周围，向上侧喷射，逐渐覆盖油面，将火扑灭。使用时不可将筒底或筒盖对着人体，以防万一发生危险。筒内药剂一般每半年，最迟一年换一次，冬夏季节要做好防冻、防晒保养。

泡沫推车使用：先将推车推到火源近处伸直喷射胶管，将推车筒体稍向上活动，转开手轮，扳直阀门手柄，手把和筒体立即触地，将喷枪头直对火源根部周围覆盖重点火源。

泡沫 MP6 m 灭火器（10 L）喷射距离 5 m，时间 35 秒；65 L 的射程 9 m，时间 150 秒左右。

清水灭火器喷出主要是水，作用与酸碱灭火器相同，使用时不用颠倒筒身，先取下安全帽，然后用力打击凸头，就有水从喷嘴喷出。它主要是冷却作用，只能扑救一般固体火灾（如竹木、纺织品等），不能扑救液体及电器火灾。

5. 治安事故的处理措施

康乐部在服务中，对治安事故应采取以下几项措施。

（1）主动巡查，注意疑点。服务人员在服务中应经常巡查，仔细观察，发现可疑的人应采取继续观察、主动服务等方式，进一步了解和掌握情况。

（2）出现事故，尽快报案。一旦出现治安事故，服务人员应马上向本部门报告。情况严重时，可立即向安保部报案，然后再向本部门汇报。

（3）紧急情况，及时处理。有此事故应立即采取紧急措施，以免事态扩大，造成更大损失。如制止毁坏公共财物、阻止小偷行窃等。

（4）采取措施，保护现场。遇有重大案件发生，服务员在报案后应注意保护现场，以便于安保部或公安部门侦破案件。在公安部门侦破案件过程中，服务人员应实事求是地主动反映情况，提供线索。

任务实训

实训 5-1　安全事故应急处理

实训目的：通过此次实训，使学生掌握康乐部安全事故应急处理程序及方法。
实训内容：课堂模拟意外受伤处理程序。
实训步骤：
第一步：教师下达实训任务书。
第二步：学生分成服务员和宾客等若干组，模拟对客服务。
第三步：交换角色。
第四步：教师归纳总结。
实训成果：上交本组意外受伤处理程序报告书。

任务评价

学习目标	内容 评价项目	自我评价 优	自我评价 良	自我评价 可	小组评价 优	小组评价 良	小组评价 可	教师评价 优	教师评价 良	教师评价 可
知识目标	了解安全事故产生的原因									
	熟知安全事故的预防办法									
	掌握安全事故的处理程序									
专业能力目标	能够判断宾客的伤势									
	具备基本创伤的处理能力									
	懂得各种意外伤害的处理方法									
通用能力目标	应变能力									
	组织分配工作能力									
	处理伤势能力									
任务单	内容完整正确									
	书写清楚规范									
	思路清晰、层次分明									
小组合作	创造良好的工作氛围									
	成员互相倾听									
	尊重不同意见									
	全员参与									

整体评价：　　　　　优秀□　　　　　良好□　　　　　基本掌握□

教师建议：

任务 5-2　康乐部卫生管理策略

卫生管理是康乐部管理中的重要工作，它贯穿于康乐管理和服务的全过程。康乐环境及设备的清洁卫生状况是康乐服务质量的重要组成部分，其好坏不仅直接影响到康乐服务质量，还会影响整个酒店的形象、声誉乃至经济效益。让我们一起来看看如何做好康乐部的卫生管理工作。

任务导入

情境介绍：某市可谓是一座桑拿城，不仅各大酒店康乐部设有桑拿房，而且各主要街道都有大众化的桑拿洗浴中心。新开业的某酒店桑拿设施新、服务项目全、价格适中,备受酒店内外宾客的欢迎。7月20日,酒店总经理接到1403房长住客陈先生的投诉信。陈先生称,他入住酒店已3个月,很少到桑拿房洗浴。7月18日晚因招待客户,在餐厅用完餐后,到桑拿房洗浴、按摩。回房后觉得皮肤有痒感。第二天,皮肤出现小红点,经医生诊断患了传染性皮肤病。因此,他认为是桑拿房卫生状况差而造成的。桑拿部主管认为桑拿房设施是全新的,不会出现卫生质量问题。酒店总经理责成康乐部经理迅速查明情况,并提出有效的整改意见。康乐部经理在调查中发现,桑拿房的个别服务人员在服务过程中,没有坚持卫生操作标准,尤其是客用品未经消毒多次使用,这是导致皮肤病传染的可能原因之一。如果长期下去,桑拿房很快就会失去客源,并给酒店造成不良的声誉。因此,康乐部经理决定采取措施,尽快改进桑拿房的卫生状况。

思考题:
1. 试分析该桑拿房存在的主要问题是什么?
2. 康乐部经理应如何去做?
3. 如何彻底改变桑拿房的卫生状况?

案例分析:
康乐部的卫生清洁是一项重要的工作。同时,也是康乐部一切工作的基础和前提。案例中正是因为工作人员没有坚持卫生操作标准而引起的一系列麻烦,康乐部管理人员及时采取措施,改进桑拿房的卫生状况,才避免了失去客源、给酒店造成不良声誉情况的发生。

案例启示:
康乐部卫生是康乐服务质量的重要组成部分,康乐部卫生的好坏直接关系到顾客的卫生安全,关系到康乐部的服务质量,也关系到酒店的声誉,在很大程度上影响到康乐部的经济效益。因此,康乐部管理人员应做好各部门的卫生管理工作。

任务分析

身为酒店康乐部的一名管理者,应根据不同的康乐项目、不同的设施设备制定相应的卫生管理制度及标准,使其卫生水准达到酒店和宾客的要求。

5.2.1 康乐部服务人员的卫生管理

1.康乐部服务人员的个人卫生规定

1)制服
康乐部服务人员应勤换洗制服,如图5.4所示。
2)个人卫生
(1)勤洗澡,勤洗头发,勤理发。
(2)勤洗脸,不化浓妆,不用气味浓烈的香水。
(3)保持口腔卫生,经常漱口。上班前不吃有刺激气味的食品,如葱、大蒜、

图 5.4 按摩师的服饰

韭菜等，上班前 4 个小时不喝酒。

（4）勤洗手，勤剪指甲。

（5）勤换袜子，勤擦皮鞋。

（6）不在宾客面前梳头、补妆、修指甲等，更不能剔牙、抠鼻、挖耳。

（7）养成良好的生活习惯，锻炼身体，减少疾病发生。咳嗽、打喷嚏时应转过身体并用手帕掩住口鼻。

2. 康乐部服务人员的个人卫生标准

1）制服

康乐部服务人员的制服应完整、挺括、清洁、合体、无皱褶、无破损、无异味，皮鞋光亮无尘。

2）个人卫生标准

（1）身体和头发无异味，头发无头屑。

（2）脸部清洁，可化淡妆和用清淡的香水，使体味清新。

（3）口腔清洁无口臭，牙齿无异物。

（4）保持手部清洁与皮肤润泽，不要有污垢和皲裂。

（5）鞋、袜干净无异味。

（6）精神饱满，养成良好的卫生习惯。

5.2.2 健身房的卫生管理

1. 健身房的清洁卫生规定

在大型的健身房中，一般都配有附属的淋浴间和休息区，健身房的客用品主要有客用拖鞋、客用香皂、客用沐浴液、洗发精、洗手液、客用毛巾、烟灰缸等物品。如果健身房的规模不大，往往和游泳池或桑拿中心共用一个淋浴间。健身房的客用品清洁卫生规定将在"游泳池的卫生管理"和"桑拿浴室的卫生管理"的有关章节中叙述。

1）设施设备清洁卫生规定

（1）服务台：每天用拖布拖地一次；每班次将服务台台面擦拭整理一次，将服务台内物品摆放整齐；每天用酒精对电话机消毒一次。

（2）健身器材：每天用抹布擦拭器械表面的灰尘，器械与身体频繁接触的部分如手柄、卧推台面等，每天用消毒药液擦拭；定期对各种器材加油保养。

（3）休息沙发、茶几：对木质沙发、茶几，每天用半干抹布擦尘，每个月打蜡一次；对玻璃茶几，每天用镜布擦掉手印、污迹和灰尘；对皮质沙发，每天用干抹布擦尘，边角处用吸尘机吸尘，每半个月打蜡一次；对布质沙发，每天用吸尘机吸尘，清理沙发上的杂物，视使用情况每半年或一年用沙发机清洗一次。

2）场所清洁卫生规定

（1）接待室：对硬地面，每天用拖布拖地；对铺地毯的地面，每天用吸尘机吸尘；每周清扫墙面一次，清洁门窗一次；随时清理烟灰缸，烟灰缸内的烟头不能多于三个；每月清洗或清扫天花板一次；每周清洁灯具一次；每月第一周做大清洁。

（2）更衣室：每天下班前地毯吸尘或拖地；每周清扫一次墙面；每天多次擦拭镜子上的水迹和皂迹；更衣柜用抹布擦拭，然后喷洒消毒剂消毒；更衣用的坐凳每天擦掉灰尘污迹后用消毒药液消毒；拖鞋每使用一次用药液浸泡消毒；每月第一周做大清洁。

（3）健身室：对硬地面，每天用拖布拖地；对铺地毯的地面，每天下班前用吸尘机吸尘，营业时注意保洁；墙面除尘；每天用镜布擦拭镜面和玻璃门窗上的手印和污迹；每月第二周做大清洁。

（4）淋浴室：每天下班前清洗地面、墙面；用清洁剂清洗淋浴器及面盆龙头、沐浴液及洗发精容器，并将表面水迹擦干；每月第三周做大清洁。

（5）卫生间：每天清洗地面、墙面、衣钩；用消毒清洁剂清洗马桶里外、马桶盖板、水箱及手柄；用玻璃清洁剂清洗镜面；清洗洗手盆及龙头；然后用干抹布将所有器具擦干；每月第四周做大清洁。

（6）休息室：每天拖地或地毯吸尘，墙壁除尘，沙发吸尘或擦尘，擦拭电视柜、电视机、茶几上的灰尘，用专用软抹布及除静电清洁剂擦拭电视机显示屏；清洗烟缸，每班下班前清倒垃圾桶内的垃圾；每月第四周做大清洁。

2. 健身房卫生质量标准

1）设施设备卫生质量标准

（1）服务台：服务台面干净整洁，无尘、无污迹；台内无杂物，电话无手印、无异味。

（2）健身器材：设备摆放整齐；表面光洁无尘，手柄、扶手、靠背及座椅表面无汗迹、无污迹。

（3）休息沙发：沙发面平整干净，无污迹、无灰尘、无杂物；沙发脚及背面无污迹。

2）场所卫生质量标准

（1）接待室：地面无污迹、无废弃物；墙面干净，无脱皮现象；天花板光洁无尘、无蛛网；门窗清洁明亮，无污迹、无手印；灯具清洁明亮；沙发光洁无尘，茶几光亮无污迹、无手印；烟缸光洁干净，无烟头。

（2）更衣室：地面干净无污迹、无水迹、无杂物、无垃圾；墙面干净光洁，无蛛网；天花板光洁无尘、无污迹；更衣柜表面光洁，柜内无杂物；为顾客提供的毛巾、浴巾等物品摆放整齐；面盆及龙头清洁光亮，无污迹、无水迹；皂液机表面光亮，无污迹、无水渍。

（3）健身室：地面干净无尘、无污迹、无废弃物；墙面和天花板光洁无尘、无蛛网；镜面光亮，无手印、无污迹。

（4）淋浴室：地面无污迹、无积水；墙面无皂迹、无水迹；下水道及地漏通畅，无沉积毛发，室内无异味；淋浴器表面光洁，无污迹、无水渍；洗发精、沐浴液容器表面光洁无污迹、无水迹。

（5）卫生间：地面、墙面光洁干净；马桶表面清洁干净，无水迹、无污迹、无异味，消毒符合要求；镜面光洁明亮，无水迹；水箱手柄、洗手池手柄光洁干净。

（6）休息室：地面、墙面无灰尘、无污迹、无杂物；沙发无尘，茶几干净光洁，用品摆放整齐；电视机表面干净无尘，遥控器无灰尘、无汗迹、无印迹；室内光线柔和，亮度适中，空气清新。

 知识链接

健身房五种常见错误

1. 过分使用有氧健身器

经常进行有氧运动对健康大有好处：降低患肥胖症和糖尿病的风险，强化心血管系统。而问题在于，很多人在日常运动时，要么是器械操作方法有误，要么是锻炼的节奏不对，并没有获得运动的最大好处。

比如在使用椭圆机的时候把阻力设得太高，那除非倚在机器上借力，否则你会感到很不舒服。因阻力设定太高而耸肩驼背外加使劲抓住扶手根本是在欺骗你的身体，此时你的身体不呈直线，很容易损伤脊柱、肩膀和手肘。努力挑战自我固然能达到足够的运动强度，但并不是说用自然一些的踏步节奏、轻点儿握住把手就没这样的效果，其实任何器械都是如此。

而在有氧运动器械上耗时良久也只说明你不够卖力。一家运动品牌的培训专家兼独立健身顾问莎拉·海利（Sara Haley）建议说："增大强度、缩短时间，能砍掉你平常花在锻炼上的一半工夫。"尝试把不同的运动混合起来做，如果你是跑步机的死忠党，那就加点儿高强度器械运动，比如划船机或者爬梯训练器。这些器械能让有氧运动的效果更棒，因为你锻炼到了更多的肌肉群，燃烧了更多卡路里。

2. 错误的举重方法：太重、太轻、太快

许多人练习举重时都对重量的选择判断失误。男性往往选的过重，而女性由于害怕练成肌肉发达的样子又总是挑轻的。但最近一项研究表明，想长肌肉，并不是非要用很重的杠铃不可，如果方法正确，轻一些的杠铃也同样有效。健身教练建议选用第一次能举30次，停顿一下后只能再举起15次那么重的杠铃。举够目标次数时，你应该在想"接下来呢？"，而不是在达到目标那一刹那累得一塌糊涂，只想着"我的天呀，终于做完了"。这样既能让你免于受伤，又能让你体会到能量燃烧的感觉。

从本质上来说，要得到最佳的阻力训练，确保动作正确是再重要不过的了。姿势不正确，平衡就容易被破坏，这样你的身体就承受了不必要的负担。

用正确的方式举重能改善你的整体姿态。一般来讲，姿势欠佳的人的肌肉不是太松就是太紧，如果举的时候不考虑动作，那你就是在训练难看的体态。

3. 注意力不在核心肌肉群上

身体中央的肌肉群是全身运动的基点，核心肌肉群包括从胸部以下到臀部以上的全部区域，并非仅指腹部肌肉。而且，强化核心肌肉群还意味着要注意腿部以及整个背部。

强壮这些肌肉可以提高身体的运动能力。很多人只有在做腹部运动时才注意收紧腹肌，比如仰卧起坐，或是在腹肌练习器上。这固然不错，但如果在仰卧举重、背肌牵拉和推蹬训练时也能收紧腹肌，会大大增加身体的稳定性并降低受伤的风险。

教练应当告诉他的客户，永远要以"即刻行动的姿势"（Sport-ready Position）进行锻炼，就是说如果有人朝你扔球，你的站姿足以让你立刻移步。膝盖微弯，腹部收紧，你的体态马上就不一样了，你能感觉到浑身上下都在进行锻炼。

4. 忽视看不见的肌肉群

人们总是不惜一切代价追求发达的肱二头肌和界限清晰的漂亮腹肌，却忘了那些小的或是看不见的肌肉群，比如关节周围的肌肉。很多人喜欢把目标锁定在较大块的肌肉上，它们确实非常重要，我们要靠它们来运动。但我们同样应该关心如臀部和肩膀周围的稳定肌群，锻炼这些肌肉有助于改善我们的动作，进而让我们在锻炼时能做得更多。

5. 强度过大、时间过短

如果你是个健身房新手或者不经常锻炼，刚开始的时候务必慢慢来。有些人一开始去健身房就摆开架势准备足足运动 1 个小时，听着挺吓人，也很难坚持下去。实际上，每天活动半小时，一周坚持 3 天以上足矣。

而且，连这 30 分钟也都可以分开进行，像每天 3 次，一次 10 分钟这样锻炼。你可以早上跑步 15 分钟，晚上下班后再做做仰卧起坐和俯卧撑。

同理，一开始尝试新动作或新项目时，先悠着点儿没错，因为新动作需要新的肌肉神经协同合作。新的协调系统往往需要更多肌肉参与其中，对平衡感和灵活度的要求也更高。突然承受了很多新的生理负荷时，缺乏力量的肘关节、手腕、肩膀和膝盖会很容易受伤。

5.2.3 保龄球馆的卫生管理

1. 保龄球馆的清洁卫生规定

1）客用品清洁卫生规定

（1）吸烟区的烟灰缸：当烟灰缸内有三个烟头时即要更换。

（2）面巾纸盒：每天上班前用抹布擦拭纸盒表面，营业中注意保洁；每次宾客消费完后将面巾纸的外露部分折成整齐的三角形或梯形，以供下一批宾客使用。

2）设施设备清洁卫生规定

（1）发球区：每天用除尘器除尘一次，球道占用量大时每天两次；每周一用地面抛光机打磨一次。

（2）球道：每天用专用除油拖除球道油一次，球道占用量大时每天两次；每周二用地面抛光机打磨一次。

（3）置瓶区：每天用除油拖除油一次，然后用除尘拖擦净，球道占用量大时每天两次；每周二和球道一起用地面抛光机打磨一次。

（4）球沟、回球道盖板及两条球沟之间的隔离线：每天用半干拖把除尘一次；每周三做一次彻底清洁。

（5）回球机：每天用抹布抹尘一次；每周三做彻底清洁。

（6）回球轮：每周三用抹布抹尘一次。

（7）球员座椅：每天擦拭椅面和靠背一次；每周四做彻底清洁，包括擦拭椅腿、椅背及清理座椅附近的角落。

（8）记分台：每天擦拭一次；每周四做彻底清洁。

（9）电脑显示屏：每天上班前用抹布擦拭表面的灰尘，显示屏用除静电清洁剂及专用的柔软抹布擦拭；每周四做彻底清洁。

（10）公用球：根据使用的频率决定用专用洗球机洗球的次数，使用频率高时，每天用洗球机洗球一次，否则，每两天或三天用洗球机洗球一次；营业中经常用抹布擦拭球表面的灰尘和汗迹。

（11）公用球架：每天抹尘一次；每周五做一次彻底清洁。

（12）公用鞋：每使用一次喷一次消毒除臭剂，每晚下班前再统一擦拭、消毒一次。

（13）服务台：每天地面除尘一次；每班次擦拭台面（包括服务台内所有设施及物品）一次，每天用酒精对电话消毒一次；每周五做彻底清洁。

（14）布景板：每周五上午用抹布擦拭除尘一次。

（15）置瓶机：每天擦拭一至二台；每个月对所有机器擦拭保养一次。

（16）保龄瓶：每月第一周用清洁剂擦拭一次。

（17）清洁工具：每次用完擦拭干净、摆放整齐，每周五彻底清洁一次。

以上除（15）、（16）项由维修人员完成外，其余各项均由服务人员完成。

3）场所清洁卫生规定

（1）大厅地面：每天开业前用半干拖布擦拭一次，营业期间发现污迹随时清理；每周请公共卫生管理部用洗地机彻底清洗一次。

（2）门窗：每周清洁一次，每天注意保洁；玻璃门窗请公共卫生管理部用专用玻璃清洁工具清洁。

（3）保龄机房：每天用拖布拖地一次；每周做一次彻底清洁。

（4）维修工作间：每天打扫卫生一次，平时注意保洁；每月第二周彻底清洁一次。

（5）保龄商店和陈列窗：每天用镜布擦拭手印一次，平时注意保洁；每周请公共卫生管理部彻底清洁一次。

（6）玻璃墙面：每天用镜布擦拭手印一次，平时注意保洁；每周请公共卫生管理部用专用玻璃清洁工具彻底清洁。

（7）办公室：桌椅每天抹尘一次，地面每天清扫后拖地或吸尘一次；每月第三周做一次彻底清洁。

（8）天花板：每月清洁一次。

（9）抽排风口和空调出风口：每月清洁一次。

2. 保龄球馆卫生质量标准

1）客用品卫生质量标准

（1）吸烟区的烟灰缸：清洁、光亮、无尘、无手印、无烟头。

（2）面巾纸盒：整洁干净，无尘、无手印、无污渍；面巾纸的外露部分呈平整的三角形或梯形。

2）设施设备卫生质量标准

（1）发球区：平整光亮，无尘、无污渍、无滴落的油迹。

（2）球道：平整光亮，无尘、无污渍。

（3）置瓶区：平整光亮，无尘、无油污。

（4）球沟、回球道盖板及两条球沟之间的隔离线：整洁干净，无尘、无杂物。

（5）回球机：干净无尘，无污渍、无油污。

（6）回球轮：干净无尘，无污渍、无油污。

（7）球员座椅：整洁干净，无污渍、汗渍及杂物。

（8）记分台：整洁干净，无尘、无杂物。

（9）电脑显示屏：清洁干净，无静电吸附的灰尘、无手印。

（10）公用球：干净光洁，无尘、无汗迹或污迹。

（11）公用球架：干净无尘、无污迹。

（12）服务台：台面整洁干净，无尘、无污迹；台内电话无汗迹、无污迹、无异味；下无杂物和垃圾。

（13）公用鞋：鞋面光亮无尘、无污迹；鞋内无杂物、无异味；消毒达到国家卫生标准。

（14）布景板：干净无尘、无污迹、无蜘蛛网。

（15）置瓶机：无灰尘、无油污。

（16）保龄瓶：干净无尘、无污迹、无脱漆和破损。

（17）清洁工具：表面整洁干净，无尘、无水迹、无污迹；里面无积尘、无水迹和污垢。

3）场所卫生质量标准

（1）大厅地面：光亮干净，无灰尘、无污迹、无杂物及垃圾、无异味。

（2）门窗：干净无尘、无污迹、无手印、无划痕。

（3）保龄机房：整洁干净，无污迹、无杂物及垃圾；地面无烟头、墙角无蛛网。

（4）维修工作间：整洁干净，无杂物、无垃圾、无蛛网。

（5）保龄商店和陈列窗：光亮干净、无灰尘、无污迹、无手印。

（6）玻璃墙面：光亮干净，无污迹、无手印。

（7）办公室：地面无污迹、无垃圾、无异味；墙角无积尘、无蛛网；桌椅整洁，无灰尘、无污渍。

（8）天花：无灰尘、无污迹、无蛛网。

（9）抽排风口和空调出风口：无积尘、无污迹。

 知识链接

打保龄球的技巧

在球道上，要控制重量十足的保龄球不偏不倚地击中球瓶，甚至打出全倒，是讲求技术的。投出一个完美的全中球，是球员多方面动作协调配合的结果，如果加以概括，则有下面几个要点。

（1）选择最佳角度线，确定站立位置。决定站立位置的基准线和球员的脚有关。直脚（右手球员）以左脚内侧线为准，内八字脚以左脚前部内侧线为准，外八字脚以左脚跟内侧线为准。

（2）站立后应面向目标，双肩和犯规线平行（或在意念上与犯规线平行），姿势自然。不少人在助跑和滑步终止时会有一定的偏离倾向性，这种倾向性属于自身因素，在确定站立位置时必须将这个自身因素计算在内。

（3）在正确的位置上站好后，球员投球前在心理上和情绪上必须进行自我调节。调节的方法为集中—放松—集中—深呼吸—起步。

（4）为了确保身体平衡和步幅自然，1、2、3步的幅度和节奏要一致。手脚配合应高度协调，左手慢慢向外侧伸出，以保持身体平衡。

（5）滑步终止时，右脚向左后方伸出，脚尖作为一个支点保持好身体平衡，双肩、左膝盖、左脚尖成一直线。

（6）放球的瞬间不能过早或过晚。在握球的右手离左膝盖150 cm左右时将球推出。根据不同组的角度线采用不同的落球距离。

（7）投球时前臂不要用力，要依靠自然摆动的惯性力。在滑步停止时的一瞬间求得加速度，将球往目标上送。

（8）投球后做到一保持、五看清：保持投球姿势；看球的落点、看球通过目标箭头、看球的转折拐弯、看球击中①～③瓶袋和球进入瓶台的作用力、看滑步终止时左脚内侧线的位置。

（9）右肩（右手球员）不要过低，手臂不要挥向内侧或外侧，手指指向目标箭头，下颚不要抬高，上身不要侧向一边。

（10）练习中必须养成这样的习惯：在脑子里编排出一个以时间为准的手脚配合技术程序——"运球摆臂的时间 = 助跑的时间"，并默念这个技术程序。

（11）要有始终如一的技术动作、节奏和幅度。其程度应接近机器人。

5.2.4 台球厅的卫生管理

1. 台球厅清洁卫生规定

1）客用品清洁卫生规定

（1）吸烟区的烟灰缸：当烟灰缸内达到三个烟头时即要更换。

（2）茶壶：每天下班前用抹布擦拭表面的水渍及灰尘一次，营业时注意保洁；每月第一周用米醋清洗壶胆内的水垢一次。

（3）茶杯及酒具：每次宾客使用过后清洗擦干，放入消毒柜中消毒。

2）设施设备卫生质量标准

（1）台泥：每天吸尘，吸尘后用呢刷将台呢的绒毛刷顺。

（2）台边及台脚：每天用抹布擦尘一次；每月第二周对木质部分打蜡一次。

（3）球杆、架杆：每天用干布擦拭一次，营业时注意擦拭球杆上的汗迹；每周一用省铜水对架杆的铜头省铜一次。

（4）记分牌：每天用干布擦拭；每周一用省铜水对铜质记分牌省铜一次。

（5）台球：每天下班前用干净的软布擦拭。

（6）沙发、茶几：木质部分每天用抹布擦尘一次，每月第二周打蜡一次；玻璃部分每天用镜布将手印及灰尘擦掉；布质椅面或沙发面每天用吸尘器吸尘一次，视用情况每半年或一年用沙发机清洗一次。

（7）球台照明灯泡及灯罩：每天用干抹布擦拭一次。

（8）服务台及吧台：对硬地面，每天拖地一次；对铺地毯的地面，每天吸尘一次；每天早班用酒精对电话消毒一次；每班次擦拭消毒台面和服务台内所有设施及物品一次；每周二做一次彻底清洁。

3）场所清洁卫生规定

（1）大厅地面：对硬地面，每天营业前用半干拖布擦拭一次，营业期间发现污迹随时清理，每周请公共卫生管理部用洗地机彻底清洗一次；对铺地毯的地面，每天下班前吸尘一次，视使用情况每半年或一年请公共卫生管理部用地毯机清洗一次。

（2）门窗：每周三清洁一次。门的正面、背面抹尘；玻璃窗用专用玻璃工具刮洗；同时注意门框、门顶、合页和窗框的清洁；每天营业时注意保洁。

（3）工作间：每天拖地或地面吸尘一次，桌面抹尘一次，同时将工作间内的物品摆放整齐，平时注意保洁；每月第三周做一次彻底清洁。

（4）墙面：对玻璃墙面，每天用镜布擦拭手印一次，平时注意保洁；每周请公共卫生部用专用清洁玻璃工具彻底刮洗一次；对普通墙面，每周三抹除浮尘一次。

（5）抽排风口和空调出风口：每月第四周清洁一次。

（6）天花板：每月第四周擦洗一次，包括天花板上的灯板和日光灯。

2. 台球厅卫生质量标准

1) 客用品卫生质量标准

（1）吸烟区的烟灰缸：清洁、光亮，无尘、无手印、无烟头。

（2）茶壶：表面光亮干净，无水渍、无灰尘；壶胆内无水垢。

（3）茶杯及酒具：清洁光亮，无水印、无手印、无茶渍，消毒达到国家卫生标准。

2) 设施设备卫生质量标准

（1）台呢：平整无污迹、无灰尘，绒毛柔顺。

（2）台边及台脚：光洁无尘、无污迹、无划痕。

（3）记分牌：干净光洁，无污迹、无灰尘；铜质部分光亮，无铜锈斑。

（4）球杆、架杆：光洁润滑，无汗迹、无污迹；铜质部分光亮，无铜锈斑。

（5）沙发、茶几：木质部分干净光洁，无灰尘、无杂物；玻璃部分无手印、无灰尘；布质椅面或沙发面无灰尘、无杂物、无污迹。

（6）台球：球面光洁无尘、无污迹。

（7）照明灯泡及灯罩：无灰尘、无污迹。

（8）服务台及吧台：地面光洁干净，无杂物、无垃圾；台面整洁干净，无灰尘、无污迹、无异味；台下无杂乱放置的杂物和垃圾。

3) 场所清洁卫生规定

（1）大厅地面：光亮干净，无灰尘、无污迹、无杂物及垃圾、无异味。

（2）门窗：干净无尘、无污迹、无手印、无划痕。

（3）工作间：地面无污迹、无杂物、无垃圾、无异味；墙角无蛛网；桌椅整洁，无灰无污渍；室内物品摆放整齐。

（4）墙面：玻璃墙面光亮无尘、无手印、无污迹；普通墙面无灰尘、无蛛网无灰尘、无污迹、无蛛网。

（5）天花板：无灰尘、无污迹、无蛛网。

（6）抽排风口和空调出风口：无积尘、无污迹、无蛛网。

5.2.5 游泳池的卫生管理

1. 游泳池及戏水乐园的清洁卫生规定

【拓展视频】

1) 客用品清洁卫生规定

游泳池的客用品有客用毛巾、游泳圈、客用香皂、客用沐浴液、烟灰缸等。

（1）游泳圈：每次宾客借用后需擦干水迹。

（2）客用毛巾：一客一换，每天定时送交洗衣房高温清洗消毒。

（3）客用香皂盒：每天清洗皂盒并将水迹、污迹擦净。

（4）客用沐浴液、洗发精、洗手液：每天擦洗容器表面的水迹、污迹和皂迹。

（5）吸烟区的烟灰缸：当烟灰缸中的烟头达到3个时就要更换，下班前统一收集清洗。

2）设施设备清洁卫生规定

（1）迎宾服务台：每天用拖布拖地一次；每班次擦拭台面、椅面，整理抽屉、票箱，用酒精对服务台电话机擦洗消毒，清理服务台内垃圾箱。

（2）沙滩桌椅：每天上、下班前收拾桌椅上的垃圾杂物，用抹布擦拭桌椅上的水迹、灰尘，然用消毒清洁剂擦拭消毒，将桌椅摆放整齐；营业时根据客流情况随时整理，并注意保洁，保证下一批宾客使用前处于干净整洁状态。

（3）泳池周围垃圾桶：每天下班清倒垃圾，上班前擦拭表现的灰尘和污迹，营业时注意保洁；每周清洗一次。

3）场所清洁卫生规定

（1）更衣室：每班上班前拖洗地面，擦洗墙面；走后及时清理更衣柜内遗留的杂物，将更衣柜擦净，包括更衣柜内挂衣杆、衣架以及更衣柜顶部；用消毒清洁剂对更衣柜凳擦洗消毒；用镜布擦净镜面上的水迹、污迹和皂迹；清洁面盆及面盆水龙头；每周一做大清洁。

（2）淋浴室：经常冲洗淋浴室，每天下班前用清洁剂仔细刷洗地面和墙壁，清洁沐浴液、洗发精容器及挂衣钩并用干布擦干；经常清理地漏盖上的毛发，保持下水道畅通；清洁淋浴间门及浴帘上的水迹和皂迹并擦干；每周一做大清洁。

（3）卫生间：每天冲洗地面、墙面并擦干，刷洗马桶和小便池并擦干，清洁洗手池并擦干，用消毒剂对马桶、小便池、洗手池消毒，抹掉厕纸架上的灰尘，擦掉镜面上的水迹、污迹，每班清除垃圾桶中的污物。

（4）强制喷淋通道和净脚池：每天刷洗强制喷淋通道的地面和墙面；冲洗下水道及地漏盖，保证下水道通畅；清洗喷头并用抹布擦干；每天营业前将净脚池冲洗干净后注入新水，并按规定的剂量投入消毒药，营业中每4小时换水一次；每周二做大清洁。

（5）泳池周围场地：防滑砖地面每天用清洁剂刷洗后用清水冲洗；人造草皮地面每天清扫，每周用水冲洗一次；每天打扫泳池周围墙壁卫生；每天清扫泳池周围的照明灯及灭蝇灯上的蛛网及蚊虫；每周三做大清洁。

（6）游泳池：每天上班前打捞水中杂物，用水下吸尘器吸除水底沉积物；擦净有污迹的池壁；清除回水口的毛发及污物；每天晚上下班前根据水质情况投放适量的次氯酸钠或优氯净对水质进行消毒；为防止水中生长藻类，每天必须对游泳池中加入适量的硫酸铜；游泳池在开放时间内应每日定时补充新水，保证池水水质有良好的卫生状况；每天定时检测水质并按要求定期将池水送卫生防疫部门检查；每周四做大清洁。

（7）机房、泵房：每天清扫地面杂物和积水，每周用拖布拖地一次；每周清扫墙面一次；机器设备每天擦尘；每月做大清洁一次。

（8）戏水乐园滑梯：每天清洗滑梯，清扫滑梯周围地面及滑梯口。

（9）通往滑梯的台阶：每天擦拭台阶、扶手栏杆，清洁围墙上的灰尘、水迹、污迹等。

2. 游泳池及戏水乐园卫生标准

1）客用品卫生质量标准

（1）客用毛巾：清洁干净，无污迹、无异味、无破损。

（2）游泳圈：清洁干净，无水迹。

（3）客用香皂：皂盒干净，无污迹、无皂迹、无水迹；香皂在保质期内，无软化腐败现象。

（4）客用沐浴液、洗发精、洗手液：在保持期内，无异味；容器表面无水迹、污迹和皂迹。

（5）吸烟区的烟灰缸：清洁光亮，无尘、无污迹。

2）设备设施卫生质量标准

（1）迎宾服务台：地面干净，无杂物、无灰尘；台面整洁干净，无灰尘、无杂物；椅面无灰尘；电话无手印、无异味；抽屉整洁；台内无垃圾、无杂物。

（2）沙滩桌椅：摆放整齐，桌面、椅面无灰尘、无杂物、无水迹、无划痕。

（3）泳池周围垃圾桶：表面光亮，无灰尘、无污迹；周围无垃圾杂物。

3）场所卫生质量标准

（1）更衣室：地面干净，无污物、无水迹、无垃圾；墙面光亮无污迹；更衣柜内外整洁，柜内无杂物、无顾客遗留物品、无蟑螂等害虫；挂衣杆和衣架无灰尘；更衣室内凳子清洁干净，无污迹；镜面光洁明亮，无水迹、无污迹、无皂迹；洗手盆及龙头光洁明亮，无污迹、无水迹。

（2）淋浴室：地面干净，无污物、无水迹、无垃圾；墙面瓷砖光洁，无污迹、无水迹、无皂迹；沐浴液、洗发精容器及挂衣钩表面干净光洁，无灰尘、无污迹；下水道畅通无堵塞，地漏盖无毛发和杂物；淋浴间门及浴帘清洁干净，无水迹、无污迹、无皂迹。

（3）卫生间：地面无积水、无污迹、无杂物；墙面光洁干净，无污迹；马桶干净光洁，内外无污迹；小便池无尿渍、无锈迹；厕纸架干净光亮，无灰尘、无污迹；洗手池及龙头干净光亮，无水迹、无污迹；镜面光洁明亮，无水迹、无污迹；卫生间内无异味。

（4）强制喷淋通道和净脚池：地面无污迹、无杂物；墙面干净光亮；下水道通畅；喷头光亮无水垢；地漏盖无毛发和杂物；净脚池池壁无污迹，池底无杂物、池水无污物，消毒药浓度符合要求，余氯含量保持在 5~10 mg/L。

（5）泳池周围场地：地面无垃圾杂物、无积尘、无积水；周围墙壁无灰尘、无蛛网；泳池四周的照明灯及灭蝇灯无积尘、无蚊虫、无蛛网。

（6）游泳池：池水清澈透明，无漂浮物、无污物、无毛发；池底无沉积物；池壁及池底无青苔及藻类、无水垢，回水口无毛发及污物；消毒药投放准确、及时，并达到国家卫生标准；池水中余氯含量保持在 0.3~0.5 mg/L，硫酸铜含量 0.25~0.5 mg/L，发现藻类时的最大加药量不应超过 1.0 mg/L，pH 值保持在 6.5~8.5。

（7）机房、泵房：地面干净，无杂物、无积水；墙面无积尘、无蛛网；机器设备表面干净无灰尘。

（8）戏水乐园滑梯：干净光洁，无水垢、无破损；滑梯周围地面及滑梯口无杂物、无垃圾。

（9）通往滑梯的台阶：台阶整洁干净，无泥沙；扶手栏杆、围墙无灰尘、无水迹、无污迹。

 知识链接

公共浴室硬件设计卫生要求

1. 总体设计卫生要求

公共浴室应为独立建筑，布局合理，应有售票房、出入口，分设男、女两部。各部要设有等候室、更衣室、休息室、淋浴、盥洗室、厕所、洗消室等部分，公共浴室非特殊需要不提倡设浴池和浴盆。其辅助设施应符合有关规定和要求，并不得影响就浴者洗浴。

2. 具体设计卫生要求

（1）浴室出入口在冬季要做好防风保暖工作，更衣室、休息室应安装弹簧门，并有缓冲通道。

（2）更衣室及休息室应选择空气流通，且保暖、朝向好的房间。地面要防渗、防滑、便于清洗消毒。每张散床面积为 1.25～1.30 m^2，散床之间有适当的间隔，单侧散床 1.1 m，双侧散床为 1.5 m。室内温度一般冬季应保持在 23～26℃；等候室温度 16～18℃。更衣室应与淋浴、池浴相连，但又要适当隔开。

（3）淋浴室地面和墙裙要用水磨石或白瓷砖铺贴。墙裙高度不小于 1.5 m，地面坡度不小于 2%，淋浴喷头距地面高 2.0～2.3 m，两淋浴喷头之间不小于 0.9 m。出入口处应设有洗脸池，按每 10 个淋浴喷头设一个。室内屋顶要有一定弧度，不得结露、滴水。浴室要保持通风良好，浴室内要设有气窗，气窗面积应占地面面积的 5%。淋浴的室温 30～35℃，相对湿度低于 90%；池盆浴室相对湿度宜在 80%～90%。浴室水温 60℃，空气二氧化碳不超过 0.2%，照明不低于 301 勒克斯。

（4）盆浴间建材以搪瓷或白瓷砖为主，应设有脸盆，每盆浴间面积在 3.0～4.0 m^2。浴盆应有淋浴喷头，室内要有气窗，有防寒保暖设备，地面应防滑，有坡度，有地漏。盆浴可单间布置，亦可与散床组合。

（5）公共浴室要设消毒间，配备必要的消毒设施和消毒药品。

3. 设立皮肤病患者专用浴室

设置淋浴，位置要在公共浴室的下水处。凡患有性病和各种传染性皮肤病患者，禁止进入公共浴室就浴。

任务实训

实训 5-2　清洁器具的使用和保养

实训目的：通过此次实训，使学生熟练各种清洁器具的操作程序，掌握其使用与保养的基本知识。

实训内容：演练清洁器具的使用，正确使用清洁剂。

实训步骤：

第一步：教师示范讲解。

第二步：组织指导训练，学生分组，每个小组负责一种清洁器具任务。

第三步：小组之间进行交流，共享调研成果。

第四步：教师归纳总结。

实训成果：上交本组负责清洁器具的使用和保养任务书。

任务评价

学习目标	内容 评价项目	自我评价 优	自我评价 良	自我评价 可	小组评价 优	小组评价 良	小组评价 可	教师评价 优	教师评价 良	教师评价 可
知识目标	掌握各种清洁器具和清洁剂的性能和功用									
	熟练各种清洁器具的操作程序									
	正确使用清洁剂									
	掌握其使用与保养的基本知识									
专业能力目标	多渠道搜集相关资料									
	走访相关酒店									
通用能力目标	沟通能力									
	项目任务管理能力									
	解决问题能力									
任务单	内容完整正确									
	书写清楚规范									
	思路清晰、层次分明									
小组合作	创造良好的工作氛围									
	成员互相倾听									
	尊重不同意见									
	全员参与									

整体评价：
　　　　　　　　优秀□　　　　良好□　　　　基本掌握□

教师建议：

同步练习

一、填空

1. _____是因外力作用破坏了骨骼的完整性。

2. 在容易出现安全事故的地点或时间，应该由服务人员经常_____，以降低发生事故的概率。

3. 伤害事故处理时，首先应判断伤势，通过_____、_____、_____、_____等方式对伤者进行检查。

4. 宾客用过的拖鞋应做到_____。

5. 客用品清洁卫生规定，当烟灰缸内有_____个烟头时即要更换。

二、问答

1. 产生安全事故的原因有哪些？
2. 怎样预防安全事故的发生？
3. 康乐部如何加强与安保部、公安及消防部门的合作？
4. 在舞厅服务时，发现有人故意滋事，故意扰乱舞场秩序时应该怎么办？
5. 作为一名康乐部管理人员，如何做好卫生质量控制工作？

第 6 章 康乐部服务质量管理策略

项目概述

本项目主要引导学生了解康乐服务质量管理的内容,掌握服务质量控制内容,熟练掌握投诉处理原则并灵活运用投诉处理的方法。该项目分为两个任务,每个任务按照任务导入→任务分析→任务实训→任务评价来组织教学内容。

知识目标

(1) 了解康乐服务质量管理内容。
(2) 掌握服务质量控制方法。
(3) 了解宾客投诉心理。
(4) 熟练掌握投诉处理原则,灵活运用投诉处理方法。

能力目标

(1) 能够熟练掌握康乐服务质量控制原则及管理的具体内容,并应用于实践。
(2) 能够独立处理康乐部投诉问题,在对客服务中有效地运用康乐服务质量控制方法,不断提高职业技能水平。

任务 6-1 康乐服务质量管理策略

康乐产品是酒店产品的重要组成部分，也是酒店经济收入的重要来源。康乐服务过程与感受、体验的过程是统一的，这决定了康乐服务质量管理的难度。因此，必须对康乐服务的过程进行严格的服务管理。康乐服务质量管理的主要方法，就是对各康乐项目的服务规程进行设计，并通过规范化、标准化的服务操作来控制服务质量。

任务导入

情境介绍： 2010 年夏季，某酒店室外游泳池突然接到宾客投诉，说有部分儿童在本池内游泳后出现眼部不适、呼吸道有异样感，等等。有关负责人员迅速展开调查，发现是服务人员在给游泳池消毒时操作不当，致使消毒剂使用过量。游泳池内弥漫着消毒剂的刺激味道，而较敏感的儿童是最先产生反应的。面对心疼和着急的家长，康乐中心负责人表示深深的歉意并愿意承担相应的赔偿责任。

思考题：
1. 在酒店游泳池的日常管理中应着重哪几方面的工作？
2. 如果你是游泳池的负责人，该事件发生之后你会采取哪些措施避免类似事件的再次发生？

案例分析：
游泳是人们夏日消暑的绝佳选择，生活水平的提高使很多人不仅选择在公共游泳池内游泳，也开始选择相对人少的星级酒店游泳池作为运动场所。泳池消毒应当是在晚上游泳池没有宾客的时候进行，在人多时，特别是有儿童时向泳池内洒消毒剂，是一种十分不负责任的错误做法。

案例启示：
康乐安全控制与管理是酒店为了保障在康乐场所的宾客、员工的人身和财产安全以及酒店自身的财产安全而进行的控制、管理活动。尤其是运动健身场所必须注意安全，只有严格按照操作规程规范执行，才能杜绝可能存在的隐患和风险的发生。所以，我们必须时时关注运动休闲项目的负面作用及其危险性，安全第一。每一位服务人员都应树立安全意识，将宾客安全放在工作首位。游泳运动是一项风险性运动，在室内游泳池里，首先注意水的卫生安全，必须在统一标准下加强管理；其次要注意宾客的运动安全，游泳池需要有完善的救生、急救机制和相应的配套专业人员与器材设施，杜绝和减少安全隐患。

> **任务分析**

康乐产品是酒店产品的重要组成部分，也是酒店经济收入的重要来源。康乐服务管理人员必须高度重视质量的管理和控制。

6.1.1 康乐产品质量特性

康乐产品是酒店服务人员依托各种康乐设施设备，为消费者提供专业化的康体健身、休闲娱乐服务的总称。康乐产品的质量特性表现在以下3个方面。

1. 产品质量构成因子具有多样性和不确定性

康乐产品的类型繁多、项目多样，服务提供方式差别大，消费方式因人而异，康乐产品质量的构成因子具有多样性和不确定性，从而造成康乐产品质量控制与管理的困难性。

2. 产品质量对设施设备具有较强的依赖性

康乐产品是否能为宾客带来物质与精神上的享受，很大程度上依赖于所提供的设施设备的完善性和先进性（如歌厅的音像、健身房的器械、桑拿的蒸汽房等）。

3. 产品质量与服务人员的技术和技能密切相关

大多数康乐服务项目的专业性强、技术含量高，要求服务人员熟悉和掌握有关设施设备的性能、结构和特点，同时还要为宾客提供专业咨询、指导和各种专项服务。

6.1.2 康乐服务质量控制的原则

1. 系统性与连续性统一的原则

康乐服务质量管理的核心，就是做好各岗位员工之间、部门与酒店其他部门之间、员工与宾客之间，以及服务人员与管理人员之间的协调。因此，服务质量管理是全方位、全过程、全体人员的系统工作。同时，酒店康乐部必须保持其服务质量控制体系的连续性，实现服务质量的稳定性，以获得长远的社会效益和经济效益。

2. 指挥统一性原则

康乐部各级岗位的服务与管理人员，都必须严格贯彻执行岗位工作责任制，不得越级指挥或者越级汇报。坚持指挥统一性原则是服务质量管理控制的关键所在，否则，将极大地损害上级管理人员的形象，挫伤现场管理人员的积极性，造成上级对下级管理失去控制。当然，服务质量控制的指挥统一性并不与走动式服务管理模式上级深入实际的要求相矛盾，只是要求服务管理人员在发现下级问题时采取正确的指挥方式。

3. 科学性与适应性统一的原则

服务质量控制的适应性，是指必须建立针对外部消费者的文化习俗、本企业所在地的地域特色、季节差异、市场环境的变化、服务产品技术的更新，而调整服务质量控制规程和标准的制度创新机制，它强调服务质量控制的针对性。两者的辩证关系是，服务质量控制的科学性决定其适应性，服务质量控制的适应性保证其科学性才会是适应的；适应性强的，才表明是更科学的。

4. 控制关键环节的原则

服务质量控制的目标，是使康乐服务过程中的各个环节都能得到有效监督、检查和控制，只有控制住一些关键环节的服务质量，才能较好地控制服务的全过程。例如，在整体的康乐服务过程中，服务态度是关键环节；但在运动类项目服务过程中，服务技巧是关键环节；在保健类项目服务过程中，技能是关键环节；在娱乐项目服务过程中，组织能力是关键环节。所以，康乐服务质量控制的步骤，首先是对这些关键环节进行定性和定量的监督、分析、评定和控制。

5. 注重专业技术的原则

康乐类项目的服务人员的专业和技术水平，直接影响康乐服务质量控制结果。例如，运动类项目的服务和管理人员的规则裁判、救护防护、示范教练水平，直接影响宾客消费的安全和兴致。再如，保健类项目的服务和管理人员操作技能水平，娱乐类项目工作人员的专业技术知识和技能水平，都会直接影响服务质量。所以，酒店康乐部必须对录用员工制定和执行严格的专业技术条件要求；对在岗人员服务操作中执行专业技术规程情况进行严格的监督、检查、考核、评比和奖惩。

6. 服务管理灵活的原则

康乐服务质量控制应该坚持系统性、科学性和指挥统一性的原则，保证康乐服务质量控制的规范性和严肃性。同时，在此前提下，还应该根据康乐部内部经营项目比较多，经营规律差异比较大的特点，贯彻服务管理灵活的原则。例如，在收费方式上，灵活选择按时收费或分场次收费；根据服务项目的活动难度，选择是否安排教练、陪练；根据营业规律，灵活地安排营业时间和员工班次；根据宾客的体质、要求，安排不同的训练、保健计划；根据市场流行时尚和趋势，灵活地调整项目内容，并组织相关的培训和研究；根据宾客的感受，调整操作体位、手法和力度；根据经营和市场的需要，制定不同的市场营销组合等。

6.1.3 康乐产品质量控制与管理的具体内容

1. 康乐设施设备质量控制与管理

康乐设施设备是指康乐部门所拥有的基础设施（如建筑物、泳池、球场等）、机械设备装置（如音像设备等）。

1）康乐设施设备的质量要求

（1）康乐设施设备应与整个酒店的等级相匹配，配置须得当、布局要合理、型号要现代、外观应美观大方、使用应简单和方便。

（2）各种设备应始终处于最佳技术状态和合理的使用状态。

（3）定期进行设备的更新与改造，以适应康乐需求求新、求异、求变的消费特征。

2）康乐设施设备的质量控制与管理

（1）建立和健全设施设备的使用与管理制度。包括设备的选择评价管理制度、设备的维护保养制度、设备的合理使用制度、设备的修理管理制度、设备事故分析与处理制度、设备点检制度、设备档案管理制度等。

（2）完善设施设备管理方法。包括建立康乐设备的技术档案，做好分类编号工作；制定正常操作设施设备的程序与规范、分级归口、岗位责任制、康乐设备使用效果考核制度、维修保养规程等。

（3）合理使用康乐设施设备。实行专职负责制，做到"三好"（管好、用好、修好）、四会（会使用、会保养、会检查、会排除故障）。

3）康乐服务质量的控制与管理

（1）加强对康乐服务人员的专业技术培训以及相关能力的指导。培训与指导的内容包括设施设备的性能、结构和特点解析；运动器具的性能、作用和使用方法的培训；设施设备维护保养的相关知识培训等。

（2）完善康乐服务程序及标准，加强制度化管理。建立完善的康乐项目服务程序及工作标准，规范各服务岗位的作业程序、技术要求和质量标准，建立、健全康乐服务运作流程所应遵循的各种规章制度，制定完善、详尽的服务规范，明确各服务岗位的责、权、利关系，做到康乐服务运作程序化，康乐服务质量标准化，康乐服务管理制度化。

（3）实施标准化与个性化相结合的服务方式。康乐服务项目的多样性带来康乐服务方式的多样性。

2. 康乐环境与气氛质量控制

康乐环境与气氛质量控制应做到以下几点。

1）康乐场所场址选择的质量控制

康乐场所对于空间的依赖性较强，场址选择应科学合理，能够起到烘托康乐项目的质量效果而满足宾客的生理与心理需求。

2）康乐场所的空间布局

康乐场所良好的空间布局应能够既充分利用酒店有限的空间，使场所得到合理的空间与功能分割，又能保证宾客的活动与服务人员的服务提供顺畅而又不相互干扰；既使功能分隔明显，又能动静结合。

3）设施设备的质量控制

主要控制设施设备的工作噪声和运作状态，防止由于设施设备的工作噪声和不良的运作状态影响康乐环境与气氛的质量。

4）声、光、电、湿度的有效控制

声、光、电、湿度的有效控制应根据康乐场所和康乐项目的不同而有不同的选择与控制。

5）服务环境的质量控制

康乐项目都为顾客参与型项目，宾客活动与服务人员的服务提供混杂在一起，现场的服务环境控制与服务管理相对较为困难，需要配备服务素质高、专业技术水平高、有较强应对突发事件能力的服务员，以保证康乐服务环境得到较好的控制。

3. 康乐安全质量控制

1）康乐安全问题

康乐安全问题主要体现在以下几个方面。

（1）因设施设备问题而造成对宾客的伤害。

（2）偷盗。

（3）名誉损失。

（4）打架斗殴。

（5）黄、赌、毒。

2）康乐安全控制与管理

康乐安全控制与管理是指酒店为了保障在康乐场所的宾客、员工的人身和财产安全以及酒店自身的财产安全而进行的计划、组织、协调、控制与管理等系列活动，从而使在康乐场所的相关人员能够得到安全的保障。康乐安全控制与管理的内容包括以下几点。

（1）制定科学、完善的康乐服务设施设备使用标准与服务工作程序规范，对康乐部的设施设备进行安全质量控制与管理，对服务人员进行安全意识、安全知识教育和服务的安全行为控制。

（2）对康乐场所各区域的环境进行安全质量控制，包括设置专门的机构和保安人员维护康乐场所的秩序，设置各种安全设施设备等。

（3）各种安全管理制度的建立与管理。包括安全管理方针、政策、法规、条例的制定与实施，也包括安全管理措施的制定与安全保障体系的构建与运作。

（4）建立有效的安全组织与安全网络。

（5）安全监控系统的质量控制与管理。

（6）紧急情况的应对与管理。

4. 康乐服务项目关键环节（点）的质量控制

康乐服务因其场所的复杂性、服务项目的多样性，其服务的关键环节也有所不同。

1）健身康体型服务关键环节（点）的质量控制

（1）技术性服务与技术指导的质量控制。

康乐服务人员承担着为宾客提供技术指导、组织比赛、规则询问、专项咨询、陪练等服务。

（2）运动伤害防护与急救处置的质量控制。

健身康体型服务有时会因设施设备的操作不当、宾客自身运动方式、运动时间不当等原因，造成宾客身体的伤害。

（3）场所与宾客的安全控制。

场所与宾客的安全控制主要有人身的安全控制与宾客财物的安全控制。

2）休闲娱乐型服务项目服务关键环节（点）的质量控制

休闲娱乐型康乐服务场所人员流动性大，环境复杂，不安全因素多，因此，其服务关键环节（点）的质量控制主要包括以下两点。

（1）现场督导与控制管理。对有较大安全隐患的相关场所的安全防范以及对一些具有较高危险性健身项目的现场指导与安全控制。

（2）紧急情况的应对与处理。康乐场所的人员比较复杂，经常会出现一些突发事件，服务人员就应具备较强的应变能力，能及时对突发事件做出应对。

6.1.4 康乐服务质量控制

康乐服务质量控制是指采用一定的标准和措施来监督和衡量服务质量管理计划的实施情况，并随时纠正出现的偏差，实现康乐服务质量管理的目标。不同档次的康乐部门应该制定不同的康乐服务质量标准，它包括制定服务质量标准体系和建立服务质量控制体系。

1. 康乐服务质量提高的五个阶段

1）服务质量

服务质量是指被调查的康乐部60%以上的宾客，对60%以上的康乐服务项目满意时，康乐服务即达到服务质量控制的最低限度。这时的服务状态表明，宾客期望内的基本服务质量是稳定的，其中的多数宾客，不会产生不满意的感觉，达到了服务质量控制的最低目标。

2）规范服务

规范服务是指康乐部的例行服务工作都是按标准操作完成的。康乐部的例行服务工作主要是指每个消费者都要接受的那部分服务，如迎宾、接受保健服务、使用康乐设备等。在实现规范服务的状况下，表明康乐部的服务规程、操作方法和服务语言都经过了专门设计，具有明显的专业化管理特色，能够给宾客留下别具一格的深刻印象，形成了康乐服务管理的核心技术和竞争优势，达到了康乐服务管理的较高程度。同时，规范服务水平越高，超常服务内容就越少。

3）超常服务

超常服务是指康乐部的一般服务人员就能够满足宾客偶尔提出的额外服务要求。这时的服务状况表明，康乐部不但能够严格执行各项规程，而且可以根据不同宾客的不同情况，迅速、有效地满足其个别的服务需求，使康乐服务能够超出宾客的期望。

4）优质服务

优质服务是指康乐部 90% 以上的宾客，对 90% 以上的康乐服务项目的服务状况满意。并且，高于 90% 的程度越大，越能说明康乐部服务质量的优异。这时的服务状态表明，绝大多数宾客对酒店的康乐服务是满意的，酒店已经能够树立起良好的康乐服务形象。

5）个性服务

个性服务是指康乐部能够尽量满足宾客提出的所有服务要求。在这种服务状况下宾客的期望得到充分满足，得到最高的满意感觉。但是，它是以宾客承担所有服务项目费用为前提条件的，因此，对于大多数康乐部来说，并不是服务质量管理追求的目标。

认识服务质量提高的五个阶段，可以使我们把握服务质量管理水平的客观规律，明确不同服务水平阶段中的不同控制重点。

 案例分析

微笑服务的价值

某日，有一位住店宾客在酒店的特色酒吧前台要了一瓶矿泉水，因为他住过很多商务酒店都是免费提供饮用水的，所以他以为这也是免费的。酒吧服务员小张怕宾客赖账，紧张且严肃地跟宾客一再解释："如是一杯冰水我们可以赠送给您，但瓶装水是标明价格收费的，而且酒店并不提供免费瓶装水。"并将酒吧的酒水单拿给宾客看。

这位宾客很生气，他将小张投诉到前台，说其服务态度不好，不尊重宾客。小张因此受到处罚，并被要求向该宾客道歉。当然最终这位宾客也未能免费消费这瓶水。发生了这样的事件，小张的主管出面协助解决，他微笑着向宾客道歉，说明本规定，本来很紧张的局势一下子轻松了不少，宾客听了很满意，说："刚才要这样说不就好了嘛，我一定会再来的。"然后面带微笑地走了。

思考题：

1. 为什么小张和他的主管处理同样的事情，宾客却有不同的反应？
2. 微笑在处理与宾客争执时有什么样的作用？
3. 如何提高康乐服务质量？

2. 康乐服务质量控制的方法

1）制定服务质量标准

康乐服务与康乐消费的统一性，决定了康乐产品中服务质量是不可能经过检验合格后再向宾客提供而获得质量保证的，康乐服务质量只能依赖于服务过程中的质量控制。而进行有效控制的首要条件，就是制定科学、实用的质量标准，并做到每一项控制工作都依照这些标准来进行。酒店康乐部的服务质量标准应包括下列内容。

（1）卫生要求。

① 营业场所的环境卫生。

② 客用设备、用具的卫生。桑拿、美容、美发、游泳池、浴室内与皮肤直接接触的设备、用具、用品、口杯等,必须一客一换,必须一客一消毒;客用棉织品必须一客一换,或者使用一次性用品。

③ 员工的个人卫生。

④ 其他要求,如员工的仪容仪表等。

(2) 安全要求。

① 安全检查。服务人员要严格按计划对康乐设备进行维护保养,使其外观和性能都处于完好状态。每天开始营业前,必须对设备的关键部位进行测试和检查,以确保各衔接部位牢固,宾客使用时不发生任何安全问题。电源、电器等设施必须有安全保险装置,以备事故发生时的应急之需,将安全事故的损失降到最低。

② 安全操作。服务人员应严格按照康乐设备的使用说明对宾客提供服务,并在服务过程中关注宾客使用康乐设备的方式是否正确。同时,应该向宾客,特别是第一次使用本店康乐设备的宾客,不厌其烦地解释、示范康乐设备的正确使用方法,为使用器械的宾客进行安全装置的检查及进行必要的运动保护,劝阻宾客有碍安全的不规范使用方式。

③ 财产安全。财产保护工作做得比较出色的康乐部会赢得宾客的信任和支持。因此,应高度重视宾客的财产安全,为宾客提供相应的财产保护方法,如提供物品寄存处、更衣柜、保险箱,停车场设专人负责值勤,并制定安全巡逻检查制度,给宾客以安全感。

④ 生命安全。酒店康乐部为保证宾客和员工的生命安全,在建立健全消防、治安、卫生防疫和劳动保护的规章制度和配备完善的有关设施设备的过程中,对有关管理职责必须提出检查、考核、处理工作的时限,制定值勤规范,制定每月事故发生率、破案率和破案速度的指标。

(3) 服务态度要求。

服务态度在服务质量标准中占有最重要的比重,它主要通过职业微笑和服务用语表现出来。

① 职业微笑的要求,是指当服务人员在宾客到达、离开和在工作通道上遇见宾客时,以及服务人员为宾客提供操作服务或听清宾客的要求时,其面部表情应该有所反应。职业微笑属于专业服务技术范畴。它并不必然反映员工发自内心的热情、友善的服务态度,而只是一项服务规程,服务人员必须人人执行,如图 6.1 所示。

图 6.1 微笑服务

【拓展视频】

② 服务用语的要求。服务操作时有无语言，宾客的感受是完全不同的，服务用语是与宾客心理交流的"金钥匙"，是康乐服务的核心服务技术，也是服务质量的重点和难点，具有明显的不可仿照性和不可替代性。员工熟练使用标准服务用语是酒店实现康乐规范服务的重要标志。

（4）服务效率的要求。

员工工作效率低是康乐部出现宾客投诉的最主要原因之一。因此，制定的服务质量标准应有明确的效率要求，对服务工作中的各个环节都应有时限的要求。

2）严格执行既定的服务规程和质量标准

服务质量管理的关键环节是有关管理人员反复检查、监督服务人员对服务规程和标准的执行情况，并且使之制度化、日常化、规范化、标准化，要把检查和监督作为部门中各级管理人员的主要日常工作，这样，才能保证服务质量标准的落实。另外，必须根据检查结果对服务人员按照服务质量管理制度进行奖惩，才能真正地及时纠正服务人员不规范的服务行为，教育本部门所有员工树立良好的服务意识，以便最终落实各项服务标准。

当然，随着酒店康乐服务和管理水平的不断提高和康乐服务市场的不断完善，康乐部的服务质量标准体系也应该随之做出更加科学、完善的修订。但是，需要特别强调的是，在新的服务质量标准正式执行之前，仍然应该严格执行既定的服务技量标准体系，以免引起不必要的服务质量管理失控现象。

3）评估和改进服务质量

服务生产与消费的同一性，要求服务质量控制更加具有预见性，以便尽量将宾客可能遇到的服务质量缺陷消除在未发生之时，避免"亡羊补牢"的情况。因此，在服务质量的控制过程中，对服务质量进行客观的评估非常重要。服务质量的客观评估是以宾客在消费结束后对康乐服务的反映和评价为依据的，因为这样的质量评估才能真正成为改进服务质量的牢固基础。康乐部可以通过以下渠道获得宾客对产品质量的反映。

（1）宾客的投诉。

投诉是宾客以比较激烈的方式向酒店康乐部反映其服务质量问题，是酒店康乐部被动获得宾客评价其服务质量的主要信息渠道。康乐部如果能认真听取、妥善处理顾客的投诉，不但可以及时发现、纠正服务质量问题，甚至可以化被动为主动，通过处理投诉，使宾客感受到酒店康乐部工作人员的良好业务素质，增强宾客对康乐部服务的理解和信心。所以，康乐部应以积极的态度，设置专门的渠道和配备专门人员，鼓励、方便宾客投诉，并能设身处地为宾客着想，挽回不合格服务给宾客造成的不良印象。当然，更为重要的是问题解决之后，及时总结经验教训，避免类似的服务质量问题再次发生。

（2）宾客的言行。

宾客表达对康乐服务产品质量不满意的方式多种多样的。当这种不满意程度不是很深，或者宾客的涵养很高，或者宾客的性格内向，再或者宾客认为其不满意的服务内容并非是其主要预期时，就不选择向酒店投诉。但是，他们会用其他一些方式表达他们的不满。比如不悦的表情、私下的议论、向亲友抱怨等,当然,向新闻单位、消费者协会等酒店外部机构投诉,甚至向法院起诉,也是表达其不满的方式。显然,这些方式给酒店康乐部带来的负面影响比宾客直接向酒店、康乐部投诉要严重得多。对此,康乐部管理人员必须有深刻的认识,并注重在服务质量控制中主动观察、主动发现、主动消除宾客的不满。有效的方法是从宾客的表情及与亲友的讨论中捕捉信息,了解宾客不满的内容。

(3) 宾客意见卡。

康乐部可以采取更加主动的方式了解顾客的意见,其中,收集"康乐部宾客意见卡"是一项持续有效获取信息的方法。

(4) 有关员工的反映。

康乐部的值班人员、销售人员、服务人员都会直接接触宾客的意见和建议,如果这些意见和建议通过他们能够迅速、真实地反映给上级,将会成为改进服务产品质量的可靠信息。

4) 进行服务质量教育工作

质量教育是推行质量管理的前提。涉及全岗位、全过程、全体人员的服务质量管理,不可能只依靠管理人员完成,而要靠全体康乐服务人员的积极性和创造性。康乐服务质量教育工作包括两个方面的内容:"质量第一"的思想教育和"个别服务"的意识培养。前者是教育康乐服务人员自觉执行服务规程和标准,后者则是教育他们树立为宾客提供超值服务的精神。严格执行服务规程和标准是提供规范化服务的基础;提供服务规程外的个别服务是实现超常服务,使宾客感受到超值享受的秘诀。只有持续进行服务质量教育,才能逐步培养出自觉、主动控制服务质量的康乐服务与管理队伍,达到服务质量控制的更高境界。

任务实训

实训 6-1 康乐服务质量控制与管理

实训目的:通过此次实训,使学生掌握康乐服务质量控制与管理的具体实施。
实训内容:课堂模拟康乐设施设备、环境、安全质量控制及具体方法。
实训步骤:
第一步:教师示范讲解。
第二步:组织指导训练,学生分组,每个小组负责一项相关质量控制内容。
第三步:小组之间进行交流,共享调研成果。
第四步:教师归纳总结。
实训成果:上交本组项目质量控制及方法报告书。

任务评价

学习目标	内容 评价项目	自我评价 优	自我评价 良	自我评价 可	小组评价 优	小组评价 良	小组评价 可	教师评价 优	教师评价 良	教师评价 可
知识目标	了解康乐服务质量控制原则									
	熟知质量控制与管理的内容									
	掌握质量控制方法									
专业能力目标	能够制定服务质量标准									
	具备服务项目质量控制能力									
	独立执行服务规程									
通用能力目标	应变能力									
	组织分配工作能力									
	操作能力									
任务单	内容完整正确									
	书写清楚规范									
	思路清晰、层次分明									
小组合作	创造良好的工作氛围									
	成员互相倾听									
	尊重不同意见									
	全员参与									

整体评价：　　　　　优秀□　　　　良好□　　　　基本掌握□

教师建议：

任务 6-2　康乐服务投诉处理技巧

"智者千虑，必有一失"，无论酒店对服务花费多少心力，也难免出现一些问题。于是宾客投诉也难以避免。处理投诉是酒店经常遇到的问题，也是酒店康乐部经常遇到的问题，并且这个问题已经引起了康乐部门的管理者和服务人员的重视。

第6章 康乐部服务质量管理策略

> **任务导入**

情境介绍： 李女士一直在某酒店的美容院美容，但电话预约时被告知，原来一直为她服务的人员已辞职，并为其安排另一个服务人员。当天做美容时，李女士觉得这名新服务员用力过重，方向也有问题，可能会加重皱纹出现，之前积累的不满一并迸发，向美容院管理层提出了投诉，管理者对此十分重视，并调查了事情的经过和原因，发现该服务人员刚刚经过培训，在为宾客服务时不够放松，没有与宾客及时交流步骤和感受，因此无法根据宾客需要调整其手法和服务。事后，该服务人员向李女士诚恳致歉；美容院管理者向李女士赠送了一次免费美容券，以示歉意。李女士满意地离开了。

【拓展视频】

思考题：
1. 宾客进行投诉时的主要心理需求有哪些？
2. 在美容院服务过程中，我们必须格外重视哪些环节？
3. 当宾客对服务人员表现不满时，有哪些方法可以解决矛盾？

案例分析：
在美容美发部门工作，服务人员的技能技巧非常重要，相同的手法因用力不同也会产生不同的效果。由于该服务人员刚刚经过培训，在服务技巧和服务经验上还存在严重不足，所以无法根据宾客需要灵活应对。在这种情况下，该服务人在为宾客服务时应加强交流，如及时询问宾客力度如何，是否舒适，还需要做何调整等，要以客为尊，根据宾客感受灵活调整自己的服务方式，从而使宾客得到满意的服务。

案例启示：
一般来说，当宾客因为不满投诉时，都是基于求尊重、求补偿、求发泄的心理需求。这三种心理需求有时综合表现出来，有时单一地表现出来，需要服务人员和经营管理人员根据宾客的现场反应及时做出判断。该案例中此酒店美容院管理层的处置较为恰当，既向宾客表达了歉意，也在一定程度上给予了宾客物质补偿，使宾客不致流失，对该美容院的声誉进行了及时有效的维护。

> **任务分析**

康乐经营管理中，应对宾客投诉有正确的认识，并高度重视宾客的投诉，站在维护酒店声誉的角度去看待宾客投诉方式。

6.2.1 康乐部最容易被投诉的几个方面

1. 服务效率

这是康乐部最容易被投诉的问题，因此，服务人员听到有宾客召唤，应该立即答应；听清宾客的吩咐后，应该立即行动；不能满足宾客的要求，应该及时说明原因；提供服务应该迅速、准确；对营业高峰期排队等候的宾客应说明特别照顾，妥善安排，并表示歉意。

2. 服务意识差

康乐服务对于宾客来说属于高级消费，他们有理由要求得到较高的心理和精神满足，服务人员必须提供主动、周到的服务和保持热情、礼貌的态度。

3. 服务人员不礼貌

某些情况下，这是因服务人员工作太忙而忽略宾客造成的误会。所以，无论工作多忙，服务人员在路遇宾客时，都要使用服务用语问候宾客或者让路、示意宾客先行；跟宾客讲话或者宾客跟服务人员讲话时，服务人员应放下手中的工作，切忌边干边听；遇到自己无法满足宾客要求的情况，应该去找上级或者其他服务员帮助，力求使宾客满意。

4. 服务人员索要小费

某些情况下，是因为个别服务人员变相（如暗示）索要小费，使宾客不满意而投诉。小费是国际上通行的宾客对服务质量表示满意的表达方式，因此，酒店康乐部必须对收取小费的管理做出明确规定，做好这一环节的控制。

5. 宾客的失物无法找回

这是引起宾客不满意的一个方面，康乐部在工作中一定要注意让宾客保管好自己的物品。如果发生宾客丢失物品的情况，应积极协助宾客寻找。

6. 设备维修不及时

康乐设备、用具损坏，服务人员没有及时发现和保修，甚至在宾客提出后又没有能够及时通知维修人员或者维修人员不能及时赶到处理。

7. 用品不足

康乐用品不足，宾客久唤不补或者补不上。

8. 宾客在康乐部受到骚扰

比如服务人员走错房间、认错宾客或者治安管理不善造成宾客受到干扰等。

9. 康乐设备、用具、用品、棉织品不清洁

康乐设备、用具、用品、棉织品不清洁会给宾客留下不好的印象，会让宾客认为康乐部的质量较低，故应该避免。

10. 宾客的消费权益受到侵害

比如，质价不符等商业欺诈行为。

11. 宾客提出意见和建议遭到拒绝

康乐部员工对宾客提出的意见或者建议应该虚心接受，即使认为宾客的意见不合理也不要拒绝，因为这样会给宾客留下不好的印象。

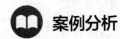

案例分析

大衣丢失以后

老王是哈尔滨人，现在在沈阳做生意。2010年1月的一天晚上，老王和朋友到入住酒店的多功能厅观看特色表演。期间表演需要观众参与，老王就自告奋勇地上去参加魔术表演，他站起来的时候随手把身上穿的黑色貂皮上衣放在了座位上。

结束了表演，老王兴高采烈地回到座位，立刻发现自己那件价值3万元的貂皮上衣不翼而飞了。"我问了一圈，都说没看见，我就立刻打'110'报案。我感觉当时服务员走来走去的，应该能看到有人拿我的衣服吧？衣服丢失也有服务员的责任，所以酒店应该赔偿我的损失。"老王说道。

但是酒店却不这么认为，说多功能厅是公共场所，老王应该自己看管好衣物。由于和酒店交涉没有结果，案件也一直没有侦破，因此老王将酒店告上法庭。法院审理后认为，老王去酒店消费，双方形成一种消费服务的法律关系，酒店没有尽到安全保障义务，应对老王的衣物丢失承担部分责任；同时老王也没有尽到自己的责任，没有保管好自己的衣物，应承担主要责任。因此，判决酒店赔偿老王1万元。

思考题：
1. 该酒店在这件事上有什么责任？
2. 该酒店怎么做才能杜绝此类事件的发生？
3. 通过此案例我们可以得到什么启示？

6.2.2 对宾客投诉的正确认识

一般来说，宾客投诉既有积极的一面，也有消极的一面，消极的一面是可能影响酒店的声誉。因为宾客通常在受到不公正待遇后，不仅投诉酒店，而且不可能再光顾，甚至还会把这个不愉快的经历告诉他们的亲朋好友。因此，如果忽视了宾客投诉或处理不当，将使酒店失去宾客并且无法适应日益激烈的市场竞争环境。积极的一面是投诉像一个信号，告诉我们服务与管理中存在的问题。

1. 宾客向康乐部投诉，表明他们对康乐部是信任的、充满希望的

宾客只有在相信或希望康乐部能够解决他们的问题时才会投诉。我们不能让宾客的这种对康乐部的信任枉费、希望破灭。

2. 宾客的投诉可以使我们及时发现服务质量问题

宾客的投诉可以使我们及时发现服务质量问题并举一反三，杜绝类似的情况再次发生；同时，康乐部各岗位也可以从这些事件中吸取教训，促进服务质量和管理水平的提高。

3. 宾客的投诉可以使我们及时发现设施设备、用具用品存在的问题

康乐设施设备和用具的维护保养是康乐服务管理的重要环节，而顾客作为它们的直接使用者，所发现的问题可以成为第一手资料，为今后改进维护保养工作，再次选购有关设备物品，提供了重要依据。

4. 宾客的投诉可以使相关部门和个人真正认识到自己的错误

面对宾客投诉的压力，许多平时通过内部协调难以解决的困难和问题这时往往会迎刃而解。

5. 投诉的宾客往往会再次光顾本店

通过正确处理宾客的投诉，解决他们的问题，宾客真正实现了作为"上帝"的价值，获得了对服务的满足，从而愿意经常到本店消费。因此，康乐服务与管理人员应该抓住这一有利时机，使宾客对本酒店、对本部门的优良服务留下深刻的印象，成为忠实的顾客。

6.2.3 投诉的来源和方式

1. 投诉的来源

1）来自宾客

酒店的宾客构成酒店的市场，他们的喜怒哀乐会直接影响酒店的声誉和效益，一般来说，宾客的投诉总会事出有因，但可能因感情或情绪的影响而有所夸张，我们首先应做的是，检讨自己为什么会造成宾客的投诉，而不是与其在一些细节上纠缠，或因情节真假参半则一定要让真相大白。无论如何，宾客的任何投诉都应成为酒店改进工作的最主要的依据。

2）来自社会

来自社会的投诉即舆论界的批评，尽管它对酒店经济效益产生的副作用是间接的，但所形成的社会负效应及给酒店声誉所造成的损失却是巨大的。要知道，树立好形象并非一日之功，而形象由好变坏则只需一件事即可。

3）来自上级

来自上级的投诉有的可能是转达宾客的意见，有的可能是上级自己发现的问题，与前两类投诉相比较，这类投诉更富有理性，也更具有针对性，因此，也就对工作更具有现实的指导意义。

4）来自平级

来自平级的投诉往往容易被忽视，它所造成的压力远不及前三类，即便处理不好后果一般也不会十分严重。然而，酒店是一个有机的整体，应特别强调一种团队精神，如不能有效地处理好横向之间的关系，其结果会造成内部各个岗位的严重不协调和人际关系的极度紧张，最终导致酒店利益受损。

2. 投诉的方式

1）直接向酒店投诉

这类宾客认为，是酒店令自己不满，是酒店未能满足自己的要求和愿望，因此，直接向酒店投诉能尽量争取挽回自身的损失。

2）不向酒店而向旅行代理商、介绍商投诉

选择这种投诉渠道的往往是那些由旅行代理商等介绍而来的宾客，投诉内容往往与酒店服务态度、服务设施的齐全、配套情况及消费环境有关。在这些宾客看来，与其向酒店投诉，不如向旅行代理商投诉对自己有利，前者既费力又往往徒劳。

3）向消费者委员会一类的社会团体投诉

这类宾客希望利用社会舆论向酒店施加压力，从而使酒店以积极的态度去解决当前的问题。

4）向工商局、旅游局等有关政府部门投诉

5）运用法律诉讼方式起诉酒店

站在维护酒店声誉的角度去看待宾客投诉方式，不难发现，宾客直接向酒店投诉是对酒店声誉影响最小的一种方式。酒店接受宾客投诉能控制有损酒店声誉的信息在社会上传播，防止政府主管部门和公众对酒店产生不良印象。从保证酒店长远的角度出发，酒店接受宾客投诉能防止因个别宾客投诉而影响到酒店与重要客户的业务关系，防止因不良信息传播而造成的对酒店潜在客户、宾客的误导。直接向酒店投诉的宾客不管其投诉的原因、动机如何，都给酒店提供了及时做出补救、保全声誉的机会和做周全应对的准备的余地。正确认识宾客投诉对酒店经营管理的积极面，为正确处理宾客投诉奠定了基础。对宾客投诉持欢迎态度，"亡羊补牢"也好，"见贤思齐"也罢，总之，"闻过则喜"应成为酒店接待宾客投诉的基本态度。

6.2.4 宾客的投诉心理

1. 求尊重心理

在酒店宾客感到自己未被尊重，这是投诉最主要的原因。无论是软件服务，还是硬件设施，出现问题，在某种意义上都是对宾客不尊重的表现，宾客前来投诉就是为了挽回面子，求得尊重（有时，即使酒店方面没有过错，宾客为了显示自己的身份与众不同，或在同事面前"表现表现"，也会投诉）。

2. 求宣泄心理

当宾客购买了酒店的产品后，如果他认为有挫折感，就会产生"购买后的抱怨"心，这种抱怨发展到一定程度就会产生投诉活动。宾客利用投诉的机会把自己的烦恼、气、怒火发泄出来，以维持其心理上的平衡。

3. 求补偿心理

有些宾客无论酒店有无过错，或问题是大是小，都可能前来投诉，尽管他可能一再强调"并不是钱的问题"，但其真正的目的并不在于事实本身，也不在于求发泄或求尊重，而在于求补偿，希望自己在精神上和物资上的损失能得到补偿。

4. 求公平心理

根据"公平理论"，宾客花了钱而没有获得相应的利益，如价格不合理、服务设施不完备等，希望得到公平的对待。

6.2.5 处理投诉的原则

1. 承认宾客投诉的事实

【拓展视频】

为了很好地了解宾客所提出的问题，必须认真地听取宾客的叙述，使宾客感到酒店十分重视他的问题。倾听者要注视宾客，不时地点头示意，让宾客明白"酒店的管理者在认真地听取我的意见"，而且听取宾客意见的代表要不时地说，"我理解，我明白，一定认真处理这件事情"。为了使宾客能逐渐消气息怒，酒店管理人员可以用自己的语言重复宾客的投诉或抱怨内容，若遇上认真的投诉宾客，在听取宾客意见时，还应做一些听取意见记录，以示对宾客的尊重及对反映问题的重视。

2. 表示同情和歉意

首先你要让宾客理解，你是非常关心他的光临以及那些服务是否令人满意。如果宾客在谈问题时表示出十分认真，作为处理投诉的酒店管理人员，就要不时地表示对宾客的同情，如："我们非常遗憾，非常抱歉地听到此事，我们理解你现在心情……"

假若酒店对宾客提出的抱怨或投诉事宜负责，或者酒店将给予一定赔偿，这就要向宾客表示歉意并说："我们非常抱歉，先生。我们将对此事负责，感谢你对我们提出的宝贵意见。"

3. 同意宾客要求并决定采取措施

当为酒店代表处理投诉时，我们要完全理解和明白宾客为什么抱怨和投诉；同时当我们决定要采取行动纠正错误，一定要让宾客知道并同意我们采取的处理决定及具体措施内容。

如果宾客不知道或不同意我们的处理决定，就不要盲目采取行动。首先，我们要十分有礼貌地通知宾客将要采取的措施，并尽可能让宾客同意我们的行动计划；这样我们才会有机会使宾客的抱怨变为满意，并使宾客产生感激的心情。

4. 感谢宾客的批评指教

一位明智的场所总经理会经常感谢那些对场所服务水平准确无误提出批评指导意见的宾客，因为这些批评指导意见或抱怨，甚至投诉会协助场所提高管理水平和服务质量。假若宾客遇到不满意的服务，他不告诉场所，也不做任何投诉；但是他作为光临场所的宾客，会讲给场所以外的其他宾客或朋友，这样就会极大地影响场所的未来客源市场，影响了场所的声誉。为此，当场所遇到宾客的批评、抱怨甚至投诉时，不仅要欢迎，而且要感谢。

5. 快速采取行动，补偿宾客投诉损失

耽误时间只能进一步引起宾客不满，此时此刻，时间和效率就是对宾客的最大尊重，也是宾客此时的最大需求，否则就是对宾客的漠视。

6. 要落实、监督、检查补偿宾客投诉的具体措施

处理宾客投诉并获得良好效果，其最重要的一环便是落实、监督、检查已经采取的纠正措施。首先，要确保改进措施的进展情况，其次，要使服务水准及服务设施均处在最佳状态。最后，用电话问明宾客的满意程度，对待投诉宾客的最高恭维，莫过于对他的关心，许多对场所怀有感激之情的宾客，往往是那些因投诉问题得到妥善处理而感到满意的宾客。

投诉宾客的最终满意程度，主要是取决于对他公开抱怨后的关心程度，另外，酒店管理者和服务员也必须确信，宾客，包括那些投诉的宾客，都是有感情的，也是通情达理的；酒店的广泛赞誉及其社会名气是来自酒店本身的诚实、准确、细腻的感情及勤奋服务。

值得一提的是，在处理投诉的过程中，我们会遇到以下几种不同类型的宾客。

（1）理智型。这类宾客在投诉时情绪显得比较压抑，他们力图以理智的态度、平和的语气和准确清晰的表达向受理投诉者陈述事件的经过及自己的看法和要求，摆道理。

（2）火暴型。这类宾客很难抑制自己的情绪，往往在产生不满的那一刻就高声呼喊，言谈不加修饰，一吐为快，不留余地。动作有力迅捷，对支吾其词、拖拉应付的工作作风深恶痛绝，希望能干脆利落地彻底解决问题。处理火暴型宾客投诉一定要保持冷静，态度要沉着、诚恳，语调要略低，要和蔼、亲切，因为你的举动激烈会影响宾客。你要让宾客慢慢静下来，一般来讲，火暴型宾客平静下来的时间需要2分钟左右，在这段时间里，主要听取宾客述说问题；再则就是表示歉意。在宾客平静下来以后，他自然会主动要求你谈谈处理意见，这时让宾客

得到安慰和适当补偿一般都可以解决问题。

（3）失望痛心型。这类宾客情绪起伏较大，时而愤怒，时而遗憾，时而厉声质询，时而摇头叹息，对酒店或事件深深失望，对自己遭受的损失痛心不已是这类宾客的显著特征。这类宾客投诉的内容多是自以为无法忍耐的，或是希望通过投诉能达到某种程度的补偿。

6.2.6 处理投诉的程序

（1）倾听宾客诉说，确认问题较复杂，应按本程序处理。

（2）请宾客移步至不引人注意的一角，对情绪冲动的宾客或由外地刚抵埠的宾客，应奉上茶水或其他不含酒精的饮料。

（3）耐心、专注地倾听宾客陈述，不打断或反驳宾客。用恰当的表情表示自己对宾客遭遇的同情，必要时做记录。

（4）区别不同情况，妥善安置宾客。对求宿宾客，可安置于大堂吧稍事休息；对本地宾客和离店宾客，可请他们留下联系电话或地址，为不耽误他们的时间，请宾客先离店，明确地告诉宾客给予答复的时间。

（5）着手调查。必要时向上级汇报情况，请示处理方式。做出处理意见。

（6）把调查情况与宾客进行沟通，向宾客做必要解释。争取宾客同意处理意见。

（7）向有关部门落实处理意见，监督、检查有关工作的完成情况。

（8）再次倾听宾客的意见。

（9）把事件经过及处理结果整理成文字材料，存档备查。

任务实训

实训 6-2　康乐服务投诉处理

实训目的： 通过此次实训，使学生掌握康乐服务投诉处理的原则，灵活运用投诉处理方法。

实训内容： 课堂模拟投诉处理程序。

实训步骤：

第一步：教师下达实训任务书。

第二步：学生分成服务员和宾客等若干组，模拟对客服务及投诉解决。

第三步：交换角色。

第四步：教师归纳总结。

实训成果： 上交实训报告。

任务评价

学习目标	内容 评价项目	自我评价 优	良	可	小组评价 优	良	可	教师评价 优	良	可
知识目标	了解被投诉的方面									
	了解投诉来源、方式									
	掌握投诉处理程序									
专业能力目标	能够判断宾客投诉心理									
	灵活掌握处理投诉原则									
	具备独立解决投诉能力									
通用能力目标	应变能力									
	组织分配工作能力									
	处理投诉能力									
任务单	内容完整正确									
	书写清楚规范									
	思路清晰、层次分明									
小组合作	创造良好的工作氛围									
	成员互相倾听									
	尊重不同意见									
	全员参与									

整体评价：　　　　　优秀□　　　　良好□　　　　基本掌握□

教师建议：

同步练习

一、填空

1. 客用设备、用具、用品等必须_____。

2. 康乐部可以通过_____、_____、_____、_____等渠道获得宾客对产品质量的反映。

3. 投诉的来源主要有_____、_____、_____、_____。

4. 宾客希望自己在精神上和物资上的损失能得到补偿，是投诉心理中的_____。

二、辨析

1. "闻过则喜"应成为酒店接待宾客投诉的基本态度。
2. 任何时候、任何地点对宾客都要保持职业微笑。

三、问答

1. 康乐服务质量控制的原则有哪些?
2. 康乐服务质量提高分哪几个阶段?
3. 康乐部最易被投诉的是哪几个方面?
4. 处理宾客投诉的原则有哪些?
5. 如何处理宾客的投诉?

参考文献

[1] 黄益苏. 时尚休闲运动 [M]. 北京：高等教育出版社，2007.

[2] 李舟. 饭店康乐中心服务案例解析 [M]. 北京：旅游教育出版社，2007.

[3] 李玫. 康乐服务实训教程 [M]. 北京：机械工业出版社，2008.

[4] 刘哲. 康乐服务与管理 [M]. 北京：旅游教育出版社，2003.

[5] 刘俊敏. 酒店康乐部精细化管理与服务规范 [M]. 北京：人民邮电出版社，2009.

[6] 吴业山，刘哲. 康乐服务学习手册 [M]. 北京：旅游教育出版社，2007.

[7] 吴玲. 康乐服务 [M]. 北京：高等教育出版社，2010.

[8] 吴玲. 康乐服务与管理 [M]. 北京：高等教育出版社，2004.

[9] 徐少阳. 康乐与服务 [M]. 北京：清华大学出版社，2011.

[10] 中国酒店素质研究组. 星级酒店康乐部经理案头手册 [M]. 北京：中国经济出版社，2008.

[11] 朱瑞明. 康乐服务实训 [M]. 北京：中国劳动社会保障出版社，2006.

[12] 左剑. 康乐服务与管理 [M]. 北京：科学出版社，2008.

北京大学出版社高职高专旅游系列规划教材

序号	标准书号	书名	主编	定价	出版年份	配套情况
1	978-7-301-27467-5	客房运行与管理(第2版)	孙亮	36	2016	电子课件，习题答案
2	978-7-301-19184-2	酒店情景英语	魏新民，申延子	28	2011	电子课件
3	978-7-301-27611-2	餐饮运行与管理(第2版)	王敏	38	2016	电子课件，习题答案
4	978-7-301-19306-8	景区导游	陆霞，郭海胜	32	2011	电子课件
5	978-7-301-18986-3	导游英语	王堃	30	2011	电子课件，光盘
6	978-7-301-19029-6	品牌酒店英语面试培训教程	王志玉	22	2011	电子课件
7	978-7-301-19955-8	酒店经济法律理论与实务	钱丽玲	32	2012	电子课件
8	978-7-301-19932-9	旅游法规案例教程	王志雄	36	2012	电子课件
9	978-7-301-20477-1	旅游资源与开发	冯小叶	37	2012	电子课件
10	978-7-301-20459-7	模拟导游实务	王延君	25	2012	电子课件
11	978-7-301-20478-8	酒店财务管理	左桂谔	41	2012	电子课件
12	978-7-301-20566-2	调酒与酒吧管理	单铭磊	43	2012	电子课件
13	978-7-301-20652-2	导游业务规程与技巧	叶娅丽	31	2012	电子课件
14	978-7-301-21137-3	旅游法规实用教程	周崴	31	2012	电子课件
15	978-7-301-21559-3	饭店管理实务	金丽娟	37	2013	电子课件
16	978-7-301-27841-3	酒店情景英语(第2版)	高文知	34	2017	电子课件
17	978-7-301-28003-4	会展概论(第2版)	徐静，高跃	34	2017	电子课件，习题答案
18	978-7-301-22316-1	旅行社经营实务	吴丽云，刘洁	28	2013	电子课件
19	978-7-301-22349-9	会展英语	李世平	28	2013	电子课件，mp3
20	978-7-301-22777-0	酒店前厅经营与管理	李俊	28	2013	电子课件
21	978-7-301-22416-8	会展营销	谢红芹	25	2013	电子课件
22	978-7-301-22778-7	旅行社计调实务	叶娅丽，陈学春	35	2013	电子课件
23	978-7-301-23013-8	中国旅游地理	于春雨	37	2013	电子课件
24	978-7-301-23072-5	旅游心理学	高跃	30	2013	电子课件
25	978-7-301-23210-1	旅游文学	吉凤娟	28	2013	电子课件
26	978-7-301-23143-2	餐饮经营与管理	钱丽娟	38	2013	电子课件
27	978-7-301-23232-3	旅游景区管理	肖鸿燚	38	2014	电子课件
28	978-7-301-24102-8	中国旅游文化	崔益红，韩宁	32	2014	电子课件
29	978-7-301-24396-1	会展策划	高跃	28	2014	电子课件，习题答案
30	978-7-301-24441-8	前厅客房部运行与管理	花立明，张艳平	40	2014	电子课件，习题答案
31	978-7-301-24436-4	饭店管理概论	李俊	33	2014	电子课件，习题答案
32	978-7-301-24478-4	旅游行业礼仪实训教程(第2版)	李丽	40	2014	电子课件
33	978-7-301-24481-4	酒店信息化与电子商务(第2版)	袁宇杰	26	2014	电子课件，习题答案
34	978-7-301-24477-7	酒店市场营销(第2版)	赵伟丽，魏新民	40	2014	电子课件
35	978-7-301-24629-0	旅游英语	张玉菲，谷丽丽	30	2014	电子课件
36	978-7-301-24993-2	营养配餐与养生指导	卢亚萍	26	2014	电子课件
37	978-7-301-24883-6	旅游客源国概况	金丽娟	37	2015	电子课件
38	978-7-301-25226-0	中华美食与文化	刘居超	32	2015	电子课件
39	978-7-301-25563-6	现代酒店实用英语教程	张晓辉	28	2015	电子课件，习题答案
40	978-7-301-25572-8	茶文化与茶艺(第2版)	王莎莎	38	2015	电子课件，光盘
41	978-7-301-25720-3	旅游市场营销	刘长英	31	2015	电子课件，习题答案
42	978-7-301-25898-9	会展概论(第2版)	崔益红	32	2015	电子课件
43	978-7-301-29679-0	康乐服务与管理（第2版）	杨华	38	2018	电子课件
44	978-7-301-26074-6	前厅服务与管理（第2版）	黄志刚	28	2015	电子课件
45	978-7-301-26221-4	烹饪营养与配餐	程小华	41	2015	电子课件，习题答案
46	978-7-301-27139-1	宴会设计与统筹	王敏	29	2016	电子课件

如您需要更多教学资源如电子课件、电子样章、习题答案等，请登录北京大学出版社第六事业部官网www.pup6.cn 搜索下载。

如您需要浏览更多专业教材，请扫下面的二维码，关注北京大学出版社第六事业部官方微信（微信号：pup6book），随时查询专业教材、浏览教材目录、内容简介等信息，并可在线申请纸质样书用于教学。

感谢您使用我们的教材，欢迎您随时与我们联系，我们将及时做好全方位的服务。联系方式：010-62750667，37370364@qq.com，pup_6@163.com，lihu80@163.com，欢迎来电来信。客户服务QQ号：1292552107，欢迎随时咨询。